国家示范性高等职业院校成果教材·汽车电子技术系列

汽车电子产品检测与鉴定

朱方来 主编　　李正国 副主编

清华大学出版社
北京

内 容 简 介

本教材介绍汽车电子产品的基本测量理论,以及简单测量工具的使用方法和数据处理等,讲授有关汽车电子产品认证和安全性、可靠性、电磁兼容性的检测标准、检测仪器及基本检测方法,培养学生对汽车电子产品进行检测与鉴定的技能。

本教材可以作为汽车电子专业、电子专业的专业技能课程教材,适用于从事汽车电子产品、电子产品设计、生产和检测的认证工程师和技术员以及高校汽车电子专业、电子专业研究生、本科生、专科生和中专生,尤其是高职院校的汽车电子专业学生。

图书在版编目(CIP)数据

汽车电子产品检测与鉴定/朱方来主编.--北京:清华大学出版社,2012.2 (2023.8重印)
(国家示范性高等职业院校成果教材·汽车电子技术系列)
ISBN 978-7-302-27737-8

Ⅰ.①汽… Ⅱ.①朱… Ⅲ.①汽车-电气设备-检测-高等职业教育-教材②汽车-电气设备-鉴定-高等职业教育-教材 Ⅳ.①U463.6

中国版本图书馆 CIP 数据核字(2011)第 280165 号

责任编辑:庄红权　赵从棉
封面设计:常雪影
责任校对:刘玉霞
责任印制:丛怀宇

出版发行:清华大学出版社
　　　网　　址:http://www.tup.com.cn, http://www.wqbook.com
　　　地　　址:北京清华大学学研大厦 A 座　　　　　　邮　　编:100084
　　　社 总 机:010-83470000　　　　　　　　　　　　邮　　购:010-62786544
　　　投稿与读者服务:010-62776969,c-service@tup.tsinghua.edu.cn
　　　质量反馈:010-62772015,zhiliang@tup.tsinghua.edu.cn
印 装 者:三河市龙大印装有限公司
经　　销:全国新华书店
开　　本:185mm×260mm　　印　　张:16.5　　　　字　　数:395 千字
版　　次:2012 年 2 月第 1 版　　　　　　　　　　　印　　次:2023 年 8 月第 10 次印刷
定　　价:48.00 元

产品编号:041123-05

前言

近年来,作为汽车核心技术的汽车电子技术飞速发展,汽车电子产品在汽车上的比例越来越大,在给人们带来舒适性、操控性的同时,也会产生安全性、可靠性和电磁兼容性等方面的问题。针对新技术、新兴产业的发展,深圳职业技术学院于2005年成立了汽车电子技术专业,同时开设了"汽车电子产品检测与鉴定"这门课,建立了汽车电子产品检测中心,编写了讲义和实验指导书。2008年"汽车电子产品检测与鉴定"成为深圳职业技术学院校级精品课程,2010年汽车电子产品检测中心实验室成为深圳市科技创新公共技术服务平台。

本教材的前身是同名自编讲义,在深圳职业技术学院汽车与交通学院经过五轮的课程讲授,近十个班级试用,效果良好,受到学生普遍欢迎。现决定将讲义变成教材出版发行,供社会上从事汽车电子产品、电子产品设计、生产和检测的认证工程师、技术员参考,供高校汽车电子专业、电子专业研究生、本科生、专科生、中专生,尤其是高职院校汽车电子专业的学生作为教材选用。

《汽车电子产品检测与鉴定》的编写指导思想是:介绍汽车电子产品的基本测量理论,以及简单测量工具的使用方法和数据处理等,传授有关汽车电子产品认证和安全性、可靠性、电磁兼容性的检测标准、检测仪器及基本检测方法,培养学生对汽车电子产品进行检测与鉴定的技能。本书介绍的是汽车电子专业的专业技能,适用于研究生、本科、专科和中专汽车电子专业、电子专业的学生,尤其是高职院校的汽车电子专业学生。教材编排上采取模块化和理论、实验一体化的形式,从电子产品的安全性认证、安全性检测、可靠性检测和电磁兼容方面进行了单元划分,在内容上增添大量汽车电子产品的检测标准和综合检测、鉴定实例,通过建立汽车电子产品检测实验室和编写实验指导书,以汽车电子产品为研究对象,如车载电子产品,进行安全性、可靠性和电磁兼容的检测,作为理论和实验的主线,使学生更容易理解和掌握所学内容。

参加本教材编写的人员有:朱方来(第1~2章)、李正国(第3、5章)、张凯(第4章)、李武钢(第1~5章绘图),全书由朱方来担任主编并负责统稿,李正国担任副主编。

由于作者水平有限,书中疏漏错误或不妥之处在所难免,敬请读者不吝赐教指正。

编　者

2011.10

目录

第 **1** 章 汽车电子产品质量认证、认可体系

● 1.1 认证、认可的概念和分类

1.1.1 认证的概念

"认证"一词的英文为 certification。其英文原意是一种出具证明文件的行动。

ISO/IEC 指南 2：1986 中对"认证"的定义是："由可以充分信任的第三方证实某一经鉴定的产品或服务符合特定标准或规范性文件的活动。"《中华人民共和国认证认可条例》对认证的定义是："认证机构证明产品、服务、管理体系符合相关技术规范及其强制性要求或者标准的合格评定活动。"合格评定指对产品、工艺或服务满足规定要求的程度所进行的系统检查和确认活动。认证机构可以是政府职能部门机构，也可以是民间机构、组织。

认证的工作基础是标准。标准是各方共同遵守的准则和依据，认证对象是否合格，也即是否符合适用的标准。

认证合格的证明方式可以采用合格证书和认证标志。世界上第一个认证标志是1903 年英国工程标准委员会创制的用于证明符合"BS"（英国标准）要求的标志。因其形状像风筝，也称风筝标志。

1.1.2 认证的分类

认证有以下几种分类方法。

（1）按照认证的主体可将其分为：

第一方认证——产品提供方、制造方或卖方的自我声明；

第二方认证——产品采购方、使用方或买方的验证；

第三方认证——独立于第一方和第二方的第三方机构的认定。

（2）按照认证的对象可将其分为质量体系认证和产品认证。质量体系认证是对企业质量管理体系的认证，通常说的 ISO 9000、ISO 14000 等就属于体系认证；产品认证是针对具体某一类产品的认证，安全认证就属于产品认证的范畴。

（3）安全认证就其性质来说又可分为强制认证和自愿认证。列入强制认证管理的产品必须认证合格后才能进入市场，否则生产者和销售者都要负相应的法律责任并受

到经济处罚。自愿认证是强制认证的补充,企业可根据自身的生产经营情况自行决定是否进行。

1.1.3　认可的概念

"认可"一词指的是由认可机构对认证机构、检查机构、实验室以及从事评审、审核等认证活动人员的能力和执业资格予以承认的合格评定活动。

认可机构一般为国家行政职能部门。

认可通常分为对各类认证机构、实验室、检查机构等合格评定机构的认可和对从事评审、审核等认证活动人员的能力和执业资格认可。

质量体系认证和产品质量认证的价值,取决于认证机构和实验室的完整性及其工作的有效性。所以,各国都建立实验室的国家认可制度。我国的实验室认可机构为中国实验室国家认可委员会(CNAL)。

1.2　认证的历史与现状

在认证制度产生之前,消费者一是通过制造方的宣传,二是通过自己的经验来选择商品,而且主要关注的是产品的性能,因为产品性能可以通过适当的演示产生直观的效果。而对其在使用过程中的安全性却疏于考虑,一是由于安全性能相对来说较为抽象,难以凭消费者的经验和直观来判定;二是由于消费者根本没有意识到这些产品还会带来安全隐患。早在工业革命时期,随着锅炉电器等产品的普及,火灾事故经常发生,分析原因多是使用了不合适的插头、电线所致。随着科学技术的发展,产品品种日益增多,产品的结构和性能日趋复杂,由于自身知识的局限性,仅凭买方的经验很难判断产品是否符合要求,加上卖方令人眼花缭乱的宣传,真真假假,鱼龙混杂。在这种情况下,如果有公正的第三方对产品的性能给予证明,就可以令消费者放心得多,产品认证制度也就应运而生。

1.2.1　认证的发展历史

认证是随着工业化生产和商品经济的发展而产生、发展的,其历史可以追溯到100多年前,历经了民间自发认证、国家法规认证、国际统一认证标准、国际互认四个阶段。自20世纪下半叶开始,在工业化国家率先开展起来一种由不受产销双方经济利益所支配的第三方,用公正、科学的方法对市场上流通的商品进行评价、监督,以正确指导公众购买,保证公众基本利益的活动。1903年,英国出现了以英国权威标准为依据对英国铁轨进行的认证活动,并授予风筝标志,开创了认证制度的先河。后来,一些工业化国家逐渐建立起以本国法规标准为依据,仅对在本国市场上流通的本国产品进行认证的制度。"二战"以后,认证得以迅速发展。为提高本国产品的国际竞争力,部分国家开始推行质量认证,或为保护消费安全推行安全认证。另一方面,各国认识到不同的认证制度对国际贸易将造成技术壁垒,国际组织特别是WTO,积极推动各国建立一致的认证认可制度,由此开始了从本国认证制度的对外开放,到国与国之间认证制度的双边、多边认可,进而发展到以区域标准为依据的区域认证制

20世纪80年代初,国际电工委员会(IEC)开始试点在电子元器件、电工产品领域建立国际认证制度。认证工作历经一个多世纪的发展之后,一些国家的政府为规范本国认证机构和从业人员的行为,决定设立国家认可机构,通过国家认可机构对认证机构的能力和行为等进行监督管理,形成了本国的认可制度。随着国家认证认可工作的国际化,国际上也建立起了相应的国际组织和国际互认制度。目前,认证认可已经广泛存在于商品和服务的形成与生产、流通、管理等各个环节,渗透到商品经济、社会生活、国家安全、环境保护等各个方面。在质量认证方面,形成了产品质量认证、质量体系认证和认可(注册)、实验室认可、认证人员及培训机构注册四大系列。

产品认证工作从20世纪30年代后发展很快,到了50年代即在所有工业发达国家基本得到普及。第三世界的国家多数在70年代逐步推行。认证的产品范围也大大增加,从最早的防火产品,到电子、机械、玩具、汽车等。随着对产品认识的不断提高,认证所涵盖的内容也从最早的防火、防爆、防触电、防机械危险等纯粹的安全概念扩展到防电磁辐射等电磁兼容的概念。电磁兼容是近十几年新兴的一门跨学科的综合性应用学科。自从麦克斯韦建立电磁理论、赫兹发现电磁波的百余年来,电磁能得到了充分的利用。尤其在广播、电视、通信、导航、雷达、遥测遥控及计算机等领域得到了迅速的发展,给人类创造了巨大的物质财富,特别是信息、网络技术的爆炸性发展,改变了传统意义的时间和空间的概念。然而,伴随电磁能的广泛利用,其负面影响也日益凸显。无用的电磁能量,通过辐射和传导途径,对敏感的电子设备产生影响,使其性能下降甚至无法正常工作。如心脏起搏器,往往就会受到来自计算机、手机等的电磁干扰,使其功能发生变化。而且,如同生态环境污染一样,电磁环境的污染也越来越严重。它不仅对电子产品的安全与可靠性产生危害,还会对人类及自然生态产生不良影响,更为致命的是这种影响不仅看不到甚至感觉不到,等到后果开始显现时,已经不可逆转。比如对中枢神经系统的危害,对机体免疫功能的损害,会使一些人及动植物的细胞产生突变等。电磁环境的不断恶化,引起了世界各国及有关国际组织的普遍关注,于是纷纷采取措施,加强电磁兼容标准及相关法规的制订,并将其列为市场准入制度的一个重要内容。随着全球性能源紧缺,人们对产品的能效性也日益关注,在少数国家也有了相应的认证标准及制度。

1.2.2 认证的现状

目前在世界上比较知名的认证标志有:欧盟的CE标志;德国的TÜV、VDE、GS;美国的UL、FCC、FDA;加拿大的CSA;日本的PSE;澳大利亚的SAA,等等。其他国家或地区,如韩国、俄罗斯、阿根廷、新加坡、墨西哥等都对电器产品也相应制定有类似的市场准入制度。

市场准入制度的执行起到了保护消费者利益的作用,但由于各国认证标准的差异,对国际间的贸易又造成了一定的阻碍,就是我们俗称的贸易技术壁垒。许多国家制定繁多而严格的标准、法规,甚至用法律的形式明确规定进口商品必须符合进口国的标准要求。目前欧盟拥有的技术标准就有十多万项。德国的工业标准约有1.5万种,日本有8000多个工业标准,美国的技术标准和法规之多就更不用说了。1904年9月15日在美国圣路易斯市召开的国际电工代表大会通过的报告有如下内容:“应该采取适当的步骤来保证全球技术团体的合作,由委员会任命代表来考虑电工和机械设备的命名和额定值的标准化问题,……”

1906 年国际电工委员会（the International Electrotechnical Commission, IEC）组织在伦敦正式成立。IEC 组织的宗旨在于致力于所有电子、电工及相关技术的国际标准的起草制订。这些标准可作为国家标准的基础和起草国际间招、投标及合同的参考。IEC 负责的技术领域包括电学、磁场、电磁学、电声、多媒体及通信等，除此之外还包括相应的术语符号、电磁兼容性、测量和性能、可靠性、安全及环境等。IEC 的成立及其所从事的工作有效地配合了全球市场的需求，在提高工业生产的效能，改善人类健康和安全状况及保护环境等方面做出了积极贡献。目前 IEC 标准及合格评定计划在世界范围得到广泛的应用，公布的标准已达 4000多个。

1.2.3　认证的必要性、特点和发展趋势

（1）认证的必要性

认证的目的在于促进企业强化技术基础，完善质量体系，提高产品质量，增强市场竞争能力，同时帮助企业取得进入国际市场的通行证，认证的必要性在于以下几个方面：

① 来自顾客、协作方和同行的压力；

② 进入国际市场的通行证；

③ 免去许多检查；

④ 符合政府的规定要求。

实行质量认证制度，有利于提高供方的信誉，有利于企业完善质量体系，有利于企业降低成本，提高经济效益，有利于企业减少社会重复评定费用，有利于和国际贸易接轨，有利于保护消费者的利益。

（2）认证的特点

① 认证是以标准或技术规范为准则；

② 认证的标准包括基础标准、产品标准、实验方法标准、检验方法标准、安全和环境保护标准、管理标准等；

③ 认证的最大特点是第三方进行的活动，体现公正性和客观性。

（3）认证认可的发展趋势

随着市场经济的成熟以及标准化水平的提高，现代认证已经发展成为市场经济体制的一个有机组成部分，一个复杂的技术经济体系，认证本身已经形成一个新的产业。在国际贸易日益发展的今天，认证已经成为商品进入工业化国家市场的一个主要的技术要求，日益受到各国政府和工商界的高度重视并获得迅猛发展。

① 认证认可工作正向规范化方向发展　国际上越来越重视通过法制、法规建设来保证认证认可工作的有序有效发展，欧美等国家已经建立了本国的认证认可法律、法规体系。随着区域性认证制度的建立，区域性认证认可法规逐渐建立起来，特别是欧盟，从立法形式、合格评定模式、认证认可类型、组织形式以及监督管理等方面建立了一套完整的法律、法规体系。国际认证制度和国际互认的要求，促进了国际规范的形成。

② 认证认可向国际化的方向发展　随着世界经济一体化进程加快，商品跨国界自由流动成为发展趋势，为适应投资便利化和贸易自由化的需求，合格评定"一站式"服务成为企业界的呼声，即一次合格评定活动，在世界范围内普遍接受。为此，认证认可方面的国际组织、区域性合作组织做了大量努力，它们制定了国际通用的标准和指南，推动了国际互认的发

展。目前区域性和国际间的认可合作组织主要有：国际认可论坛（IAF）、国际实验室认可合作组织（ILAC）、国际审核员培训与注册协会（IATCA）、太平洋认可合作组织（PAC）等。这些组织在促进国际互认和国际贸易方面正在发挥积极的作用。

1.3　认证的内容和程序

1.3.1　产品认证基本内容和方法

1. 产品认证

产品认证针对的是产品生产的保证能力及产品符合标准、法规的情况。

产品认证按认证的性质可分为强制性产品认证和自愿性产品认证。强制性产品认证是为了保护国家安全、防止欺诈行为、保护人体健康或者安全、保护动植物生命或者健康、保护环境等目的而设立的市场准入制度。实施强制性产品认证的产品必须经过国家认监委指定认证机构的认证，并标注认证标志以后，才能出厂、销售、进口或者在其他经营活动中使用。

自愿性产品认证是为满足市场经济活动有关方面的需求，委托人自愿委托第三方认证机构开展的合格评定活动，范围比较宽泛。国内已经开展的自愿性产品认证包括国家推行的环境标志认证、无公害农产品认证、有机产品认证、饲料产品认证等。另外，还有一些认证机构自行推行的认证形式，如安全饮品、葡萄酒认证等。

产品认证按认证的目的，还可分为安全认证、质量认证、电磁兼容认证、节能认证、节水认证等。

依据标准和法律、行政法规或规章的安全要求进行认证叫做安全认证。安全认证在中国实行强制性监督管理。实行强制性监督管理的认证是法律、行政法规或规章规定强制执行的认证。凡属强制性认证范围的产品，一般都涉及广大人民群众和用户的生命财产安全，其生产企业必须取得认证资格，并在出厂合格的产品上或其包装上使用认证机构发给的特定的认证标志，否则不准生产、销售、进口和使用。

质量认证是指依据产品标准和相应技术要求，经认证机构确认并通过颁发认证证书和认证标志来证明某一产品或质量体系符合相应标准和相应技术要求的活动。质量认证分为产品质量认证和质量体系认证。

2. 产品认证基本内容和方法

根据国际标准化组织和国际电工委员会的建议，目前各个国家都以"型式试验＋工厂抽样检验＋市场抽样检验＋企业质量体系检查＋发证后跟踪监督"的模式建立各国的国家认证制度。

（1）型式试验　就是查明产品是否能够满足技术规范全部要求所进行的试验。为了认证目的进行的型式试验，是对一个或多个具有生产代表性的产品样品利用检验手段进行合格评价。

（2）质量体系检查评定　在产品认证中的质量体系检查评定通常使用 GB/T 19002 或 ISO 9002 质量体系标准，对申请产品认证的生产企业需检查 19 个质量体系要素：管理职责,质量体系,合同评审,文件和资料控制,采购,顾客提供产品的控制,产品标识和可追溯性,过程控制,检验和试验,检验、测量和试验设备的控制,检验和试验状态,不合格产品的控制,纠正和预防措施,搬运、储存、包装、防护和交付,质量记录的控制,内部质量审核,培训,服务,统计技术。认证时该标准的所有要素不能删减。

（3）监督检验　监督检验就是从生产企业的最终产品中或者从市场抽取样品,由认可的独立检验机构进行检验,如果检验结果证明符合标准的要求,则允许继续使用认证标志;如果不符合,则需根据具体情况采取必要的措施,防止在不符合标准的产品上使用认证标志。监督检验的周期一般每年 2～4 次,目的是评价产品通过认证以后,是否能保持产品质量的稳定性,确保出厂的产品持续符合标准的要求。进行监督检验的项目,不必像首次型式试验那样按照标准规定的全部要求进行检验和试验。检验重点是那些与制造有关的项目,特别是顾客意见较多的质量问题。

3. 企业申请产品质量认证的程序

（1）企业办理申请

① 申请单位基本情况;

② 申请认证产品生产企业基本情况;

③ 申请认证类别和产品状况;

④ 申请单位的声明。

（2）认证机构审查和检验

审查——依据 ISO 9000 系列标准,对生产企业的质量体系进行检查、评定。做出"企业质量体系检查报告"。

检验——对样品进行型式试验,并做出"产品检验报告"。

（3）认证机构审批发证

对审查合格的企业和检验合格的产品:

① 颁发产品质量认证证书;

② 准许使用规定的认证标志(如 QS 食品安全、3C 安全认证等见图 1.1)。

图 1.1　QS 食品安全标志和 3C 安全认证标志

1.3.2　质量体系认证基本内容和方法

1. 质量体系认证

质量体系认证又称为质量管理体系审核与注册,它是依据 ISO 9000 系列标准的要求,经认证机构确认并通过颁发认证证书(注册)和认证标记来证明某企业的质量管理体系符合要求的活动。

质量体系认证就是针对管理体系建立实施保持情况的符合性评价,是以各种管理体系标准为依据开展的认证活动,例如:以 ISO 9001 标准为依据开展的质量管理体系认证、以 ISO 14001 标准为依据开展的环境管理体系认证、以 GB/T 28001 标准为依据开展的职业健康安全管理体系认证、食品安全管理体系认证(HACCP)等。

2. 质量体系认证基本内容和方法

质量体系认证包括四个阶段。

（1）提出申请 申请者（如企业）按照规定的内容和格式向体系认证机构提出书面申请，并提交质量手册和其他必要的信息。质量手册内容应能证实其质量体系满足所申请的质量保证标准的要求。

（2）体系审核 体系认证机构指派审核组对申请人的质量体系进行文件审查和现场审核。文件审查主要是审查申请者提交的质量手册的规定是否满足所申请的质量保证标准的要求，只有当文件审查通过后方可进行现场审核。现场审核的主要目的是通过收集客观证据检查评定质量体系的运行与质量手册的规定是否一致，证实其符合质量保证标准要求的程度，作出审核结论，向体系认证机构提交审核报告。

（3）审批发证 体系认证机构审查审核组提交的审核报告，对符合规定要求的批准认证，向申请者颁发体系认证证书，证书有效期为三年。体系认证机构将公布证书持有者的注册名录，其内容包括注册的质量保证标准的编号及其年代号和所覆盖的产品范围。通过注册名录可向注册单位的潜在顾客和社会有关方面提供对注册单位质量保证能力的信任，使注册单位获得更多的订单。

（4）监督管理 体系认证机构对证书持有者的质量体系每年至少进行一次监督检查，以使其质量体系继续保持。

质量体系认证的一般程序为：

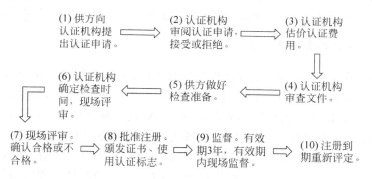

●1.4 认证的机构和标准

1.4.1 中国产品认证概况

中国的认证工作始于 20 世纪 70 年代末 80 年代初，是伴随着改革开放而发展起来的。首先从电工产品和电子元器件产品认证开始，逐渐扩大到其他的产品和领域。1988 年 12 月 29 日由全国人大颁布的《中华人民共和国标准化法》首次将质量认证认可工作纳入法制轨道，并就质量认证工作的管理、采用的标准及认证的形式等做了明确的规定。2001 年 8 月，国务院组建中华人民共和国国家认证认可监督管理委员会（简称"国家认监委"），授权其统一管理、监督和综合协调全国认证认可工作。2003 年 9 月 3 日，国务院总理温家宝签署了国务院第 390 号令,公布了《中华人民共和国认证认可条例》(以下简称《认证认可条例》),自 2003 年 11 月 1 日起正式实施。《认证认可条例》的颁布实施,从法律上确定了认证认可制度的建立。30 多年来,伴随着改革开放,认证认可在促进国家经济建设和社会发展、构建和谐社会等方面发挥着越来越重要的作用,已经成为政府管理经济社会、企业提高管理服务水平的重要手段。

1. 原来的两个认证机构

在我国,电子、电工产品的认证虽起步较晚,但二十多年来发展迅速。中国电工产品认证委员会(简称 CCEE)于 1984 年 10 月成立,在原国家技术监督局的管理下开展对电工产品的安全认证工作,认证的产品范围包括电线电缆、低压电器、电动工具、计算机、电视机、音响、收录机、空调、冰箱、洗衣机、照明电器及安全零部件等。1985 年 9 月经国家技术监督局授权,IEC 中国国家委员会和原国家出入境检验检疫局认可,CCEE 代表中国加入了国际电工委员会电工产品合格测试认证组织(IEC System for Conformity Testing and Certification of Electrical Equipment and Components,IECEE),并于 1989 年 6 月加入国际电工委员会电工产品安全标准测试结果的互认体系(Scheme of the IECEE for Mutual Recognition of Testing Certificates for Electrical Equipment,IECEE-CB),成为可以颁发和认可 CB 测试证书的国家认证机构。同期,原中华人民共和国进出口商品检验检疫局也制定了进口商品安全质量许可制度,对进口产品开展进口产品许可检验(简称 CCIB)。通过这两个机构的工作,使中国大多数制造商认识到产品安全的重要性,逐渐认可了产品安全认证的制度。近 20 多年来,两机构共颁发认证、许可证书逾十万张,为我国进一步开展产品认证工作奠定了良好的基础。

2. 现在的认证机构和认证标志

为了履行中国加入世界贸易组织(WTO)的承诺,实现强制性产品认证的"四个统一"(统一目录、统一标准技术法规和合格评定程序、统一标志、统一收费)要求,国家质量监督检验检疫总局、国家认证认可监督管理委员会(CNCA)决定从 2002 年 5 月 1 日起,停止受理原进口商品安全质量许可证书(CCIB 标志)及安全认证合格证书("长城"标志,即 CCEE 标志)认证申请,开始统一受理中国强制性产品认证(CCC 标志)申请。"CCC"即为 China Compulsory Certification 的缩写,也可简称 3C。CCC 认证的产品检测依据是中国国家标准(简称 GB 标准)或部分行业标准。首批被列入强制管理的产品目录有 19 大类计 132 种产品,主要针对涉及人类健康和安全、动植物生命和健康,以及环境保护和公共安全的产品实行强制性认证(详见本书附录 A.1)。对目录内产品未获得强制性产品认证证书和未加施中国强制性认证标志的自 2003 年 5 月 1 日起不得出厂、出口、销售和在经营性活动中使用,并按规定可被处相应的罚款,并限期实施认证。对已获认证证书却未按规定使用的,限期改正,逾期不改也可被处罚款。对伪造、冒用认证证书及认证标记的,要负相应的法律责任(因特殊原因,国家对 3C 认证实施强制管理的日期推迟至 2003 年 8 月 1 日)。

经国家认证认可监督管理委员会批准,国内有 6 个认证机构同时开展自愿性产品认证。为保证强制性产品认证工作有效实施,缩短整机强制性认证时间,减少整机认证费用,国家认监委研究决定,要求强制性产品认证机构在整机认证中,对这 6 家具备规定资质和技术能力的认证机构颁发的部件自愿性认证证书,经审核符合规定的,承认其认证结果,不得对有关部件重复检测和收费。各自愿性认证机构按照《部件自愿性认证实施规则》(共37份)实施认证。自愿性产品认证的产品包括强制性产品认证目录外的部分整机产品以及安全关键零部件。自愿性产品认证是对强制性产品认证的补充。对于整机类产品,自愿认证的实施使产品认证的范围更加广泛,满足了部分优秀企业的认证需求;对于某些安全关键零部件,自愿认证的必要性更加明显,因为获得经国家认证认可监督管理委员会等部门确认的认证机构颁发的自愿认证证书,就可以在强制性产品认证检验时得到认可引用或部分认可引用,免于整机检测时对部分安全关键件的随机试验。

3. 中国强制性产品认证模式

中国对电子类产品通常采取的认证模式为:型式试验+初始工厂审查+获证后的监督。认证的基本环节为:

(1) 认证申请;

(2) 型式试验;

(3) 初始工厂检查;

(4) 认证结果评价与批准;

(5) 获证后监督。

一般来说,申请产品认证需提供的主要技术资料为:

(1) 电气原理图和(或)系统框图;

(2) 关键元器件和(或)主要原材料清单;

(3) 维修手册和中文使用说明书;

(4) 中文铭牌和警告标记(如果有的话);

(5) 同一申请单元内各型号产品之间的差异说明;

(6) 其他需要的文件。

电子类产品的检测项目一般有安全和电磁兼容两大项,个别产品如收款机、电脑游戏机、学习机、卫星广播接收机等不适用3C认证的部分或全部电磁兼容测试。

工厂检查按照3C认证实施规则中的"工厂质量保证能力要求"进行。特别需要提请企业注意的是该要求是有别于ISO 9000质量管理体系要求的,也就是说获得ISO 9000证书的并不等于可以免于进行3C认证的工厂检查,而仅是可能根据实际情况得到对一些管理要素方面检查的简化。3C认证工厂检查最突出的一点就是特别关注"产品的一致性",即要求工厂应能保证批量生产的认证产品与已获型式试验合格的样品的一致性。

证后监督通过两个方面来实现,一是对工厂管理体系的定期监督,二是对产品进行抽样检测。3C证书没有有效期的限制,主要是通过证后监督来维持其有效性,因此企业对工厂复查应给予足够的重视。

对认证标志的监督管理由国家认证认可监督管理委员会统一负责。认证标志的图案由基本图案、认证种类(包括安全—S,电磁兼容—EMC,安全与电磁兼容—S&E,消防—F,或者其组合等)标注组成。认证标志的使用也必须符合相关要求,不得利用认证标志误导、欺诈消费者。在境外生产并获得认证的产品必须在进口前加施认证标志;在境内生产并获得认证的产品必须在出厂前加施认证标志。

现阶段,实施强制性产品认证是促进相关产品质量提高,保护消费者权益和避免恶性竞争的一个重要手段。企业恰当利用产品认证可以提高自己产品的竞争力,而消费者懂得质量认证制度就可以更好地保护自己。通过政府及产品认证机构、企业、消费者三方共同努力来推动 3C 认证的顺利实施,必将为全社会创造一个公平有序的繁荣市场提供强有力的保障。

4. 中国的相关法律、法规

(1)《中华人民共和国标准化法》　1988 年 12 月 29 日第七届全国人民代表大会常务委员会第五次会议通过,自 1989 年 4 月 1 日起实行。标准化法规定:国家标准、行业标准分为强制性标准和推荐性标准。强制性标准必须执行。不符合强制性标准的产品,禁止生产、销售和进口。对推荐性标准,国家鼓励企业自愿采用。

(2)《中华人民共和国产品质量法》　1993 年 2 月 22 日第七届全国人民代表大会常务委员会第三十次会议通过,自 1993 年 9 月 1 日起实行。2000 年 7 月 8 日,第九届全国人民代表大会常委会第十六次会议审议通过了《中华人民共和国产品质量法》修正案。《产品质量法》规定:国家参照国际先进的产品标准和技术要求,推行产品质量认证。对生产者和销售者对产品的质量责任与义务都做了明确规定,如生产者不得生产存在危及人身财产安全的不合理及危险的产品。

(3)《中华人民共和国认证认可条例》　2003 年 8 月 20 日国务院第十八次常务会议通过,自 2003 年 11 月 1 日起施行。条例明确规定在中华人民共和国境内从事认证认可活动,应当遵守本条例。国家实行统一的认证认可监督管理制度,即国家对认证认可工作实行在国务院认证认可监督管理部门统一管理、监督和综合协调下,各有关方面共同实施的工作机制。

(4)《中华人民共和国进出口商品检验法》　1989 年 2 月 21 日第七届全国人民代表大会常务委员会第六次会议通过。根据 2002 年 4 月 28 日第九届全国人民代表大会常务委员会第二十七次会议《关于修改〈中华人民共和国进出口商品检验法〉的决定》修正。进出口商品检验应当根据保护人类健康和安全、保护动物或者植物的生命和健康、保护环境、防止欺诈行为,维护国家安全的原则,由国家商检部门制定、调整必须实施检验的进出口商品目录(以下简称"目录")并公布实施。列入目录的进出口商品,由商检机构实施检验。目录规定的进口商品未经检验的,不准销售、使用;目录规定的出口商品未经检验合格的,不准出口。

(5)《产品标识标注规定》　1997 年 11 月 7 日国家技术监督局发布,为进一步规范产品标识,引导企业正确标注产品的标识,明示产品的质量信息,保护用户、企业、消费者的合法权益,根据质量法等法律、法规所制定的规定。在中国境内所生产销售的产品,其标识的标注应遵守本规定。

1.4.2　国外产品认证概况

对于电工电子类产品,国外有影响的产品认证及标志包括以下几种。

(1) DENAN 法　日本《电气安全用电法》(简称《电安法》)于 2001 年 4 月 1 日实施,在日本将电气产品分为特殊电气用品及材料(共 111 项),非特殊电气用品及材料(共 340 项)。特殊电气用品及材料必须由授权评估单位进行强制性验证,合格后贴菱形 PSE 标志;非特殊电气用品及材料可采用自我声明的形式,并加贴圆形 PSE 标志,如图 1.2 所示。

(2) FCC　美国联邦通信委员会(Federal Communications Commission,FCC)是美国政府的一个独立机构,直接对国会负责。FCC 制定法规的目的是减少电磁干扰,管理和控

PSE菱形标志

PSE圆形标志

图1.2　PSE标志

制无线电频率范围,保护电信网络、电气产品的正常工作。根据美国联邦通信法规相关部分(CFR 47部分)规定,凡进入美国的电子类产品都需要进行电磁兼容认证(有关条款特别规定的产品除外),其中常见的认证方式有三种:Certification、DoC、Verification。这三种产品的认证方式和程序有较大的差异,不同的产品可选择的认证方式在FCC中有相关的规定。其认证的严格程度递减。针对这三种认证,FCC委员会对各试验室也有相关的要求。许多无线电应用产品、通信产品和数字产品要进入美国市场都要求FCC的认可。受FCC管制的产品类别包括个人电脑、CD播放机、复印机、收音机、传真机、视频游戏机、办公机械、电子玩具、电视机及微波炉等产品。这些产品按用途被划分为A、B两大类,A类为用于商务或工业用途的产品,B类为用于家庭或个人用途的产品,FCC对B类产品法规要求更严格。FCC认证原有其特有的检验依据,包括FCC法规和ANSI C63.4,但近年来渐渐接受了IEC/CISPR的技术标准。FCC认证通过后,授权产品加贴专用认证标志,其式样如图1.3所示。

图1.3　FCC标志

(3) FDA　FDA(Food and Drug Administration)即美国食品医药管理局。与电子产品有关的实际上是CDRH(Center for Devices and Radiological Health)机构,主要是管理电子产品的辐射危害(如X射线)。

(4) TCO　TCO是瑞典专业雇员联盟的简称。TCO认证依据的技术规范是由瑞典专家委员会制定的世界上关于显示器环保要求的最严格标准之一。该认证包含了多个领域关心的相当多的项目:环境保护、生物工程、可用性、电磁场、能源消耗和电力火力安全。环保要求涉及限制重金属、溴化和氯化阻燃剂、氟利昂及氯化溶剂的存在和使用。目前共有TCO'92、TCO'95和TCO'99三项标准。

显示器贴上TCO'92标签,就表示它已通过了TCO'92认证。TCO'92致力于降低电磁辐射、节省电力、防火和防电。TCO'92标签也可称为"环境标志"。截至2003年5月,通过了TCO'92认证的显示器型号有1050个。

TCO'95的覆盖范围涉及显示器、键盘和系统单元。除TCO'92的各项规定外,还提出了对环境保护的要求,并要求设备符合人体工学。已有1000种型号通过了TCO'95认证。

TCO'99则对显示器提出了最为严格的要求,要让用户感到最大限度的舒适,同时尽可能保护环境。TCO'99对键盘及便携机的设计也提出了具体意见。1998年11月宣布了首批通过TCO'99认证的机型,数量极少。

(5) CE　CE标志是法语"CONFORMITE EUROPENDE"(欧洲合格认证)的简称。其标志(如图1.4所示)是一种安全认证标志,被视为制造商打开并进入欧洲市场的护照。在欧盟国家中,对欧盟新方法指令中涉及安全、健康和环境保护与消费者保护的工业产品,统一实施单一CE安全合格标志制度。有CE标志的产品表明产品的制造商向顾客和政府做出了质量保证和承诺,表明责任人声明该产品符合所有相关的欧共体规则和已完成必要的合格评定程序。在欧盟市场 CE 标志属强制性认证标志,不论是欧盟内部企业生产的产品,还是其他国家生产的产品,要想在欧盟市场上自由流通,就必须加贴 CE 标志,以表明产品符合欧盟《技术协调与标准化新方法》指令的基本要求。

对于一般的电子、电器及相关产品而言,需要符合的 CE 指令包括:73/23/EECI. VD 指令(或称低电压指令),89/336/EEC EMC 指令(或称电磁兼容指令)。LVD 指令于 1997 年 1 月 1 日起过渡期结束而正式实施;EMC 指令于 1996 年 1 月 1 日起过渡期结束而正式实施。对于这些产品,CE 认证多采用自我评定程序,即模式 A。

所有新方法指令覆盖的产品都要求加贴 CE 标志,其式样如图 1.4 所示。

图 1.4　CE 标志

(6) GS　GS 标志即德国安全认证标志。GS 标志是被欧洲广大顾客接受的安全标志。通常 GS 认证产品销售单价更高而且更加畅销。

GS 的含义是德语"Geprüfte Sicherheit"(安全性已认证),也有 Germany Safety (德国安全)的意思。GS 认证是以德国产品安全法(SGS)为依据,按照欧盟统一标准 EN 或德国工业标准 DIN 进行检测的一种自愿性认证,是欧洲市场公认的德国安全认证标志。GS 标志表示该产品的使用安全性已经通过公信力的独立机构的测试。GS 标志,虽然不是法律强制要求,但是它确实能在产品发生故障而造成意外事故时,使制造商受到严格的德国(欧洲)产品安全法的约束。所以 GS 标志是强有力的市场工具,能增强顾客的信心及购买欲望。虽然 GS 是德国标准,但欧洲绝大多数国家都认同。而且满足 GS 认证的同时,产品也会满足欧共体的 CE 标志的要求。和 CE 不一样,GS 标志并无法律强制要求,但由于安全意识已深入普通消费者,一个有 GS 标志的电器在市场可能会较一般产品有更大的竞争力。

通常在国内知名的德国本土的 GS 发证机构有 TÜV RHEINLAND、TÜV PRODUCT SERVICES、VDE 等,这些是德国直接认可的 GS 发证机构。

获取 GS 证书的程序如下:

① 首次会议:通过首次会议,检测机构或代理机构将向申请者的产品工程师解释认证的具体程序以及有关标准,并提供需要递交的文件表格及相关要求。

② 申请:由申请者提交符合要求的文件,对于电器产品,需要提交产品的总装图、电气原理图、材料清单、产品用途或使用安装说明书、系列型号之间的差异说明等文件。

③ 技术会议:在检测机构检查过申请者的文件资料后,将会安排与申请者的技术人员进行技术会议。

④ 样品测试:测试将依照所适用的标准进行,可以在制造商的实验室或检验机构的任何一个驻在各国的实验室进行。

⑤ 工厂检查:GS 认证要求对生产的场所进行与安全相关的程序检查。

⑥ 签发 GS 证书。

(7) E/e-Mark 欧盟汽车电子电器产品认证

2002 年 10 月起,根据欧盟指令 72/245/EEC 以及修正指令 95/54/EC 的要求,凡是进入欧盟市场销售的汽车电子电器类产品必须通过 e-Mark 相关测试认证,标贴 e 标志(如

图 1.5 所示），欧盟各国海关才予以放行准许进入当地市场，所以，
汽车电子电器类产品之 e-Mark 认证势在必行。E 标志源于欧洲经
济委员会（Economic Commission of Europe，ECE）颁布的法规
（regulation），目前 ECE 包括欧洲 28 个国家，除欧盟成员国外，还包

图 1.5　e 标志

括东欧、南欧等非欧盟国家。ECE 法规推荐各成员适用，但不是强
制性标准。成员国可以套用 ECE 法规，也可以沿用本国法规。E 标志证书涉及的产品是零
部件及系统部件，没有整车认证的相应法规。获得 E 标志认证的产品是为市场所接受的。
国内 E 标志认证产品有汽车灯泡、安全玻璃、轮胎、三角警示牌、车用电子产品等。

　　E 标志证书的发证机构是 ECE 成员国的政府部门，各国的证书有相应的编号，具体如下：

　　E1—德国；E2—法国；E3—意大利；E4—荷兰；E5—瑞典；E6—比利时；E7—匈牙
利；E8—捷克；E9—西班牙；E10—南斯拉夫；E11—英国；E12—奥地利；E13—卢森堡；
E14—瑞士；E16—挪威；E17—芬兰；E18—丹麦；E19—罗马尼亚；E20—波兰；E21—葡
萄牙；E22—俄罗斯；E23—希腊；E25—克罗地亚；E26—斯洛文尼亚；E27—斯洛伐克；
E28—白俄罗斯；E29—爱沙尼亚；E31—波黑；E37—土耳其。

　　e 标志是欧盟委员会依据欧盟指令强制成员国使用的机动车整车、安全零部件及系统
的认证标志。测试机构必须是欧盟成员国内的技术服务机构，发证机构是欧盟成员国政府
交通部门。获得 e 标志认证的产品各欧盟成员国都将认可。各成员国的证书有相应的编
号，具体如下：

　　e1—德国；e2—法国；e3—意大利；e4—荷兰；e5—瑞典；e6—比利时；e9—西班牙；
e11—英国；e12—奥地利；e13—卢森堡；e17—芬兰；e18—丹麦；e21—葡萄牙；e23—希
腊；e24—爱尔兰。

　　（8）德国电气工程师协会（Verband Deutscher Elektrotechniker，VDE）

　　VDE 是德国著名的测试机构，成立于 1893 年，是一个非营利的工程和科学界的联合
会，直接参与德国国家标准制定。同 UL 一样，只有 VDE 公司才能授权使用 VDE 标志。
大部分人对 VDE 的认识停留在电器零部件认证上，其实 VDE 测试除传统的电器零部件、
电线电缆、插头等认证之外同样也可核发 EMC 标志以及 VDE-GS 标志（见表 1.1）。

表 1.1　VDE 标志使用领域

标　　志	使　用　领　域
▽D·E△	VDE 标志，适用于依据设备安全法规（GSG）的器具，如医疗器械，电气零部件及布线附件
▽D·E△ GS	VDE-GS 标志，适用于依据设备安全法规的整机器具（可以代替 VDE 标志）
10 ▽D·E△	欧洲 ENEC 标志，目前主要适用如灯具及其附件、节能灯、IT 设备、变压器、家用开关等产品
VDE EMV	VDE-EMV 标志，适用于符合电磁兼容标准的器具
◁VDE▷	VDE 电缆标志，适用于电缆、绝缘软线以及导管线管
▬▬▬▬▬	VDE 标识线，适用于电缆和绝缘软线
◁VDE▷ ◁HAR▷	VDE 协调标志，适用于依据协调的 VDE 规范的电缆和绝缘软线

(9) 德国的技术监督协会(Technischer Üeberwachungs-Verein,TÜV)

TÜV 是一个非营利的、独立的民间检测认证机构,从事产品、设备的检测已有 100 多年的历史。起初的名字是蒸汽锅炉检验协会(DÜV),后来,随着工业的发展,DÜV 改名为 TÜV。德国莱茵 TÜV(TÜV RHEINLAND)是德国 11 个 TÜV 中最大的一个,成立于 1872 年,总部设在科隆,是德国劳动和社会事务部认可的检测机构。它从事产品认证的依据是德国的产品安全法和欧盟低压设备指令、DIN 标准及其他安全要求。其标志如图 1.6 所示。

(10) 美国安全检测实验室公司(Underwriters Laboratories Inc.,UL)

19 世纪 90 年代,美国许多城市发生一连串严重火灾,原因归咎于电器设备及电线走火。为了避免悲剧再次发生,威廉斯·梅瑞尔(Mr. William H. Merrill)于 1894 年创办了"承保电机工程局"即"国家火险部电机工程局"的前身,即保险商实验室联合公司。UL 一开始仅有两名员工及价值 350 美元的测试设备。1901 年,梅瑞尔先生一手创办的工程局改组成美国安全检测实验室公司并将测试领域扩展至电子电机以外。目前,UL 已发展成从事安全试验和鉴定的在世界上有一定知名度的民间认证机构。其标志如图 1.7 所示。

图 1.6　TÜV 标志　　　　　图 1.7　UL 标志

1.4.3　IECEE CB 体系

IECEE CB 体系是电工产品安全测试报告互认的第一个真正的国际体系。各个国家的国家认证机构(NCB)之间形成多边协议,制造商可以凭借一个 NCB 颁发的 CB 测试证书获得 CB 体系的其他成员国的国家认证。CB 体系的主要目标是促进国际贸易,其手段是通过推动国家标准与国际标准的统一协调以及产品认证机构的合作,而使制造商更接近于理想的"一次测试,多处适用"的目标。CB 体系基于国际 IEC 标准。CB 体系利用 CB 测试证书来证实产品样品已经成功地通过了适当的测试,并符合相关的 IEC 要求和有关成员国的要求。目前电磁兼容性(EMC)没有纳入 CB 体系,除非所使用的 IEC 标准特别要求。但是,CB 体系已经开始向其成员调查他们对与安全测试一起进行 EMC 测量的意愿。这一调研的结果将公布在以此为主题的 CB 公报上。

中国质量认证中心(简称 CQC)代表我国参加了 IECEE CB 体系。

1.5　汽车电子产品质量评定与认证

1.5.1　电子元器件质量评定体系

电子元器件质量评定体系(IECQ)的宗旨是促进国际和国内的电子元件贸易,具体方法是采用公认的并经批准的技术标准对有资格(经批准)的制造厂商的元件实施认证。每一认证的认证业务由其相应的国家机构实施。

相应的国家机构保证全面履行国际上同意的章程。图 1.8 列出本体系的国际和国家的组成机构(图中的国家机构是以美国为例的)。国家机构的组成为:国家监督检查机构

（NSI）批准电子元件制造商并对之施行持续的监督和审查、国家标准化机构（NSO）管理国内技术规范的制订和国家计量服务部门。

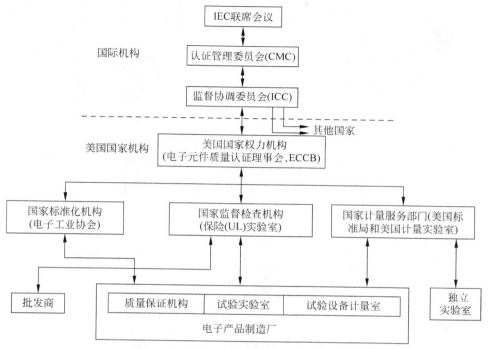

图1.8　电子元器件质量评定体系组成机构

成员国资格需得到13个全权国和8个参加国的广泛支持。全权国有：澳大利亚、比利时、丹麦、法国、德国、爱尔兰、以色列、日本、韩国、瑞士、英国、俄罗斯和美国。参加国有：中国、匈牙利、印度、意大利、挪威、荷兰、波兰和瑞典。认证管理委员会（CMC）由国际电工委员会（IEC）联席会议领导和授权，对本体系的活动负全部责任。它由各参加国的国家权力机构（NAI）指定两名代表组成。CMC下设监督协调委员会（ICC），负责办理与国家监督检查机构权益有关的事务和监督本体系的章程和实施程序的全面贯彻。它由各国权力机构指定两名代表组成，其中至少有一名为国家监督检查机构成员。拥有本体系认证权的成员国在该委员会内有表决权，无认证权的成员国没有表决权。

例如在美国，负责IECQ体系工作的管理部门是电子元件质量认证理事会（法人）（ECCB）。向它报告工作的有两个机构：其一是国家标准化机构，它负责制订全部技术规范，批准和颁布认证产品的详细规范。电子工业协会（EIA）为ECCB承担这一职能。其二是国家监督检查机构，它负责对本体系所要求的所有质量评定程序实施全面的监督。其中包括对制造厂商和独立实验室资格审批的评审和监督，以及对认证（已批准）元件的质量一致性合格证及其检测进行检查。保险（UL）实验室为ECCB执行这方面的职能。

1.5.2　IECQ体系所用的电子元件技术标准

本体系以IEC标准为依据，IEC标准是经过国际上一致同意的。本体系的标准和技术规范有5个等级：基础规范、总规范、分规范、空白详细规范和详细规范。图1.9说明了这些规范间相互的关联和可能的合并情况。

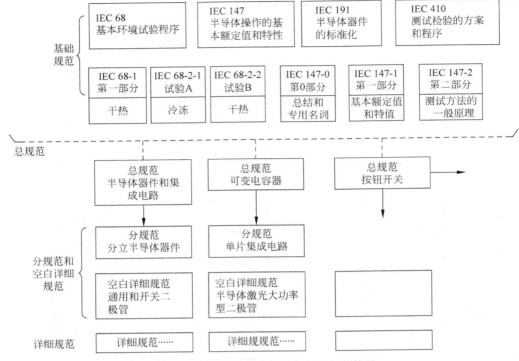

图 1.9　IECQ 体系的标准和技术规范情况

基础规范是普遍性的,涉及环境试验、抽样程序和其他通用的技术条件。

总规范适用于一个大类或支类的电子元件,并可包含分规范和空白详细规范在内。

详细规范适用于单一的元件,涉及其电性能、试验、检验及该元件的其他特殊要求。

空白详细规范是从总规范和分规范的技术要求引申出来的,其中包括评定元件质量所用的技术判据(电性能及极限值)一览表。

详细规范可由国家标准机构或获得资格(经批准)的制造厂商采用空白详细规范来制订。

IECQ 体系各个层次的标准虽然都可作为单一标准独立存在,但相互间紧密相关,共同构成一个严密的标准体系。该体系反映了当前国际上电子元器件生产的技术水平,尤其是其中的测试方法,比较科学合理,切实可行,可对电子元器件作出正确的质量评定。

复习思考题

1-1　IEC、CCC、FCC、FDA、TCO、CE、UL、PSE、TÜV、VDE、GS、E/e Mark 各是什么标志?

1-2　何谓认证? 认证分为哪几类?

1-3　中国强制性产品认证模式是什么?

1-4　IECEE CB 体系的作用是什么?

1-5　大作业:

查一篇关于“汽车电子产品质量认证”的资料,并相应谈一下应如何控制汽车电子产品质量。

第 2 章 汽车电子产品的基本测量理论

2.1 测量误差的基本概念

测量是人类对自然界的客观事物的性质取得数量观念的一种认识过程,我们把被测量所具有的真实大小称为真值。在不同的时间和空间,被测量的真值往往是不同的。在一定的时空条件下,某被测量的真值是一个客观存在的确定数值。

在测量中,人们通过实验的方法来求被测量的真值时,由于对客观规律认识的局限性、测量工具不准确、测量手段不完善及测量工作中的疏忽和错误等,测量结果与真值都会不同,从而造成测量误差。也就是说,测量误差是指被测量的测得值与该量的真实值之差值。然而,一个量的绝对真值是无法知道的。但随着人类认识的深化和发展,可以逐渐逼近它。在实际工作中,测量误差是指某个量的测得值与高一级的标准量具(或标准测量仪器)所确定该量的实际值之间的差值。

测量误差产生的原因是各式各样的,要完全掌握和消除所有的测量误差也是不可能的。研究误差理论的目的,就是要根据误差的规律,在一定的测量条件下尽力设法减小误差,保证研究课题与产品的质量,并根据误差理论合理地设计和组织实验,正确地选用仪器、仪表和测量方法,正确地进行测量。

2.1.1 测量误差的来源

1. 装置误差

由测量仪器和设备所引入的误差即为装置误差。例如电桥中的标准电阻、天平的砝码、示波器的探极线等都含有误差。仪器、仪表的零位偏移、刻度不准确以及非线性等引起的误差均属此类。

2. 环境误差

环境误差是指由环境条件与所要求的标准状态不一致等造成的误差,主要是外界的温度、湿度、气压、电磁场、辐射等影响所产生的误差。例如,数字式电压表的技术指标中常常单独给出的温度影响误差就属于此类。

3. 方法误差

方法误差是指测量时使用的方法不完善,或者依据的理论不严密,采用近似公式,对某些经典测量方法作不适当的修改等所产生的误差。

4. 人身误差

由于测量者的分辨能力、视觉疲劳、固有习惯或缺乏责任心等引起的误差称为人身误差。例如读错刻度、念错读数、操作不当等。这种误差往往因人而异。

在测量工作中,对于误差的来源必须认真分析,采取相应措施,以减小误差对测量结果的影响。

2.1.2　测量误差的分类

根据造成误差的 4 个方面原因,从误差的性质和特点可将测量误差分为系统误差、随机误差和疏忽误差 3 类。

1. 系统误差

系统误差又称为系差,它是指在相同条件下,多次测量同一量值时,误差的绝对值和符号保持不变,或在条件改变时,按一定规律变化的误差,它又可分为恒定系差和变值系差。这类误差是测量误差的主要部分,对测量结果的影响较为严重。

(1)恒定系差是指误差的数值在一定条件下保持不变的误差。例如测量仪器的零点未调整好,或者安装不平而朝某一方向倾斜等。

(2)变值系差是指误差的数值在一定条件下,按某一确定规律变化的误差。根据变化规律它可分为以下几种。

① 累进性系差。它是指在整个测量过程中,误差的数值是在逐渐增加或逐渐减少的系统误差。

② 周期性系差。它是指在测量过程中,误差的数值发生周期性变化的系统误差。例如测角仪,如果它存在偏心,则各分度线误差的变化就符合这种规律。

③ 按复杂规律变化的系差,如电工仪表整个分度线上存在的系统误差,其变化规律就属于此类系差。通常只能用曲线、表格或经验公式来表示。

系统误差的特点是,测量条件一经确定,误差就为一确切的数值。用多次测量取平均值的方法,并不能改变误差的大小。系统误差的产生原因是多方面的,但总是有规律的。我们应尽可能设法事先预见或找出系统误差的产生根源,针对其产生原因,采取相应的技术措施消除或减弱影响,也可以估计出其影响程度,在测量结果中加以修正。

2. 随机误差(偶然误差)

在相同条件下,多次测量同一量值时,误差的绝对值和符号均发生变化,其值时大、时小,其符号时正、时负,没有确定的变化规律,也不可以预见的误差称为随机误差。

随机误差主要是由那些对测量值影响较微小,又互相关的多种因素共同造成的。例如热扰动、噪声干扰、电磁场的微变、空气扰动、测量人员感觉器官的各种无规律的微小变化等。由于上述这些因素的影响,从宏观上来看,或者从平均意义上来说,虽然测量条件没变,比如使用的仪器准确的程度相同、周围环境相同、测量人员以同样的细心进行工作等,但只要测量装置的灵敏度足够高,就会发现测量结果有上、下起伏的变化,这种变化就是由于随机误差造成的。

就一次测量而言,随机误差没有规律,不可预见,但是当足够多次测量时,其总体服从统计的规律,多数情况下接近于正态分布。随机误差具有以下几个特点。

(1) 在多次测量中误差绝对值的波动有一定的界限,即具有有界性。

(2) 绝对值相等的正误差和负误差出现的机会相同,即具有对称性。如图 2.1 所示,图中 A_0 是假设无系统误差情况下的实际值。

(3) 当测量次数足够多时,随机误差的算术平均值趋近于零,即具有抵偿性。

(4) 由大量重复测量所获得的测量值或数据,会以其算术平均值为中心集中地分布,即具有单峰性。

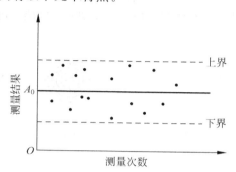

图 2.1　随机误差对称性示意图

这种误差的特点与正态分布的特点和规律是相同的,而与按复杂规律变化的系统误差有着本质的区别。因为系统误差服从确切的函数关系,无论规律怎样复杂,如果多次重复测量,该规律仍然不变。随机误差却没有这种重复性。

3. 疏忽误差

在一定的测量条件下,测量值明显地偏离其真值(或实际值)所形成的误差称为疏忽误差,又叫做粗大误差。

产生这种误差的原因有二:其一,一般情况下,它不是仪器本身固有的,主要是在测量过程中由于疏忽造成的。例如测量者工作过于疲劳、缺乏经验、操作不当或工作责任心不强等造成的读错刻度、记错读数或计算错误。这是产生疏忽误差的主观原因。其二,由于测量条件突然变化,例如电源电压、机械冲击等引起仪器示值的改变,这是产生疏忽误差的客观原因。

凡确认含有疏忽误差的测量数据统称为坏值,应当剔除不用。

2.1.3　测量结果的评定

为了正确地说明测量结果,通常用准确度、精密度和精确度来评定,它们的意义如下。

1. 准确度

准确度是指测量值与真值的接近程度。它反映了系统误差对测量的影响程度,系统误差小,则准确度高。

2. 精密度

精密度是指测量值重复一致的程度。即测量过程中,在相同的条件下用同一方法对某一量进行重复测量时,所测得的数值相互之间接近的程度,数值愈接近,精密度愈高。换句话说,精密度用以表示测量值的重复性,反映随机误差的影响。

3. 精确度

精确度既指测量值的重现程度,又指测量值与真值的接近程度。它反映了系统误差和随机误差的综合影响程度。精确度高,说明准确度及精密度都高,意味着系统误差和随机误差都小。一切测量都应力求既精密又准确。可用打靶的例子说明上述 3 种情况,如图 2.2 所示。

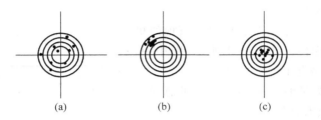

图 2.2　精确度示意图

图 2.2(a)是准确度高而精密度低;图 2.2(b)是精密度高而准确度低;图 2.2(c)是精确度高。

根据上述误差来源、误差分类以及精确度之间的关系可以画出图 2.3。

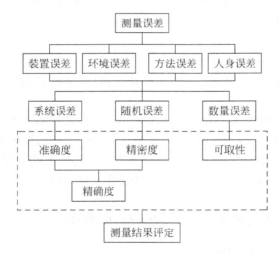

图 2.3　误差来源、误差分类以及精确度之间的关系示意图

2.1.4　误差的表示方法

1. 绝对误差

它表示测量值 X 与真值 A_0 之差,即

$$\Delta X_0 = X - A_0 \tag{2-1}$$

由于真值 A_0 一般无法求得,故上式只有理论上的意义。通常采用上一级标准仪器的

示值 A 作为实际值来代替真值 A_0，X 与 A_0 之差称为仪器的示值误码率差，习惯上也称绝对误差，用 ΔX 表示，记作

$$\Delta X = X - A \tag{2-2}$$

定义与绝对误差大小相等、符号相反的量值 C，即

$$C = A - X \tag{2-3}$$

在较准确的仪器中，常常以表格、曲线或公式的形式给出修正值。在某些自动测量仪器中，修正值可以先编成程序储存在仪器中，在测量时仪器可以对测量结果自动进行修正。修正值通常是在校准仪器时给出，当测量时得到测量值 X 及修正值 C 以后，由式 $C = A - X$ 就可以求出被测量的实际值。例如用某电流表测电流，电流表的示值为 10mA，该表在测定 10mA 刻度处的修正值为 +0.04mA，则被测电流的实际值即为 10.04mA。

绝对误差及修正值是与给出值具有相同量纲的量，绝对误差的大小和符号分别表示了给出值偏离真值的程度和方向。

2. 相对误差

绝对误差的表示方法有它的不足之处，这就是它往往不能确切地反映测量的精确程度。例如测量两个频率，其中一个频率 $f_1 = 1000\text{Hz}$，其绝对误差 $\Delta f_1 = 1\text{Hz}$，另一个频率 $f_2 = 1\,000\,000\text{Hz}$，其绝对误差 $\Delta f_2 = 10\text{Hz}$，尽管 f_2 的绝对误差 Δf_2 大于 f_1 的绝对误差 Δf_1，但我们并不能因此得出 f_1 的测量较 f_2 精确的结论。恰恰相反，f_1 的测量误差对 $f_1 = 1000\text{Hz}$ 来讲占 0.1%，而 f_2 的测量误差仅占 $f_2 = 1\,000\,000\text{Hz}$ 的 0.001%。为了弥补绝对误差的不足，又提出了相对误差。

相对误差表示绝对误差 ΔX 与其真值 A_0 的比值，即

$$r_X = \Delta X / A_0 \times 100\% \tag{2-4}$$

由于真值 A_0 不可知，在实际测量工作中采用示值相对误差，它是指绝对误差 ΔX 与仪器的示值（即测得值）的比值，记作

$$r_X = \Delta X / X \times 100\% \tag{2-5}$$

3. 引用误差

前面介绍的相对误差可以较好地反映某次测量的准确度，但是，在连续刻度的仪表中，用相对误差来表示在整个量程内仪表的准确程度，往往感到不便。因为使用这种仪表时，在某一测量量程内，被测量有不同的数值。若用式（2-5）来计算相对误差，则随着被测量的不同，式中的分母也在变化，求得的相对误差也将随着改变。因此，为了计算和划分准确程度等级的方便，在使用式（2-5）求相对误差时，改为取电表量程的上限，即满刻度值作为分母，这就引出了引用误差（又叫满度相对误差）的概念，即

$$r_{\text{m}} = \frac{\Delta X}{X_{\max}} \times 100\% \tag{2-6}$$

式中，r_{m}——引用误差；

　　　ΔX——绝对误差；

　　　$X_{\max}$——仪表的满刻度值。

常用电工仪表分为 ±0.1、±0.2、±0.5、±1.0、±1.5、±2.5、±5.1 七级，分别表示它

们的引用误差所不超过的百分比。

例 2-1　检定一个 1.5 级 100mA 的电流表,发现在 50mA 刻度处的误差最大,为 1.4mA,其他刻度处的误差均小于 1.4mA,问这块电流表是否合格?

解:由式(2-6)求得该表的最大引用误差为

$$r_{max} = \frac{\Delta I_{max}}{I_m} \times 100\% = \frac{1.4}{100} \times 100\%$$
$$= 1.4\% < 1.5\%$$

可见,这块电流表合格。

若某仪表的等级是 S 级的,它的满刻度值为 X_{max},被测量的真值为 A_0,那么测量的绝对误差

$$\Delta X \leqslant X_{max} \cdot S\% \tag{2-7}$$

测量的相对误差

$$r \leqslant \frac{X_{max} \cdot S\%}{A_0} \tag{2-8}$$

由式(2-7)可见,当一个仪表的等级 S 选定后,测量中绝对误差的最大值与仪表刻度上限 X_{max} 成正比。因此所选仪表的满刻度值不应比实测值 A_0 大得太多。同样,在式(2-8)中,总是满足 $A_0 \leqslant X_{max}$,可见当仪表等级 S 选定后,A_0 越接近 X_{max} 时,测量相对误差的最大值越小,测量越准确。因此,在用这类仪表测量时,在一般情况下应使被测量的数值尽可能在仪表满刻度的 2/3 以上。

例 2-2　若要测量一个 10V 左右的电压,手头有两块电压表,其中一块量程为 150V 的 ±1.5 级电压表,另一块量程为 15V 的 ±2.5 级电压表,问选用哪一块表适合?

解:若使用量程为 150V 的 ±1.5 级电压表,式(2-7)可得测量产生的绝对误差为
$$\Delta U \leqslant U_{max} \cdot S\% = 150 \times (\pm 1.5\%) = \pm 2.25(V)$$

若表头示值为 10V,则被测电压的真值是在 (10±2.25)V 范围内,误差的范围是相当大的。

若使用量程为 15V 的 ±2.5 级电压表,用同样方法可以求得测量的绝对误差为
$$\Delta U \leqslant 15 \times (\pm 2.5\%) = 0.375(V)$$

若表头的示值也是 10V,则被测量电压的真值是在 (10±0.375)V 的范围内,可见误差的范围小了很多,因此应选用 15V 的 2.5 级电压表。

由上述例子可以说明,在测量中我们不能片面追求仪表的级别,而应根据被测量的大小,兼顾仪表的满刻度值和级别,合理地选择仪表。

4. 容许误差

容许误差是指根据技术条件的要求,规定某一类仪器误差不应超过的最大范围。通常,技术说明书或仪器上所标明的误差都是指容许误差。它并不具体指某台仪器的误差。容许误差以误差极限的形式给出。其表示方法可以用绝对误差,也可以用相对误差,或者用二者结合起来表示。例如,我国各种电子仪器的容许误差是以示值相对误差来表示的,或者用一个示值相对误差与一个绝对误差之和来表示,如电容电桥的容许误差表示为 $\pm 0.1\% \pm 0.1$pF 等。

2.2　测量仪器仪表的选择

2.2.1　测量仪器仪表的选择及测量方法导则

1. 测量仪器仪表的选择

选择安全试验仪器仪表时,首先应根据测量的项目明确对测量仪表的类型、准确度、量程等方面的要求,同时还要考虑其时间及频率的动态响应特性,以及实际试验环境可能对仪器仪表测量精度的影响和测量电路及仪器仪表对被测设备或电路的影响等。仪器仪表的计量校准情况决定了测量结果的可追溯性(一般要求能追溯到国家基准或国际基准),所以也不能忽视。具体方法如下。

（1）根据被测量的对象和性质选用仪表。如测量直流性质的电气参数可选择磁电式仪表。测量交流电气参数时,还应考虑到被测参数的频率特征。普通的电磁式、电动式和感应式的仪表,其适用的频率范围较窄。如被测量的频率较高,则应选用静电式或数字式仪表进行测量。

（2）根据测量准确度的要求选择仪表。仪表的准确度等级越高,测量结果误差越小,也就越可靠、越有说服力。一般要求测量仪表的精度等级比对被测量的要求的精度至少高一个等级。同时,客观上也要求该测量仪表在计量校准时所使用的仪器设备的精度比其至少高一个等级。在对电子产品的安全性能检测中,一般的精度要求见表 2.1。若选择的是数字式仪表,则还要考虑其显示的有效位数,要求显示位数应至少比测量要求的有效位数多一位。

表 2.1　对测量仪表的精度要求

测 量 参 数	测 量 范 围	仪器精度限值
温度*	<100℃	±2℃
	>100℃	±3%
时间	10~200ms	±5%
	200ms~1s	±10ms
	≥1s	±1%
直线尺寸	<1mm	±0.05mm
	1~25mm	±0.1mm
	≥25mm	±0.5%
质量	10~100g	±1%
	100g~5kg	±2%
	≥5kg	±5%
力	对所有数值	±6%
机械能	对所有数值	±10%
角度		±1°
相对湿度	30%~95%RH	6%RH
表计空气压力		±0.01MPa
气体和液体压力	对于静态测量	±5%
力矩		±10%

测 量 参 数		测 量 范 围	仪器精度限值
电压	<1000V	直流<1kHz	±1.5%
		1～5kHz	±2%
		5～20kHz	±3%
		≥20kHz	±5%
	≥1000V	直流<20kHz	±3%
		≥20kHz	±5%
电流	≤5A	直流<60Hz	±1.5%
		60Hz～5kHz	±2.5%
		5～20kHz	±3.5%
		≥20kHz	±5%
	≥5A	直流<5kHz	±2.5%
		5～20kHz	±3.5%
		≥20kHz	±5%
漏电流	≤30mA	50/60Hz	±3.5%
	≥30mA	50Hz～5kHz	±5%
功率(50/60Hz)		≤1W	±20mW
		1W～3kW	±3%
		>3kW	±5%
功率因数			±0.05%
频率		<10kHz	±0.2%
电阻		1mΩ～100mΩ,>1MΩ	±5%
		>1TΩ	±10%
		其他情况时	±3%

*未包括热电偶,推荐使用优质 K 型热电偶。这里不涉及相对湿度的测量。

（3）根据被测量的大小选用合适量程的仪表。测量时使用的量程合适就可能充分利用仪表的测量精度,以得到准确度较高的结果。一般来说被测量的数值越接近满刻度,测量结果的相对误差就越小。但还应注意到,灵敏度和精度较高的仪表也容易被烧坏,被测量超过量程更可能损坏仪表。因此在检测的过程中,一般应使被测量的指示值超过仪表满刻度的 1/2,最好保持在满刻度的 2/3 左右为宜。

（4）根据测量的需求,选择合适内阻的仪表。一般情况下,测量电震颤时,要求电压表的内阻越高越好;测量电流时,要求电流表的内阻越小越好。根据欧姆定律可知,这样做可减少测量时引入的系统误差,使测量的数据接近真实值。此外,还要考虑在特殊情况下选择适宜的仪表和测量线路,以避免不正确的测量结果出现。如一台合格的彩色电视机(其隔离电阻在 8MΩ 以上),若使用一般的万用表（如 500 型）测量从天线端子到地之间的电压,指示值为 190 左右。而实际上在使用过程中,人接触到电视机的天线时,实际的等效电路就是用人体电阻代替上述 R_2。因人体的电阻远小于 8MΩ,这样大部分的电压将落在 R_1 两端,而最后落在人体电阻上的电压就很小了。这个例子说明测量仪表对被测线路的影响是不容忽视的。针对这个项目,正确的测试线路和测试方法见 GB 8898—2001。

（5）根据实际要求的分析处理速度选择合适的仪器仪表。如测量时间比较紧张时,可选择自动记录类型的视频或计算机数据采集系统；若需要即时分析数据,可选择实时显示类型的仪器;而若被测量值比较稳定,则对测量仪器的响应速度没有太苛刻的要求。

（6）根据测量需要,选择合适的测量电路,并根据引入系统误差最小的原则选择仪器仪表,以使测量值尽可能接近真实值。

2. 测量仪表使用时的注意事项

选择好之后,在使用仪表进行测量时还应注意到以下几点。

（1）仪表应在规定的工作环境下工作。一般要求实验室的温度保持在 15～35℃ 范围内,相对湿度最大不超过 75%,因为气候环境会直接影响仪器仪表的测量准确度。

（2）按规定的位置安放测量仪器。尤其是对指针式仪表,不能随意倾斜,避免由于人为因素导致仪表指示的不正确。

（3）在规定的频率范围内工作。对于测量工频参数的仪表,如电压表、电流表和功率计,一般如果频率偏离 ±10%,其测量准确度就可能会降低一个等级。

（4）对使用电源的仪器设备,要求接在符合规定（电压和频率）的电源上。

（5）对磁敏感的仪器仪表应远离外界磁场。大多数指针式仪表内的感应线圈中的磁介质是空气,当有较强的外界磁场作用时,由于磁通量的改变,从而改变了仪表的测量机理,引入的"系统误差"将很可能是不可估量的,从而严重影响测量结果的真实性。

（6）使用前应检查仪表指针是否在零位,否则按规定先归零。

测量时应正确地读取测量数据。对指针式仪表不应斜视,而应使视线与仪表指针垂直再读数。

（7）对多量程的仪表,应选择合适的量程。

3. 测量方法

根据测量结果获得方式的不同,有以下三种基本测量方法。

（1）直接测量法

在这种测量过程中,测量结果就是测量仪器上的读数。例如用电位差计测量电压。

（2）间接测量法

在这种测量过程中,必须要有两个或两个以上测量仪器的读数并代入欧姆定律计算出电阻来。

（3）组合测量法

采用这种测量方法可同时得到两个或两个以上的测量参数。组合测量的次数应当等于待测参数的个数,而每一次测量必须有两个以上的读数（中间变量）,然后将这些读数代入按理论公式列出的联立方程,再求解得出待测参数。例如对电池的电动势和内阻的测量。

实际应用中经常综合使用几种基本测量方法。

2.2.2 测量误差的处理

1. 系统误差处理

测量误差产生的原因是多方面的,这里主要介绍常用的减小系统误差的方法。

（1）引入修正值法

通过对检测系统的校准已经知道了修正值，则将测量结果的指示值加上修正值，就可以得到更接近真值的测量结果。这时的系统误差不是被完全消除了，而是大大地被削弱了，因为修正值本身也是有误差的。

引入修正值法还可以推广应用到对因环境偏差或不稳定而引起的误差的处理。例如，在环境干扰很大而又无法削弱的场合，可以先"测量"零信号，得出干扰引起的指示值，然后再送入被测信号，将此时得到的读数减去干扰指示值，由此得到去除干扰误差后的测量结果。注意，在使用这种方法时应保证在上述两次测量过程中的干扰基本相同，否则就无任何意义。也就是说，这种方法只能有限度地使用，尤其在有些环境内外因素作用变化明显的场合，不能简单地采用此方法。

（2）零位式测量法

零位式测量法是标准量与被检测量相比较的测量方法，其优点是测量误差主要取决于参加比较的标准器具的误差。因标准器具的误差一般可以被限制得很小，所以零位式测量法一般具有较高的精度。但使用该方法时，必须保证检测系统有足够的灵敏度，否则意义不大。

（3）替换法

替换法是用可调的标准器具代替被测量接入测量系统，然后调整标准器具，使测量系统的指示与被测量接入时的相同，则此时标准器具的数值等于被测量。

替换法在两次测量过程中，测量电路及指示器的工作状态均保持不变，因此测量系统的精度对测量结果基本上无影响，从而消除了测量结果中的系统误差。替换法的测量精确度几乎完全取决于标准器具的精度，而对指示器只要求有足够的灵敏度即可。替换法是检测工作中常用的方法之一，不仅适用于精密测量，也常用于一般的测量中。

（4）补偿法

补偿法是替换法的一种特殊形式，相当于部分替换法或不完全替换法。

（5）对照法

在一个测量电路中，改变一下测量安排，得出两个结果互相对照，并通过适当的数据处理，可对测量结果进行修正，这种方法称为对照法。

2. 偶然误差的处理

只有用足够灵敏的测量设备和采用足够准确的方法，才能发现偶然误差的存在。偶然误差的数值往往是极小的，一般系统误差总比它大，所以在一般的测量中并不需要对偶然误差进行处理。如需要对偶然误差进行处理，那么处理的理论根据应该是从偶然误差的概率分布情况来导出的。一般偶然误差是按正态分布规律出现的，一次测量不可能发现其规律，要进行偶然误差处理，必须进行大量的重复测量。

3. 疏失误差处理

作为坏值剔除，忽略不计。

2.3　基本电参量测量

2.3.1　电阻的测量

电阻由于其结构上的特点,存在引线电感和分布电容,当工作于低频时电阻分量起主要作用,电抗分量可以忽略不计。但当工作频率升高时电抗分量就不能忽略不计了。此时,工作于交流电路的电阻的阻值,由于集肤效应、涡流损耗等原因,其等效电阻随频率的不同而不同。实验证明,当频率在 1kHz 以下时,电阻的交流阻值和直流阻值相差不过 1×10^{-4},随着频率的升高,其间的差值随之增大。

1. 万用表测量电阻

用万用表的电阻挡测量电阻时,先根据被测电阻的大小,选择好万用表电阻挡的倍率或量程范围,再将两个输入端(称表笔)短路调零,最后将万用表并接在被测电阻的两端,读出电阻值即可。

在用万用表测量电阻时应注意以下几个问题。

(1) 要防止用双手把电阻的两个端子和万用表的两个表笔并联捏在一起,因为这样测得的阻值是人体电阻与待测电阻并联后的等效电阻的阻值,而不是待测电阻的阻值。

(2) 当电阻连接在电路中时,首先应将电路的电源断开,绝不允许带电测量。

(3) 用万用表测量电阻时应注意被测电阻所能承受的电压和电流值,以免损坏被测电阻。例如,不能用万用表直接测量微安表的表头内阻,因为这样做可能使流过表头的电流超过其承受能力(微安级)而烧坏表头。

(4) 万用表测量电阻时不同倍率挡的零点不同,每换一挡都应重新进行一次调零,当某一挡调节调零电位器不能使指针回到 0Ω 处时,表明表内电池电压不足了,需要更换新电池。

(5) 由于模拟式万用表电阻挡表盘刻度的非线性,测量误差也较大,因而一般作粗略测量。数字式万用表测量电阻的误差比模拟万用表的误差小,但当用它测量阻值较小的电阻时,相对误差仍然是比较大的。

2. 电桥法测量电阻

当对电阻值的测量精度要求很高时,可用电桥法进行测量。如图 2.4 所示,R_1、R_2 是固定电阻,称为比率臂,比例系数 $K = R_1/R_2$ 可通过量程开关进行调节;R_n 为标准电阻,称为标准臂;R_x 为被测电阻;G 为检流计。测量时接上被测电阻,接通电源,通过调节 K 和 R_n,使电桥平衡即检流计指示为零,读出 K 和 R_n 的值,即可求得 R_x 的值。计算公式为

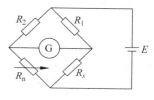

图 2.4　电桥法测量电阻

$$R_x = \frac{R_1}{R_2}R_n = KR_n$$

(2-9)

3. 伏安法测量电阻

伏安法是一种间接测量法，理论依据是欧姆定律 $R=U/I$，给被测电阻施加一定的电压，所加电压应不超出被测电阻的承受能力，然后用电压表和电流表分别测出被测电阻两端的电压和流过它的电流，即可算出被测电阻的阻值。

伏安法有如图 2.5(a)、(b)所示的两种测量电路。

如图 2.5(a)所示电路称为电压表前接法。由图可见，电压表测得的电压为被测电阻 R_x 两端的电压与电流表内阻 R_A 压降之和。因此，根据欧姆定律求得的测量值为

$$R_测 = U/I_x = (U_x + U_A)/I_x = R_x + R_A > R_x \qquad (2\text{-}10)$$

如图 2.5(b)所示电路称为电压表后接法。由图可见，电流表测得的电流为流过被测电阻 R_x 的电流与流过电压表内阻 R_V 的电流之和，因此，根据欧姆定律求得的测量值为

$$R_测 = U/I_x = U_x/(I_V + I_x) = R_x /\!/ R_V < R_x \qquad (2\text{-}11)$$

使用伏安法时，应根据被测电阻的大小，选择合适的测量电路；如果预先无法估计被测电阻的大小，可以两个电路都试一下，看两种电路电压表和电流表的读数的差别情况。若两种电路电压表的读数差别比电流表的读数差别小，则可选择电压表前接法，即如图 2.5(a)所示电路；反之，则可选择电压表后接法，即如图 2.5(b)所示电路。

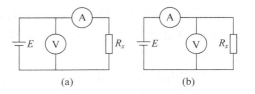

图 2.5   伏安法测量电阻

2.3.2   电压的测量

在电子测量领域中，电压是基本参数之一。许多电参数，如增益、频率特性、电流、功率调幅度等都可视为电压的派生量。各种电路工作状态，如饱和、截止等，通常都以电压的形式反映出来。不少测量仪器也都用电压来表示。因此，电压的测量是许多电参数测量的基础。电压的测量对调试电子电路可以说是必不可少的。

电子电路中电压测量的特点如下。

（1）频率范围宽   电子电路中电压的频率可以从直流到数百兆赫范围内变化。

（2）电压范围广   电子电路中，电压范围由微伏级到千伏以上高压，对于不同的电压挡级必须采用不同的电压表进行测量。

（3）存在非正弦量电压   被测信号除了正弦电压外，还有大量的非正弦电压。

（4）交、直流电压并存   被测的电压中常常是交流与直流并存，甚至还夹杂有噪声干扰等成分。

（5）要求测量仪器有高输入阻抗   由于电子电路一般是高阻抗电路，为了使仪器对被测电路的影响减至足够小，要求测量仪器有更高的输入电阻。

所以，在电子电路中，应根据被测电压的波形、频率、幅度、等效内阻，针对不同的测量对象采用不同的测量方法。如：测量精度要求不高，可用示波器或普通万用表；如果希望测量精度较高，应根据现有条件选择合适的测量仪器。

1. 直流电压的测量

电子电路中的直流电压一般分为两大类,一类为直流电源电压,它具有一定的直流电动势 E 和等效内阻 R_0,如图 2.6(a)所示。另一类是直流电路中某元器件两端之间的电压差或各点对地的电位,如图 2.6(b)所示,图中 R_1、R_2、R_3、R_4 可以是任意元器件的直流等效电阻,U_{R1}、U_{R3} 为元器件两端电压,U_1、U_2 既是对地电位又是元器件两端电压。

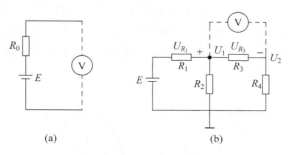

(a)　　　　　　　　　　　(b)

图 2.6　两种直流电压

直流电压的测量方法大体上有直接测量法和间接测量法两种。

（1）直接测量法

将电压表直接并联在被测支路的两端,如图 2.6(a)所示,如果电压表的内阻为无限大,则电压表的示数即是被测两点间的电压值。实际电压表的内阻不可能为无穷大,因此直接测量法必定会影响被测电路,造成测量误差。测量时还应注意电压表的极性。它影响到测量值与参考极性之间的关系,也影响模拟式电压表指针的偏转方向。

（2）间接测量法

如图 2.6(b)所示,若要测量 R_3 两端的电压,可以分别测出 R_3 对地的电位 U_1 和 U_2,然后利用公式 $U_{R3} = U_1 - U_2$ 求出要测量的电压值。

实际使用的测量方法有数字万用表测量法、模拟式万用表测量法、零示法、电子电压表测量法以及示波器测量法。

2. 交流电压的测量

电子技术实验中,交流电压大致可分为正弦和非正弦两类,测量方法一般可分为两种。一种是具有一定内阻的交流信号源的测量,如图 2.7(a)所示。另一种是电路中任意一点对地的交流电压的测量,如图 2.7(b)所示电路中的 U_1、U_2,也包括电路中任意两点间的交流电压,如 U_{R1}、U_{R3}。在此注意,用间接测量法求 $U_R = U_1 - U_2$ 时,其值由矢量差求出,只有当

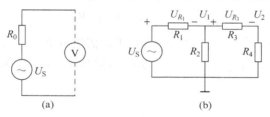

(a)　　　　　　　　　　　(b)

图 2.7　测量两种交流电压方法

U_1 和 U_2 同相位时,才能用代数差表示。在时间域中,交流电压的变化规律是各种各样的,有按正弦规律变化的正弦波、线性变化的三角波、跳跃变化的方波、随机变化的噪声波等。但无论变化规律多么不同,一个交流电压的大小均可用峰值(或峰-峰值)、平均值、有效值、波形因数、波峰因数来表征。

(1) 峰值 U_P

峰值是交变电压在所观察的时间或一个周期内所达到的最大值,记为 U_P,如图 2.8 所示,峰值是从参考零电平开始计算的,有正峰值 U_{P+} 和负峰值 U_{P-} 之分。正峰值与负峰值一起包括时称为峰-峰值 U_{P-P}。常用的还有振幅 U_m,它是以直流电压为参考电平计算的。因此,当电压中包含直流成分时,U_P 与 U_m 是不相等的,只有为纯交流电压时才有 $U_P = U_m$。

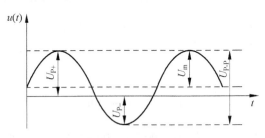

图 2.8　交流电压的峰值与幅度

(2) 平均值 $\overline{U}$

平均值 $\overline{U}$ 在数学上定义为

$$\overline{U} = \frac{1}{T}\int_0^T u(t)\mathrm{d}t \tag{2-12}$$

原则上,求平均值的时间为任意时间,对周期信号而言,T 为信号周期。

根据以上的定义,若只包含直流成分 U_-,则 $\overline{U} = U_-$;若仅含有交流成分,则 $\overline{U} = 0$。这样对纯粹的交流电压来说,由于 $\overline{U} = 0$,将无法用平均值 $\overline{U}$ 来表征它的大小。由于在实际测量中,总是将交流电压通过检波器变换成直流电压后再进行测量的,因此平均值通常是指检波后的平均值。根据检波器的不同又可分为全波平均值和半波平均值,一般不加特别说明时,平均值都是指全波平均值,即

$$\overline{U} = \frac{1}{T}\int_0^T |u(t)|\,\mathrm{d}t \tag{2-13}$$

(3) 有效值 U

一个交流电压和一个直流电压分别加在同一电阻上,若它们产生的热量相等,则交流电压的有效值 U 等于该直流电压值,即

$$U = \sqrt{\frac{1}{T}\int_0^T u^2(t)\mathrm{d}t} \tag{2-14}$$

作为交流电压的一个参数,有效值比峰值、平均值用得更为普遍,当不特别指明时,交流电压的量值均指有效值。各类交流电压表的示值,除特殊情况外,都是按正弦波的有效值来刻度的。

(4) 波形因数 K_F

电压的有效值与平均值之比称为波形因数 K_F,即

$$K_F = \frac{U}{\overline{U}} \qquad (2\text{-}15)$$

（5）波峰因数 K_P

交流电压的峰值与有效值之比称为波峰因数 K_P，即

$$K_P = \frac{U_P}{U} \qquad (2\text{-}16)$$

几种典型交流电压的波形参数见表 2.2。

表 2.2　几种典型交流电压的波形参数

序	名称	波形图	波形因数 K_F	波峰因数 K_P	有效值 U	平均值 $\overline{U}$
1	正弦波		1.11	1.414	$U_P/\sqrt{2}$	$\frac{2}{\pi}U_P$
2	半波整流		1.57	2	$U_P/\sqrt{2}$	$\frac{1}{\pi}U_P$
3	全波整流		1.11	1.414	$U_P/\sqrt{2}$	$\frac{2}{\pi}U_P$
4	三角波		1.15	1.73	$U_P/\sqrt{3}$	$U_P/2$
5	锯齿波		1.15	1.73	$U_P/\sqrt{3}$	$U_P/\sqrt{2}$
6	方波		1	1	U_P	U_P
7	梯形波		$\dfrac{\sqrt{1-\frac{4\varphi}{3\pi}}}{1-\frac{\varphi}{\pi}}$	$\dfrac{1}{\sqrt{1-\frac{4\varphi}{3\pi}}}$	$\sqrt{1-\frac{4\varphi}{3\pi}}\,U_P$	$\left(1-\frac{\varphi}{\pi}\right)U_P$
8	脉冲波		$\sqrt{\frac{T}{t_w}}$	$\sqrt{\frac{T}{t_w}}$	$\sqrt{\frac{t_w}{T}}\,U_P$	$\frac{t_w}{T}U_P$
9	隔直脉冲波		$\sqrt{\frac{T-t_w}{t_w}}$	$\sqrt{\frac{T-t_w}{t_w}}$	$\sqrt{\frac{t_w}{T-t_w}}\,U_P$	$\frac{t_w}{T-t_w}U_P$
10	白噪声		1.25	3	$\frac{1}{3}U_P$	$\frac{1}{3.75}U_P$

2.3.3　电流的测量

在电子测量领域中,电流也是基本参数之一。如静态工作点、电流增益、功率等的测量,许多实验的调试、电路参数的测量,也都离不开对电流的测量。因此,电流的测量也是电参数测量的基础。实验中电流可分为两类:直流电流和交流电流。测量方法有两种:直接测量法和间接测量法。直接测量法是将电流表串联在被测支路中进行测量,电流表的示数即为测量结果。间接测量法利用欧姆定律,通过测量电阻两端的电压来换算出被测电流值。与电压的测量相类似,由于测量仪器的接入,会对测量结果带来一定的影响,也可能影响到电路的工作状态,实验中应特别注意,不同类型电流表的原理和结构不同,影响的程度也不尽相同。一般电流表的内阻越小,对测量结果影响就越小;反之越大。因此,实验过程中应根据具体情况,选择合理的测量方法和合适的测量仪器,以确保实验的顺利进行。

1. 直流电流的测量

（1）用模拟式万用表测量直流电流

模拟式万用表的直流电流挡,一般由磁电式微安表头并联分流电阻而构成,量程的扩大通过并联不同的分流电阻实现,这种电流表的内阻随量程的大小而不同:量程越大,内阻越小。用模拟式万用表测量直流电流时是将万用表串联在被测电路中的,因此表的内阻可能影响电路的工作状态,使测量结果出错,也可能由于量程不当而烧坏万用表,所以,使用时一定要注意。

（2）用数字式万用表测量直流电流

数字式万用表直流电流挡的基础是数字式电压表,它通过电流—电压转换电路,使被测电流流过标准电阻,将电流转换成电压来进行测量。如图 2.9 所示,由于运算放大器的输入阻抗很高,可以认为被测电流 I_x 全部流经标准取样电阻 R_N,这样 R_N 上的电压与被测电流 I_x 成正比,经放大器放大后输出电压 U_o($U_o = (1 + R_3/R_2)R_N I_x$),就可以作为数字式电压表的输入电压来进行测量。

数字式万用表的直流电流挡的量程切换通过切换不同的取样电阻 R_N 来实现。量程越小,取样电阻越大。当数字式万用表串联在被测电路中时,取样电阻的阻值会对被测电路的工作状态产生一定的影响,在使用时应注意。

（3）用并联法测量直流电流

将电流表串联在被测电路中测量电流是电流表的使用常识,但是作为一个特例,当被测电流是一个恒流源而电流表的内阻又远小于被测电路中某一串联电阻时,电流表可以并接在这个电阻上测量电流,此时电路中的电流绝大部分流过电阻小的电流表,而恒流源的电流是不会因外电阻的减小而改变的。如图 2.10 所示电路,要测量晶体管的集电极电流,若 R_c 的值比电流表内阻大很多,且集电极电流表的接入对集电极电流的影响很小,则电流表的测量值几乎为集电极电流。在做这种不规范的测量时,一定要概念极其明确,分析要正确,思想要集中,否则会造成电路或电流表的损坏。

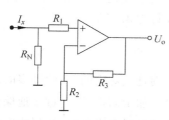

图 2.9　电流-电压转换电路

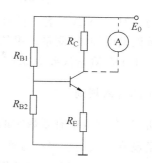

图 2.10　并联法测量直流电流

（4）用间接测量法测量直流电流

电流的直接测量法要求断开回路后再将电流表串联接入,往往比较麻烦,容易疏忽而造成测量仪表的损坏。当被测支路内有一个定值电阻 R 可以利用时,可以测量该电阻两端的直流电压 U,然后根据欧姆定律算出被测电流：$I=U/R$。这个电阻 R 一般称为电流取样电阻。

当然,当被测支路无现成的电阻可利用时,也可以人为地串入一个取样电阻来进行间接测量,取样电阻的取值原则是对被测电路的影响越小越好,一般在 $1\sim10\Omega$ 之间,很少超过 100Ω。

2. 交流电流的测量

按电路工作频率,交流电流可分为低频、高频和超高频电流。在超高频段,电路或元件受分布参数的影响,电流分布是不均匀的,因此,无法用电流表来直接测量各处的电流值。只有在低频（$45\sim500\mathrm{Hz}$）电流的测量中,才可以用交流电流表或具有交流电流测量挡的普通万用表或数字万用表,串联在被测电路中进行交流电流的直接测量。而一般交流电流的测量都采用间接测量法,即先用交流电压表测出电压后,再用欧姆定律换算成电流。

用间接法测量交流电流的方法与用间接法测量直流电流的方法相同,只是对取样电阻有一定的要求。

（1）当电路工作频率在 $20\mathrm{kHz}$ 以上时,就不能选用普通线绕电阻作为取样电阻。高频时应用薄膜电阻。

（2）由于一般电子仪器都有一个公共地,在测量中必须将所有的地连在一起,即必须共地,因此取样电阻要安排连接在接地端,在 LC 振荡电路中,要安排在低阻抗端。

这种利用取样电阻的间接测量法,不仅将交流电流的测量转换成交流电压的测量,使得可以利用一切测量交流电压的方法来完成交流电流的测量,而且还可以利用示波器观察电路中电压和电流的相位关系。

2.4　测量数据处理

2.4.1　有效数字的处理

1. 有效数字与误差的关系

测量结果所表示的数据中,最后一位都是靠估计出来的,故称为欠准数字,前面均为准确数字。例如用兆欧表测量某一电容器的绝缘电阻,其读数为 $21.56\mathrm{M\Omega}$,最后一位数是靠估计出来的。21.56MΩ 具有 4 位有效数字,称最后一位为欠准数字。

当测量误差已知时,测量结果的有效数字应取得与误差的位数相一致。例如某电压测量结果为 4.471V,测量误差为 0.05V,则该结果应改写为 4.47V。

2. 数字的舍入规则

如前所述,在测量中有效数字的位数与误差的范围是相对应的,因此过多的保留有效数字的位数是没有意义的。另一方面,如果这些数字要参加中间运算,则过多地保留有效数字还会增加运算的麻烦。所以,当数据的有效数字位数过多时要进行删略,删略有效数字的原则如下。

(1) 删略部分的最高位数字大于 5 时进 1。

(2) 删略部分的最高位数字小于 5 时舍去。

(3) 删略部分的最高位数字等于 5 时,若 5 后面还有非零数字,则进 1。若 5 后面全为零,则采用偶数法则:5 前面为偶数时舍 5 不进;5 前面为奇数时舍 5 进 1。

例 2-3　将数字 45.77、36.251、43.035、38.050、47.15 保留 3 位有效数字。

解:将各数字列于箭头左面,保留的有效数字列于箭头右面,得

$$45.77 \rightarrow 45.8$$
$$36.251 \rightarrow 36.3$$
$$43.035 \rightarrow 43.0$$
$$38.050 \rightarrow 38.0$$
$$47.15 \rightarrow 47.2$$

2.4.2　测量结果的数据表示

1. 用测量值加不确定度表示

这是比较常用的表示方法,特别适用于表示最后的测量结果。该方法的优点是给出了明确的误差范围和其对应的置信度;缺点是当作为中间结果时,运算麻烦。

2. 用有效数字表示

根据有效数字的误差含义,将不确定度的形式改写为有效数字的形式。例如(18.438±0.052)V,因误差大于 0.01V 而小于 0.1V,所以可改写成 18.4V。这种表示方法的优点是运算方便,但事实上的误差范围扩大了,并且失去了置信度的含义。这种方法适用于表示中间结果。

3. 用有效数字和安全数字表示

如上所述,当把不确定度改写成有效数字时,因引入舍入误差而会影响运算和测量结果的精度。为了尽量减小误差,可以在有效数字之后多取 1～2 位作为安全数字。

这种方法适用于表示重要数据或中间结果。

2.4.3 测量数据的处理步骤

对某一量进行等精度测量时,其测量值可能同时含有系统误差、随机误差和疏忽误差。为了得到合理的测量结果,作出正确的报告,必须对所测得的数据进行分析处理。处理步骤如下。

(1)用修正值等方法,减小恒定系差的影响。

(2)求算术平均值:

$$\overline{X} = \frac{1}{n} \sum_{i=1}^{n} X_i \tag{2-17}$$

(3)求剩余误差:

$$V_i = X_i - \overline{X} \tag{2-18}$$

(4)用贝塞尔公式计算被测量的标准偏差估计值:

$$\hat{\sigma} = \sqrt{\frac{1}{n-1} \sum_{i=1}^{n} V_i^2} \tag{2-19}$$

(5)判断疏忽误差,剔除坏值。

当测量次数 n 足够多时,先求随机不确定度:

$$\lambda = 3\hat{\sigma} \tag{2-20}$$

若 $V_i > \lambda$,则可认为该数据是坏值,予以剔除。

当 n 较少时,则用格拉布斯准则进行处理。若 $V_i > G\sigma$ 时,则视该数据为坏值而剔除,然后,再按照步骤(1)～(5)重新计算,直到全部数据有效。

(6)检查系统误差。常用马尔可夫准则和阿卑-赫梅特准则检查系统误差的存在。当判明有系统误差存在时,测量数据不能使用,应查明产生误差的原因并削弱或消除系统误差后,再重新测量。

(7)求算术平均值的标准偏差估计值:

$$\hat{\sigma}_{\overline{X}} = \frac{\hat{\sigma}}{\sqrt{n}}$$

(8)写出测量结果的表达式,将测量结果表示为算术平均值与极限误差之和:

$$A = \overline{X} \pm t_a \hat{\sigma}_{\overline{X}}$$

式中,t_a 为置信系数。其值可根据对置信度的要求、测量次数(有效测量数据的个数)和 t_a 分布表求得。当没有具体要求时,一般取 $t_a = 3$。

从上面的数据处理步骤可以看出,利用人工计算的方法来进行数据处理是十分复杂的,而且很难保证对准确度的要求。随着微型计算机的发展,利用微型计算机做这一工作十分方便,而且相当迅速、准确,而各程序可以多次使用,每次只需将测量数据输入即可。

复习思考题

2-1 IECQ 体系的标准和技术规范分几个等级?各等级间有何关联?

2-2 测量误差的主要来源有哪些?试简要说明。

2-3　什么是系统误差？它可分为几类？

2-4　数据测量误差有几种？如何进行处理？

2-5　选择安全试验仪器仪表的原则和具体方法是什么？

2-6　什么是有效数字？将下列数字：

　　　35.66,46.352,53.035,74.050,17.15

进行舍入处理,要求保留 3 位有效数字。

2-7　电流 1003.1A 的可靠程度分别是多少？如何用科学记数法表示它们？

第 3 章　汽车电子产品的安全性检测

电子产品制造出来后,无论是内销还是出口,其安全性能都是至关重要的。所以人们常说,安全认证证书是产品的通行证。产品的安全性能,很大程度上取决于对它的设计。从广义上讲,产品的制造工艺要求也属于产品设计的范围。但是,很多电子工程师在进行产品设计的过程中,往往只注重基本功能的设计,而忽视了对产品的安全设计,结果使得制造出来的产品难以顺利通过安全性能测试。本章对照电子产品安全性能的一般要求,给出比较系统的安全设计思想,并针对那些常见问题提出一些指导性的意见和建议。

自 20 世纪 70 年代末期开始,专用于各类电子、电气产品基本安全试验的仪器设备迅速发展,形成了一个崭新的电子仪器设备门类,即电子安全试验仪器设备。而防触电是所有安全标准中最基本也是最重要的要求,通常列为产品安全总要求的首项。基本电性能安全试验主要有:耐压试验、接触电流试验、绝缘电阻试验、接地电阻试验及浪涌试验。

3.1　电子产品的安全性能要求及设计原则

3.1.1　对设备安全性能的总体要求及标准

1. 对所有用电设备的基本要求

(1) 设备在正常工作条件下,不对使用人员以及周围环境造成安全危险;

(2) 设备在单一故障条件下,不对使用人员以及周围环境造成安全危险;

(3) 设备在预期的各种环境应力条件下,不会由于受外界影响而变得不安全。

2. 电子产品和信息技术设备的安全标准

(1) GB 8898—2001《音频、视频及类似电子设备安全要求》;

(2) GB 4943—2001《信息技术设备安全》。

3. 电子产品关键元部件十项通用安全要求

(1) 标志与文件;

（2）防触电保护；

（3）电气间隙、爬电距离和绝缘穿通距离；

（4）绝缘能力；

（5）发热；

（6）耐热、耐燃和耐漏电起痕；

（7）引出端和连接元件；

（8）接地措施；

（9）机械强度；

（10）防锈。

3.1.2　电子设备安全设计的基本原则

进行电子产品安全设计时，通常需要考虑以下几个原则：防电击、防能量危险、防着火危险、防过高温、防机械危险、防辐射、防化学危险以及防爆炸伤人等。

1. 防电击

电气设备的电击危险直接威胁着使用者的生命安全，所以防电击（防触电）也就成为对所有用电设备的最起码的要求。为此任何电子产品都必须具有足够的防触电措施。

2. 防能量危险

大电流源的输出端短路或大容量电容器（比如大容量电解电容）端子短路会形成大电流，其至产生打火，冒出熔融金属，引起着火燃烧。就此而言，也不能一概而论：低压电路就是没有危险的。所以在这方面也必须要有一定的保护措施。

3. 防着火危险

着火燃烧除了直接威胁使用者人身安全之外，还直接威胁着周围环境的安全，从而威胁着更多人员和公共环境的安全。着火燃烧过程的二次生成物的影响：烟雾浓度影响着着火现场人员的逃生；二次生成物的毒性直接危及现场人员的生命；二次生成物的腐蚀性威胁着现场人员及现场环境中的设备。所以，着火燃烧历来是电气产品必须认真设计防范的。北美 VL/CSA 安全标准体系尤其关注防着火问题。

4. 防过高温

零部件或材料的过高温容易导致着火燃烧。除此之外，外露部件的过高温还有可能造成使用人员烫伤，特别是导热性能良好的外露金属零部件更是如此。

5. 防机械危险

无意接触到运动部件有可能会造成人身伤害。比如接触到功率较大、转速较高、其叶片硬度超过一定值的风扇，就可能会造成严重的后果。对静止部件或设备整体，也需要有防机械或物理伤人的措施，同样不可掉以轻心。例如，由于产品的重心过高，可能翻倒伤人；由于设计不周或加工不良，致使边、角太锐利而划伤使用人员；高真空度的元部件会有意外爆炸伤人的危险,等等。

6. 防辐射

可能对人员造成伤害的辐射包括声频辐射、射频辐射、光辐射(含红外光和紫外光)、电离辐射等。由于电子技术应用越来越普遍,带有以上辐射源(有时不止一种辐射)的电子、电器产品已进入千家万户。这些产品的使用者可能是家庭主妇或是小孩,他们对其中的辐射可能毫不了解,更没有半点自我保护意识。设计人员对此应引起重视。

7. 防化学危险

接触某些液态危险化学物质(如酸、碱、汞等)或其蒸气、气体化学物质或烟雾(如氯化氢气体、氯气等)会引起人身伤害。当产品含有或可能产生这类物质时,必须考虑采取足够的防护措施。

8. 防爆炸伤人

一部分电子产品含有高真空元件。例如,彩色电视机的显像管、计算机显示器所用的阴极射线管都属于高真空器件。由于管内外存在较大压差,如果没有适当的防护措施,在一定外界应力作用下会引起管子爆炸,从而伤及周围人员。信息技术产品中经常会装有锂电池,锂电池也会由于使用不当或更换不当而引起爆炸。

3.2　安全设计方法和要求

3.2.1　防电击安全设计

电流通过人体并不一定总是会引起电击,因此,在讨论电击防护之前应了解电流对人体造成的生理效应。交流电通过人体的效应和电流大小、持续时间有关,造成的生理效应从基本没有反应到不适、轻微伤害、严重伤害直至死亡。电击造成的死亡主要原因是引起心室纤维性颤动(具体可参见 GB/T 13870)。相对而言,直流电流比交流电流对人体造成的危害程度低,如果要产生相同的生理效应,直流电流的强度一般要比交流电流大 2~4 倍,而且直流电流一般只是在纵向电流时才会有心室纤维性颤动。电流对人体造成的生理效应除了与电流的种类、大小和通过人体的时间长短有关外,还和人体与带电件接触的面积、接触的方式、电流流经人体的路径以及个人的身体特点密切相关。在实际中各个电流生理效应之间并没有一个绝对的边界,但是为了便于操作,目前在电气产品安全领域广泛使用以下经验值。

(1) 通过人体能引起肌肉不自觉收缩的最小交流电流(称反应阈)为 0.5mA;通常直流电流的反应阈取 2mA。

(2) 人体不会感觉到痛苦的最大交流电流(称痛觉阈)为 3.5mA;直流电流为 10mA。

(3) 对于握着电极的手,能够自行摆脱电极的最大交流电流(称摆脱阈)为 10mA,直流电流没有确定的摆脱阈,接通或断开时才会引起肌肉痉挛似的收缩。

至于高频电流以及非正弦波形的电流流经人体的生理效应,目前尚处于研究中。一般而言,当频率不超过 10kHz 时,随着频率的升高,人体的痛觉阈和摆脱阈也逐步提高。在实际中,通常以 10mA 作为高频情况下的痛觉阈上限,对于非正弦电流造成的危险,初步研究表明不会超过同等峰值的正弦电流。

设计时应使产品在正常工作条件下或在单一故障条件下,不会引起触电危险。通常要求工程师设置两道防触电防线:基本绝缘加附加保护措施。万一当基本绝缘失效时,附加保护措施将起到防电击的作用。所以,设计人员千万注意:绝不能由于采取了附加保护措施而降低对基本绝缘的要求。另外,从"绝缘"的构成上说,"绝缘"可以是固体材料,可以是液体材料,也可以是满足一定要求的空气间隙或爬电距离。一个绝缘系统往往会由好几部分绝缘构成,而它们在绝缘功能上却往往是"串联"的(使用"串联"这个词语可能不太严谨,此处只是借用电路连接的概念,意指一个绝缘失效将导致整个系统失效)。比如一台彩电,可触及的天线端子和 AV 端子与电源带电端子之间的绝缘系统,包含有:加强绝缘的隔离变压器;双重绝缘的电源线;加强绝缘的消磁线圈;符合加强绝缘的空气间隙或爬电距离;还有跨接在绝缘系统两端的隔离电容、隔离电阻、光电耦合器(加强绝缘)等。这些绝缘或跨接在绝缘系统上的元件失效都将导致整个绝缘系统失效。

通常可能产生电击的原因有:触及带电件,绝缘被击穿,接触电流过大或保护接地电阻偏大,大容量电容器放电。另外,如果 TNV(通信网络电压)电路设计不当也可能存在电击危险。还有,电气设备(含电子设备)中的绝缘配合也是设计时应该考虑的问题。

1. 防止触及带电件

(1) 正常工作条件下触及带电件常常有两种情况:

① 由于功能上的需要,连接端子带电,而连接端子又没有防触及措施。

② 外壳上的开孔(如:散热孔、预调孔等)设计不周,使用人员有可能触及机内带电零部件。

(2) 针对这些电击危险的设计预防措施:

① 降低输出到端子上的电压(但这不是所有产品都能做到的)。

② 设置保护盖,使在正常工作条件下的带电端子不可触及。保护盖可以是带电件的罩,也可以是整机产品的外壳(此时外壳须符合电气防护外壳的所有要求)。保护盖必须有足够的机械强度;保护盖的接线开孔应能防止使用者触及带电端子;而且保护盖不可以仅用手就能打开。

③ 使用安全连锁装置,在出现可能接触带电端子的危险时切断危险电压。

④ 控制外壳开孔尺寸,以防止触及机内带电件。在大多数情况下,外壳开孔小于 ϕ2mm 或孔隙小于 2mm 即可符合大多数标准关于防触及机内带电件的要求。

⑤ 为带电件设置合适的绝缘。

根据 GB 4208—1993《外壳防护等级》(IP 代码)(等同于 IEC 529:1989)的规定,从防止人体接触外壳内部危险零部件和防止固体异物进入机壳内对设备造成有害影响的角度出发,分成 7 个等级,如表 3.1 所示。

表 3.1 外壳防护等级

防触电级别	对人员接触危险部件的防护	含 义	对固体异物进入机内的防护	含 义
0	无防护		无防护	
1	防止手背接近危险部件	ϕ50mm 的球形物体试具应与危险部件有足够间隙	防止直径≥50mm 的固体异物	ϕ50mm 球形物体试具不得进入壳内
2	防止手指接近危险部件	ϕ12mm，长 80mm 的绞接试验指与危险部件有足够的间隙	防止直径≥12.5mm 的固体异物	ϕ12.5mm 球形物体试具不得全进入壳内
3	防止工具接近危险部件	ϕ2.5mm 的试具不得入壳内	防止直径≥2.5mm 的固体异物	ϕ2.5mm 球形物体试具不得进入壳内
4	防止金属线接近危险部件	ϕ1.0mm 的试具不得进入壳内	防止直径≥1.0mm 的固体异物	ϕ1.0mm 球形物体试具不得进入壳内
5	防止金属线接近危险部件	ϕ1.0mm 的试具不得进入壳内	防尘	不能完全防止灰尘进入，但进入的灰尘量不得影响设备的正常运行，不得影响安全
6	防止金属线接近危险部件	ϕ1.0mm 的试具不得进入壳内	尘密	无灰尘进入

2. 防危险带电件与可触及件之间的绝缘被击穿

（1）绝缘要求

产品内所有的绝缘，无论是固体绝缘件抑或是符合一定要求的空气间隙/爬电距离，都必须能够承受产品在正常工作状态或在单一故障条件下自己内部产生的相应部分的电压。除此之外，还必须能够承受随电网电源传输进来或者从通信网络传入的瞬态冲击电压而不击穿、不飞弧。所谓"击穿"实际就是当绝缘受的电压足够高而使得绝缘电阻无法再限制电流的增大，也就是在施加电压的两个极之间发生放电。"击穿"的途径可能是穿过固体绝缘材料内部，也可能是沿着两个电极之间的绝缘体表面（即所谓"爬电"），也可能沿着两电极之间最短的空间路径（即气体介质中的"飞弧"）。如果击穿路径是穿过固体绝缘材料内部，对已被击穿的固体绝缘材料再施加电压，则一般在较低电压下，曾经被击穿过的部位会再次被击穿。如果两电极之间的"爬电"已在绝缘材料表面形成漏电通路，当重新施加电压时也将会出现类似于上面所述的现象（"飞弧"会有所不同）。绝缘材料的击穿，实际常遇到的两种形式是：热击穿和纯电击穿。纯电击穿就是绝缘材料电介质结构直接为电场力所破坏；而热击穿则是由于绝缘材料的介质损耗导致电介质发热所致。

在交变正弦波电压 U 作用下绝缘材料的介质损耗为

$$P = U^2 \times 2\pi \times f \times C \times \tan\phi \tag{3-1}$$

式中，U——电压，V；

$\qquad f$——频率，Hz；

$\qquad C$——电容，F；

$\qquad \tan\phi$——损耗角正切。

在直流电压 U 作用下绝缘材料的介质损耗为

$$P = U^2/R \tag{3-2}$$

式中，U——电压，V；

R——绝缘电阻，Ω。

此外，实际上还可能会有纯电击穿和热击穿以外的其他击穿，例如电化学击穿。它是由于外加电压的作用，致使电介质内部发生化学变化而引起的。

在选择构成绝缘系统的绝缘材料时，需要考虑工作条件和环境条件，如：承受的工作电压及其频率；承受的机械应力；正常工作条件下的温升；环境温度；环境相对湿度；气压；环境污染等级等。所选择的绝缘材料应能适应正常工作条件下的发热状态，应能在相应的潮热条件下承受相应的工作电压以及瞬态过压（来自电网或通信网络）而不击穿。如果带电件的绝缘可能为使用人员或操作人员所触及，则相应于不同类别的设备对这些绝缘材料会有不同的绝缘等级的要求。由于"击穿"会在不同的路径上出现，因而对绝缘系统有结构上的相应要求：

① 有足够的绝缘穿透距离，以防止透过绝缘材料内部击穿；

② 有足够的空气间隙，以防止沿着两电极间最短的空气间隙发生放电；

③ 足够的爬电距离，以防止在相应的污染环境条件下沿着支撑两电极的绝缘材料表面发生爬电。

（2）防绝缘击穿的设计措施

针对防绝缘击穿的设计措施即设置"两道防线"。对不同类设备设计思路有所不同。

① Ⅰ类设备的措施

防击穿的第一道防线是带电件的基本绝缘；第二道防线是安全接地措施。

由安全接地提供附加保护是使用非常广泛而又非常传统的方法。它的机理很清楚：即使是基本绝缘失效，由于需要接地的可触及导电零部件和需要接地的其他零部件都接到安全接地端，从而消除了接触这些零部件而引起触电的危险。可见，Ⅰ类设备的安全接地设计是一个极其重要的环节。

例如，马达定子绕组是危险带电件，绕组与马达铁芯（连到金属外壳）为基本绝缘（也可设计成加强绝缘）；金属外壳和所有可触及导电件均连接到安全接地端。需要特别注意的是，绝不能因为有了保护接地措施而放松对带电件基本绝缘的要求。另外，接地端子材料、结构、接地端子与其他金属件接触时的防电化学腐蚀、接地端子的连接线、接地线的截面积、安全接地线（绝缘层的）颜色、接地电阻等都有相应要求，尽管各专业标准会有不同的描述，但是许多指标要求是相同的。比如：带绝缘层的接地线应为黄/绿双色线；接地电阻应为低阻值（如 0.1Ω；接地端子和与其接触的导体之间电化学电位不要超过 0.6V）；接地线上不允许串有开关、熔断器或类似的切断装置；若手动可拆零部件带有保护接地（如器具耦合器），则相对于载流连接触点而言，接地触点应"先通后断"；接地导体和接地端子应符合相应的尺寸要求（如：电源软线中的保护接地线截面积应不小于电源供电软线截面积）；各需要保护接地的零部件应"并联"连到安全接地端（"并联"的意思是指：万一有某一处接地保护失效，也不能因此而影响到其他需要保护接地的零部件的保护接地连接。参见图 3.1 示例）；不可以依靠通信网络实现接地连接；如保护接地用螺钉，则拧入金属部件至少应有两个螺纹，等等。

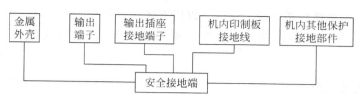

图 3.1 安全接地

还应该说明的是：Ⅰ类设备中可以含有Ⅱ类元件。例如：Ⅰ类设备的显示器,某部分电路所用的变压器可以是加强绝缘的Ⅱ类变压器。一个系统可能同时含有Ⅰ类设备和Ⅱ类设备。但不管系统如何组成,应始终保证所有Ⅰ类设备都有可靠的保护接地。

② Ⅱ类设备的措施

危险带电件与可触及件之间采用加强绝缘或双重绝缘。对于双重绝缘,第一道防线是带电件的基本绝缘;第二道防线是附加绝缘。对于加强绝缘,在防电击上说与双重绝缘是同等级别的,所以它相当于两道防线。例如一台Ⅱ类设备的彩电,它的电源线是双重绝缘,它的隔离变压器(初级与电网导电连接,次级与天线 AV 端子导电连接)初-次级之间采用加强绝缘。当Ⅱ类设备的绝缘系统上跨接了一些元器件时,这些元器件必须满足相应的绝缘等级要求。比如：彩色电视机中跨接在初-次级电路中的光电耦合器,其相应的连接端之间必须满足加强绝缘的要求;彩色显示器中跨接在电源线两端上的滤波电容需要满足基本绝缘的要求;同样的元器件跨接在设备中不同的绝缘部位上,会有不同的要求。这牵涉到正确选用元器件的设计技巧。在此需要提请注意的是：标以"回形"Ⅱ类设备标记的双重绝缘产品不应使用有接地导体的插头电源线或者输入连接器。这一要求虽然没有在 GB 8898—2001(idtIEC 60065：1998)中明确提出,但是在 1999 年第 36 届 IEC-EE/CTL(国际电工委员会安全认证组织/检测实验室委员会)年会上讨论并形成决议(见 1999 年第 36 届 IEC-EE/CTL 决议 n. 23/26,Sheetn. 287)。

③ Ⅲ类设备的措施

Ⅲ类设备采用安全特低电压(SELV)供电。并且 SELV 电路采用适当的方法与其他电路隔离：

a. 用双重绝缘或加强绝缘将 SELV 电路与带危险电压零部件隔离;

b. 用接地的导电屏蔽层将 SELV 电路与其他电路隔离;

c. 将 SELV 电路接地。

安全特低电压电路(SELV 电路)是指：做了适当设计和保护的二次电路,使得在正常工作条件下和单一故障条件下,它的电压值均不会超过安全值。

正常工作条件下,在一个 SELV 电路内或几个互连的 SELV 电路内,任何两导体/电路之间的电压,或者任一个这样的导体和地之间的电压不应超过 42.4V 交流峰值或 60V 直流值。

在单一故障条件下,在一个 SELV 电路内,任何两导体之间的电压,或者任一个这样的导体和地之间的电压在经过 0.2s 后不应超过 42.4V 交流峰值或 60V 直流值。而且其极限值不应超过 71V 交流峰值或 120V 直流值。(此处关于"SELV"电路的描述依照专业标准,而与 IEC 61140：1997 中所使用的术语"SELV 系统"有所不同。)

同一个 SELV 电路内不同的零部件可以用上述不同的方法来加以保护。例如：交流二次电路用方法 a；给整流器供电的电源变压器内部用方法 b；桥式整流器的输出端用方法 c。

3. 防接触电流过大

在 II 类设备中，如果危险带电件与可触及导电件之间的"泄漏电流"（即接触电流）太大，或者 I 类设备中承载保护导体电流的保护接地连接失效，则可能造成电击。在 20 世纪 80 年代中后期，有一部分机型的彩色电视机，天线端子接触电流太大，触及天线时明显感到"麻手"。这主要是由于"冷"—"热"端跨接的等效隔离电容器电容量过大，导致天线端子接触电流超过标准限额值（见图 3.2）。从理论上说，输入电网电源电压为 250V（rms）时，此隔离电容容量达到 6200pF 都是允许的。但是实际上当此电容的容量达到 5100pF 时，接触电流值已接近标准限值。这有可能与产品内分布电容（如：隔离变压器初-次级之间的分布电容、印制电路板布线的分布电容等）有关。隔离电容在冰箱、洗衣机等"白色"家电产品中使用不多，但在 IT 产品和音/视频产品等"黑色"家电中却较常见。

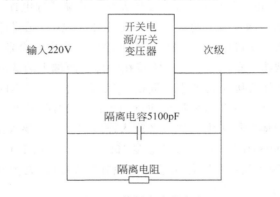

图 3.2　接触电流的产生

需要说明一点：早期专业标准中都提及"漏电流"或者"泄漏电流"的概念。近年来，IEC 技术委员会 TC74 通过对漏电流效应的研究得出了以下结论。

（1）就安全而言，主要考虑可能流过人体的有害电流（该电流不一定等于流过保护导体的电流）。

（2）电流对人体的效应比早期制订标准时所认为需要考虑的几种人体效应要更复杂些。

对连续波形，最重要的人体效应有：感知、反应、摆脱和电灼伤。这四种效应中，每种效应都有一个单独的阈值。其中某些阈值随频率变化存在很大差异。

"漏电流"这一术语，因可用于表达若干不同的概念，如接触电流、保护导体电流、绝缘特性等，所以现在专业标准中已不再使用"漏电流"来表示防触电性能，而是通过使用更有代表性（代表人体阻抗网络模型）的测试网络测量"接触电流"来评价试样的防触电性能。

设计预防措施：把隔离电容容量降低，I 类产品中可能要承载故障条件下保护导体电流的保护接地连接要可靠（包括足够的截面积，以防单一故障条件下保护导体电流熔断保护接地线；可靠的连接方式；可靠的端子结构等）。

当产品的 EMC 不符合要求的时候,更加要注意。千万不可以只顾加大隔离电容容量以满足 EMC 需要,而忘记了安全要求。

4. 防大容量储能电容器放电

当跨接在初级电源电路的电容器容量达到一定量值,产品通电后此电容会充有较多电能而又未能及时释放,当拔出电源插头而又不慎接触到插头上的导电零部件时,就有可能发生电击危险。

设计预防措施:降低电容器容量(比如降到小于 $0.1\mu F$)或者设置时间常数足够小的放电回路。因为电容量常常受到其他要求、指标的约束,所以实际上常在电容器的两端并联适当阻值的电阻。例如:在电网电源进线滤波电容器(等效容量为 $0.22\mu F$)两端并联一个 $3M\Omega$ 的泄放电阻,使放电时间常数为 $0.66s(\tau=0.22\mu F\times 3M\Omega=0.66s)$。

3.2.2　防高温设计

1. 高温的危害

两个(或多个)热力学系统处于同一热平衡状态时,它们必然具有某种共同的宏观性质,这种性质称为系统的温度。温度过高,有可能导致电子、电气设备绝缘性能的损坏或降级;有可能由于设备内部的温度过高而引起机械方面的不稳定性;当人体不经意碰到可触及高温部件时可能对人体造成灼伤,有可能引燃可燃的物体;有可能造成电子元器件性能的降低等。一般情况下,频率的提高(在稳定的前提下)对于电子元器件的寿命没有直接影响,但是随着频率的提高,却可能会产生更多的热量。如计算机的 CPU、内存条等表面积非常小,在工作过程中产生的热量大多集中在小面积范围内,如果散热不好,将会产生过高的温度。温度越高,电子运动的速度越快,所具备的动能就越大,脱离原子或导体的作用力束缚就越容易。所以流过较大电流、承受较高温度的电子元器件就比较容易损坏或出现性能降级。再比如显像管作为显示器的一大热源,如不采取有效的散热措施,显示器的工作性能和寿命将会大打折扣——某些虚焊的点可能由于焊锡的融化脱落而造成开路,使显示器工作不稳定,同时元器件也会加速老化,最终会导致显示器停止工作。因此高温对电子元器件或电子产品是有很大危害的,在电子产品的设计过程中考虑如何防止高温的出现是十分必要的。

2. 散热的基本原理

电子设备在正常使用过程中,可能由于过载、元件失效、绝缘击穿或导线连接松动而产生过高的温度。对高温的预防设计,首先从避免发热出现入手,而在无法避免发热的情况下,则想办法采取散热措施。

热传递有三种方式:热传导、热对流和热辐射。几个简单的例子可以说明热传递的三种情况:把一个汤勺的一端放入热水中,手握另一端,一会儿就会感觉到汤勺的手柄热起来,这就是热传导;夏天气温高,开启室内空调,渐渐整个房间的温度就会降下来,这就是热对流;太阳光照射在人体上,就会感觉到温暖,这就是热辐射。

在电子产品的设计过程中,试图不让产品发热是比较困难的,解决产品发热问题的主要办法就是针对热传递的三种方式而进行设计。

3. 散热的方法

电子产品常用的散热主要有风冷式散热法、水冷散热法、半导体制冷法、热管散热法和利用散热片等几种方法。

（1）风冷式散热法

风冷式散热法是最常见的散热方法，一个风扇加一个散热片就构成了一套风冷散热装置。风冷式散热法是目前电子设备散热使用最多，也是最成熟的方法。在计算机内部的CPU、显卡、电源等各处都会有它的身影。

风冷式散热法的主要优点：结构简单，价格低廉（比较其他散热方法），安全可靠，技术成熟。缺点：不能将温度降至室温以下，由于存在风扇的转动，所以有噪声，而且风扇寿命是有限的。

它的工作原理简单来说就是通过散热片将热传导出来，再通过风扇转动，加强空气流动，通过强制对流的方式将散热片上的热量传至周围环境。

（2）水冷散热法

一套水冷散热系统是由散热器、水管及一个水泵组成。散热器内部有多条水道，这样可以充分发挥水冷的优势，能带走更多的热量。将散热器的进、出水口接上水管，然后其中一条水管接到水泵上，再把水泵放进一个盛满水的桶里，通电试验确信连接正确没有漏水的情况后，再把散热器底部涂上导热硅脂后用相应的卡具卡到发热电子器件或电子产品上即可开始工作。

水冷系统的优点是显而易见的，它的散热效果要比风冷系统好，而且水冷系统因为没有风扇，所以不会产生振动，噪声很小。

水冷系统的缺点是水冷散热器所需的外围"支持系统"非常庞大，而且支持系统的水密性要求比较高，还需防止因水冷而产生结露。另外，其价格也比较昂贵。

（3）半导体制冷法

半导体制冷器是由半导体等所组成的一种冷却装置。其原理如图 3.3 所示，由 X 及 Y 两种不同的金属导线连接冷端、热端组成一封闭线路。通上电源之后，冷端的热量被移到热端，导致冷端温度降低，热端温度升高，这就是著名的派里特效应（Peltier effect）。

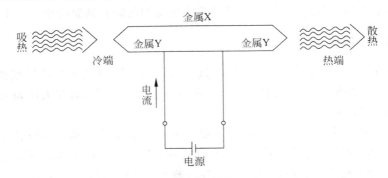

图 3.3　半导体制冷器原理

直到半导体技术有了一定的发展这种现象才有了实际的应用，也就是出现了半导体制冷器。半导体制冷器的结构如图 3.4 所示。

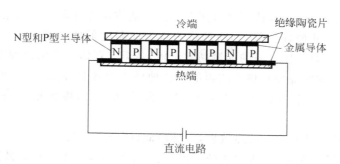

图3.4 半导体制冷器的结构

半导体制冷材料不仅需要 N 型和 P 型半导体特性，还要根据掺入的杂质改变半导体的温差电动势率、电导率和导势率使这种特殊半导体能满足对制冷材料的要求。目前国内常用材料是以锑化铋为基体的三元固溶体合金，其中 P 型是 Bi_2Te_3-Sb_2Te_3，N 型是 Bi_2Te_3-Bi_2Se_3，采用垂直区熔法提取晶体材料。

半导体制冷法比起前两种方法有如下优势。

① 可以把温度降至室温以下。

② 精确温控：使用闭环温控电路，精度可达±0.1℃。

③ 高可靠性：制冷组件为固体器件，无运动部件，因此失效率低，寿命大于 20 万小时。

④ 工作时无声：与机械制冷系统不一样，工作时不产生噪声。

在对半导体制冷器进行选择时，要考虑制冷片的工作电压、消耗电流及消耗功率，还要考虑制冷片冷热两端的最大温差、最大电压、制冷功率、外形尺寸和制冷量等因素。

半导体制冷器使用时的注意事项如下。

① 不要搞错冷、热端，否则，不但起不到散热作用，还会有相反作用，并加速电子元器件的老化。其实分辨冷、热端的方法很简单，通电以后用手摸一下就知道了。

② 半导体制冷块的热端一定要有良好的散热，因为它的冷端温度决定于它的热端温度，而且半导体制冷块是有一定的正常工作温度限制的，超出的话就会烧毁。所以，半导体制冷块的热端在必要时要加装散热风扇或水冷式散热器。

③ 半导体制冷块的冷端不可以直接接触发热元件表面，中间要放置辅助散热片，因为半导体制冷块的冷端一般都和发热器件的接触表面不一样大，需要用辅助散热片把热量从发热物体的核心传导到半导体制冷块的冷端，以有利于充分利用半导体制冷块。

④ 半导体制冷块最好另外接电源，一是因为它的功率比较大；二是因为半导体制冷块需要开动一段时间才可以产生温差。

⑤ 小心"结露"现象发生。半导体制冷块的冷端达到足够冷的时候，空气中的水蒸气就会在其表面凝结成为水滴。在北方可以比较放心使用，因为这种"结露"现象在北方不太容易发生；但在南方或是气候比较湿润地区就要注意了。如果水滴流到危险的部件带来的危害是不可估量的。

⑥ 各部分相接触的地方都要涂导热硅脂。

（4）热管散热法

热管里面填充了特制的液态导热介质。具体的工作原理是这样的：热管两端产生温差时，蒸发端的液体就会迅速汽化，将热量带向冷凝端，速度非常快。两端温差越大，蒸发速度越大。在极端的情况下,蒸发速度可以接近音速。液体在冷凝端凝结液化以后,通过毛细作用,流回蒸发端。如此循环往复,不断地将热量带向温度低的一端。水—气之间的相变反应,使热管的热传导效率比普通的纯铜高数十倍,甚至上百倍。应用这种方式可以用极快的速度将热量从热管的底部导到热管的顶部。这种极佳的导热性能,可以使热量不会在发热部位堆积,而是均匀地散发到了散热器的各个散热翅片上,极大地提高了散热片的导热性能。

使用热管散热的优点是:散热效果好,噪声低,使用寿命长。

使用热管散热的缺点是:价格比较昂贵,只能作为高端电子产品的散热设备。

(5)液氮散热法

液氮散热法目前在国外比较新潮,那些"高手"喜欢用液氮这种危险的东西冷却发热元件,其效果是非常理想的。但在使用的时候要十分小心。由于搬运、储存、使用时都有特殊的要求,所以这种方法目前在国内外的电子产品中较少采用。

(6)软件降温方法

降温软件的工作原理其实很简单,因为一般我们在使用文字处理软件或是上网时,只会占用到很少的CPU资源。而散热软件可以让CPU在没有工作或是工作比较清闲的时候,让CPU休息一会儿,这样一来CPU耗电量就会减少,相对的温度就会降低。但如果只依靠软件降温的方法是行不通的,毕竟它只能当作降温的辅助工具。因为当CPU在超频时,如果它正处于忙碌状态,降温系统就帮不上忙。所以想超频还是应靠风扇或是水冷系统等硬件来帮忙,这样才能彻底解决CPU工作所产生的高温问题。

这种降温的对象主要用于智能化比较高,如计算机这样的产品。其使用的范围没有前几种方法广泛,但它成本适中,一劳永逸,不过只能作辅助散热的方法。

(7)散热片散热

传导散热主要是通过散热片来完成的,把散热片的表面积尽可能增大,以增大散热面积。使用金属鳍的方式不仅可以增大散热面积,好的金属鳍设计还可以让热对流进行的更加有效。让散热片与发热体的接触面尽可能做到平滑,否则在散热片与发热体之间形成保温层。当然,接触面就算很平滑,也难免有空隙存在,因此在散热片与发热体接触的地方可以使用散热膏、散热硅脂或者专用的散热贴片等作为辅助材料以改善接触。因此对一个高效的散热片的设计应包括一个尽可能大的散热片,必要时配备一个强有力的风扇,设计一些特别的金属鳍,以保证气流在风扇的驱动下顺畅地流过,提高风扇的实际散热效果。

散热片大多数是采用铝来制造的。因为铝的价格比较低,并且具备了良好的切削特性,使它非常适合制造散热片。一般来说,一块纯金属的导热性能将比它的合金的导热性能更好,然而大多数工厂一般都会采用合金来制造散热器,因为这样可以获得比纯铝更好的加工特性。理论上讲,铜的导热性能几乎是铝的两倍,但是实际上铜材并没有被大量用作制造散热片。其原因就是散热片的散热效果不仅要受材料的导热性能影响,还要受散热片形状、散热面积等因素制约。正因为铜材的加工成形特性相对较差,所以铜散热器的散热效果并不能达到铝散热效果的两倍,况且较好的散热特性并不能弥补它的缺点:更高的价格、更高的比体积和硬度(难以加工)及其他顾虑的因素。尽管如此,有些散热器还是采用两种材料,底座用铜,金属鳍的部分用铝,这使效果和成本会达到一个新的平衡点。

以上几种方法经常综合使用,使散热效果更加明显。

4. 常用散热材料

（1）散热片

由于目前的散热片都是以铝合金为材质，因此导热效率差不多。可是散热片的大小与厚度，却直接影响了它的有效散热面积与排热的能力。良好的散热片应该大于发热体的接触面，同时还要有尽量大的散热面积。

（2）散热膏

在散热片与发热体的接触面上的处理，也是大有学问的。那些完全没有经过任何处理，直接将散热片压在发热体上的传统接触方式，与涂抹了合适的散热膏的接触方式，在散热效果上将会有极大的差异，后者的效果会好得多。但是过量的散热膏与过大的接触间隙，也可能会使散热效果大打折扣。

（3）散热垫片

散热垫片也是一种极佳的散热材料，它可以使发热体与散热片的有效散热接触面积增加，同时又比散热膏干净。不过现在有些商家会以较小的散热垫片出售，购买时需要注意，因为散热垫片的导热效果是与整体面积成正比的，如果面积太小，就起不到应有的作用。

（4）双面胶

现在有不少人用双面胶代替散热垫片，非常方便，但效果会差很多，尤其是在高温的时候，双面胶会有融化的危险，甚至会冒出气泡，造成一些无效的散热接触面，使发热体仍处于过热状态。

3.2.3　防火设计

汽车电子产品的设计必须考虑防火设计这一重要环节，许多生命和财产损失都与防火设计的缺失有关。据报道，某地一辆价格近 50 万元的名车仅使用了约 7 个月，无端在停车场燃烧，不仅主体车身被烧毁，还殃及附近的其他车辆，后该地法院就此案终审判决，推定本次汽车损毁原因是由于发生自燃，要求汽车生产厂家和经销商对损失承担赔偿责任。另据报道，2011 年 7 月 22 日京珠高速发生大客车燃烧事故（如图 3.5 所示），造成 41 人死亡，6 人受伤的严重后果。

图 3.5　客车燃烧事故

1. 防火设计的基本考虑

起火要有三要素，即燃料、热、氧气在同一个地点聚合时燃烧才可能发生，所以防火的设计应从这三个方面着手，尽量采用阻燃材料，将发热比较厉害的部件进行散热处理或隔离处理，采用无氧密封等方式切断起火的根源或截断火焰的蔓延。对于电子设备或设备的一部分，防止引燃和火焰蔓延有两种保护方法，这两种保护方法可能会涉及材料、配线、绕制的元件和其他电子元器件，例如集成电路、晶体管、可控硅、二极管、电阻器、电容器和变压器等。方法一是选择和使用能将引燃源和火焰蔓延的可能性减小的元器件、配线和材料；方法二是使用防火防护外壳。在仅使用方法一有困难或不能奏效时,就还需要结合使用方法二。使用方法二前,先模拟故障试验时包括对一次电路和二次电路中的所有相关的元件的试验。对于含有大量元器件的电子设备,建议使用第一种方法进行防火设计,而对于只有少量电子元器件的设备可考虑用方法二。在很多电子产品中基本上是两种方法综合使用。

2. 材料和元器件的选择

(1) 元器件的选择与相关考虑

电子元器件在电子设备中的使用非常普遍,各式各样,有体积比较大的,也有体积比较小的;有防火的,也有不防火的;有立式的,也有卧式的;有封装的,也有未封装的。在选择元器件时应根据使用场所不同选择不同类型的部件。当故障条件下零部件的温度高到足以引燃时,则部件或设备需要有防火防护外壳。所以在选择零部件前要搞清楚,根据工程设计的需要,哪些部件具有着火引燃的危险,哪些部件要求有防火防护外壳。在电子设备中,一次电路的所有零部件;不满足受限制电源供电的二次电路的所有相关的零部件;受限制电源供电,但没有安装在可燃性等级 FV-1 级或 FV-1 级以上材料上的二次电路中的零部件;受限制电源输出功率的电源或组件内的元器件,包括过流保护装置、限流阻抗、调整网络及其配线;具有未封装的起弧零部件,例如开放式开关和继电器接点以及整流器;带有危险电压或危险能量等级的电路中的零部件,如显示器中的回归变压器、绝缘配线等,全部要求要有防火要求,并视不同的使用环境有不同的防火等级的要求。相反,满足如下条件的零部件无防火要求:带有聚氯乙烯(PVC)、四氟乙烯(TFE)、聚四氟乙烯(PTFE)、氟化乙丙烯(FEP)和氯丁橡胶或聚酚亚胺绝缘的导线和电缆;装塞在防火防护外壳内的元器件包括连接器;由设备正常工作和单一故障后被限制到最大输出为 15V·A 的电源供电的二次电路的元件和连接器;符合受限制电源供电的二次电路中的元件和连接器;受限制电源供电,安装在可燃性等级为 FV-1 级或 FV-1 级以上材料上的二次电路中的零部件;构成电源软线或互连电缆部件的插头和连接器;电动机;由在正常工作条件下和单一故障条件后被限制到最大输出为 15V·A 的电源供电的并安装在可燃性等级为 HB 级材料上的二次电路中的其他元器件。

(2) 材料特性与选择

如果无法防止元器件在故障条件下过热,则这些元器件应安装在可燃性等级为 V-1 级的材料上,而且应该与低于可燃性等级为 V-1 级的材料相隔至少 13mm 的空气间隙,或用可燃性等级为 V-1 级的实心挡板隔开。尽量限制易燃材料的使用,在不同的使用环境下,使用符合要求的适当燃烧特性结构材料,使用合适的材料制作外壳,以减小火焰向设备外蔓延的可能性。当防火外壳兼顾其他特性时应做外壳的机械强度、抗电强度、吸水性等多方面的考虑。常见的防火材料的特性介绍如下,以供选择合适的材料用作防火防护外壳。

① PVC 材料

刚性 PVC 是使用最广泛的塑料材料之一。PVC 材料是一种非结晶性材料,在实际使用中经常加入稳定剂、润滑剂、辅助加工剂、色料、抗冲击剂及其他添加剂。PVC 材料具有不易燃性、高强度、耐气候变化性以及优良的几何稳定性。PVC 对氧化剂、还原剂和强酸都有很强的抵抗力。然而它能够被浓氧化酸如浓硫酸、浓硝酸所腐蚀并且也不适用与芳香烃、氯化烃接触的场合。PVC 在加工时熔化温度是一个非常重要的工艺参数,如果此参数不当,将导致材料分解的问题。PVC 的流动特性相当差,其工艺范围很窄。特别是大分子量的 PVC 材料更难于加工(这种材料通常要加入润滑剂改善流动特性),因此通常使用的都是小分子量的 PVC 材料。PVC 的收缩率相当低,一般为 0.2% ~ 0.6%。其熔化温度为 185~205℃。

② 耐热型材料

耐热型 ABS 有优秀的实用耐热性、耐冲击性,强度、流动性等整体物性均较强,是一种具有良好加工性的树脂。其软化点温度在 160℃ 以上。其收缩率也相当低,一般为 0.4% ~ 0.7%,是适合制造电器电子产品配件的树脂。耐火型 ABS 有优秀的耐火性和热性,有不会裂开的优点。不同使用等级的耐火型 ABS 在耐候性和其他物性上有很大的差异,所以应根据实际情况做合理的选择,比如在选择亮色系统的电器电子产品的外装饰材料的同时,要注意兼顾耐火性和耐候性的等级。

③ PBT

PBT 是五大常用工程塑料之一,为通过 4-BD 与 DMT、TPA 的重缩合反应取得的聚酯,广泛使用在电气、电子、汽车等各个领域。

④ PC 料

Polycarbonate(PC)是五大常用 EP 中唯一的透明材料,为非结晶性树脂。根据制造方法不同有很多类型的 PC 料,现在以工业生产使用为主的 PC 料是以双酚 A、CDC 和 NaOH 为原料的 CDC 法生产的。其主要特性如下。

a. 耐冲击性:良好。

b. 透明性:可视光线透视率达 80% ~ 90%,与丙烯酸系树脂几乎相同。

c. 耐热性:使用温度范围达 −40~120℃。

d. 尺寸安定性:蠕变变形、尺寸变化等比较少,适合做精密成形。

e. 耐候性:卓越的耐紫外线性能,适合在室外使用。

f. 电气绝缘特性:良好。

⑤ PE 料

PE 料有卓越的加工和电气特性,提供给顾客的有从超高压到通信光缆、电线和水架桥管材用树脂、黏合性树脂等各种产品。

(3) 元器件或材料可燃性降级条件

对元器件或其他零部件外壳材料要求降级为 HB 级或 HBF 级的条件如下。

在正常或单一故障的情况下不存在着火的零部件;对装在体积小于或等于 0.06m³ 时、全部由金属材料制成、且无通风孔的外壳内的材料和元器件,或者对装在充有惰性气体的密封单元内的材料和元器件;仪表外壳或指示等装饰件;符合国家有关元器件标准的可燃性要求的元器件,由设备在正常或单一故障不大于 15V·A 的电源供电并安装在 HB 级材料上或安装在可燃性等级为 V-1 级材料上的零部件;带有 PVC、TFE、PTFE、FEP 和氯丁橡胶或聚酰亚胺绝缘的导线、电缆和连接器;用于线束的各种夹持件,带、细绳和电缆捆绑物料等可用 HB 级或 HBF 级的外壳材料。

(4) 高压元件的材料

对工作在峰-峰值电压超过 4000V 的高压元件,其材料的可燃等级应为 V-2 级或 HF-2 级。材料可燃性要求汇总见表 3.2。

表 3.2 材料可燃性要求汇总

零 部 件		要 求
防火防护外壳	质量设备＞18kg 的移动式和驻立式设备	5V
		A1 章* 试验
		距离未密封的起弧零部件的空气间隙＜13mm
		距离高温零部件的空气间隙＜13mm
	质量＞18kg 的移动式设备	5V
		A1 章* 试验
		距离未密封的起弧零部件的空气间隙＜13mm
		距离高温零部件的空气间隙＜13mm
	塞装在开孔中的零部件	5V
		A1 章* 试验
		相应的元器件标准
防火防护外壳外侧的元器件和零部件,包括机械防护外壳和电气防护外壳		HB
		HBF
		GWT550℃—GB/T 5169.11
防火防护外壳内的元器件和零部件,包括机械防护外壳和电气防护外壳		V-2
		HBF-2
		A1 章* 试验
		相应的元器件标准

* 表示 GB 4943—2001 标准中相应附录。

3. 结构和电路的设计

在工程设计过程中,根据要求,给大电流、高电压的部件提供过流或过压保护装置,当设备处于过压或过流状态时,使设备或部件处于保护状态;按需要把电路尽量设计成受限制电源供电的方式或把线路设计成限流电路;在排布线路时综合考虑安全与电磁兼容的要求,尽量把高电压、高电流的设备放在一起,承载高电压、高电流的设备采用防火材料的外壳或进行适当的隔离;在高电压、高电流区域尽量不要使用易燃材料或者与易燃材料保持一定的距离。

除防火防护外壳和电气元器件、内部连线、印制板外其余的元器件和零部件,一般要求与引燃源的距离不小于表 3.3 中规定的值,或者满足表 3.3 规定的 GB/T 11020 相应的可燃性等级要求,除非这些元器件或零部件与引燃源之间用金属制成的隔板或可燃性等级优于 FVO 的隔板隔开。隔板到潜在引燃源的距离至少为 5mm,并要求隔板有足够的面积。

表 3.3 距离潜在引燃源的距离

潜在引燃源的开路电压交流峰值或直流/V	从潜在引燃源向下或向侧面到元件或零部件的距离/mm	从潜在引燃源向上面到元件或零部件的距离/mm	GB/T 11020 的可燃性等级
50～400	＜13	＜50	FH3～40mm/min
400～4000	＜13	＜50	FV-2
＞4000	D[a]	D[b]	FV-1

注:D[a] 为 13 或潜在引燃源的开路电压千伏数,取其较大者;D[b] 为 50 或潜在引燃源的开路电压千伏数,取其较大者。

在生产工艺过程中严格把守各道工序的质量,尤其是在焊接时对焊接温度和松香比例的控制工序,直接关系到产品各元件引脚的焊接情况,应保证接触充分和牢靠,防止器件之间、电路之间或电路与器件之间起飞弧。使用适当的元器件或组件,防止器件的失效;保证散热元件的充分散热,包括在正常或故障条件下的发热,防止产生可能引燃的过高温度。对发热严重,又无法保证周围易燃物体与其之间的距离时,可以考虑对该元件进行封装盒的安装或设立高阻燃特性的防火挡板限制其引起火焰蔓延的可能性,要求挡板与潜在引燃源之间至少应为 5mm。在设备模具设计阶段应充分考虑设备整体的重心分布,确保设备在使用过程中的稳定性,避免由于设备翻倒的情况下异常发热。对易燃材料和引燃源之间作为挡板隔离用的材料要有足够的耐高温特性和一定的机械强度,应能防止在高温时的形变。

4. 防火外壳结构设计

在无法保证每个元件都有防火特性的情况下,可以考虑加装合适材料制作的外壳,以减小火焰向设备外蔓延的可能性。防火外壳材料上的开孔也应十分考究,对于外壳顶部和侧面的开孔的配置和构造应使得外来物进入开孔时不可能接触到带电的裸露零部件(仅用清漆、有机溶剂、普通纸、未经处理的织物、氧化膜或绝缘珠覆盖的导电零部件被认为是裸露零部件)。在任何方向上的尺寸不大于 5mm,或宽度不超过 1mm(不管多长)的开孔,或防止垂直进入的任何开孔,或提供的百叶窗形状的侧面开孔使外部垂直掉落物向外偏离的开孔结构认为是可以接受的开孔结构。对防火防护外壳的底部的开孔设计也应满足如下要求:防火防护外壳底部或独立的挡板应能在所有那些在故障条件下可能会喷出一些物质引燃支撑表面的内部零部件(包括仅作局部密封的元器件或组件)的下面具有防护作用。底部开孔应装有防护板、屏网等来加以防护,以便熔融的金属、燃烧的物质等不能掉落在防火防护外壳的外面。底部设计应是鱼鳞板或做成能具有等效防护作用的其他形状。对预定仅安装在受限制接触区使用,并安装在混凝土地面或不易燃的表面上或其他不易燃表面上的驻立式设备,应作如下的标识:"仅适宜安装在混凝土或不易燃的表面上"或类似字样的标识。下列结构被认为是满足要求的结构:防火防护外壳的底部不开孔;本身符合防火防护外壳要求的内挡板、屏网或相似的隔挡物下面任何尺寸的底部开孔;在用可燃性等级为 V-1 级或 HF-1 级材料制造的元器件和零部件下面的底部开孔,每孔的面积不大于 40mm²;挡板结构与底部开孔在垂直平面上的投影重叠结构;金属底部屏网的中心间距不大于 2mm,而且金属丝直径不小于 0.45mm。防火防护外壳金属底部开孔应符合表 3.4 的要求。

表 3.4 防火防护外壳金属底部开孔的尺寸和间距   mm

适用于圆形孔			适用于其他形状的孔	
金属底部最小厚度	最大孔径	最小孔心距	最大面积/mm²	开孔间隙
0.66	1.1	1.7	1.1	0.56
0.66	1.2	2.3	1.2	1.1
0.76	1.1	1.7	1.1	0.55
0.76	1.2	2.3	1.2	1.1
0.81	1.9	3.1	2.9	1.1
0.89	1.9	3.1	2.9	1.2
0.91	1.6	2.7	2.1	1.1
0.91	2.0	3.1	3.1	1.2
1.0	1.6	2.7	2.1	1.1
1.0	2.0	3.0	3.2	1.0

防火防护外壳上的门或盖应满足如下一些要求：门或盖应有安全连锁装置，防止在门或盖打开期间碰到带电件，通过安全连锁装置设计，在门或盖打开时应能够消除可触及带电件上的电；预定日常由操作人员打开的门或盖时要保证门或盖是操作人员不能从防火防护外壳上拆下且在正常工作时应有关紧装置；预定由操作人员偶然使用的门或罩，例如为安装附属件，应允许拆下，但是设备使用说明书应包括正确拆卸和更换门罩的方法。对于防火防护外壳在适当的情况下应能保证外壳材料在释放由模压或注塑成形所产生的内应力时，该外壳材料的任何收缩或形变均应不会暴露出危险的零部件，也应不会使爬电距离和电气间隙减小到低于所要求的最小值。防火防护外壳的表面应光滑，无尖端突出防止人身受到意外的机械伤害。防火防护外壳的结构还应保证在把手、旋钮、可调节的控制装置调节时不会有其他的伤害（包括机械和电击的情况）。对于直插式设备的外壳还应插销固定可靠。厚度大于或等于 6mm 的木材和木制基材被认为符合 FV-1 级。

总之，在设计的过程中应首先考虑正常或故障情况下过载、元件失效、绝缘击穿、起弧或连接松动等可能产生导致设备的过高温，采取措施以防止热源的产生；其次采用金属或阻燃材料对引燃源和易燃物品进行合理的隔离，切断火焰或引燃源的传播；最后应根据需要采用封装或充满惰性气体来对易燃材料与引燃源进行隔离。

3.2.4　防爆炸伤人

1. 高真空元器件的防护措施

一部分电子产品含有高真空元件。例如，彩色电视机的显像管、计算机显示器所用的阴极射线管都属于高真空器件。由于管内外存在较大压差，如果没有适当的防护措施，在一定外界应力作用下会引起管子爆炸，从而伤及周围人员。

单从安全标准规定的意义上说，使用自身具有防爆功能的显像管或者使用自身不防爆的显像管而在整机上增加保护屏，这两种方案都可以。但在我国，16cm 以上的显像管必须经过 3C 认证。也就是说，16cm 以上的显像管必须是自身防爆型的。

对于自身防爆型的显像管来说，无论是在正常接收状态下，抑或是经过 72h 湿热处理和两个周期（每个周期为 4h）的高低温冲击，再 72h 湿热处理后显像管都应能承受：

（1）规定能量的钢球机械冲击。对于 40cm 以上的显像管，冲击能量为 5.37J；对于其他显像管，冲击能量为 4.35J。

（2）对管屏上的规定划痕用液氮低温冲击。

机械冲击试验用的钢球，必须不小于 62 的洛氏硬度，球的直径为 40mm。同时要求试验装置必须保证在试验过程冲击发生时，样品不会移动。

显像管的玻壳分成玻屏和玻锥。玻屏和玻锥分别加工成形后再熔接成玻壳。由于玻屏和玻锥厚度相差很远，在结合部或其附近常常使用收紧而具有一事实上张力的钢带以增强防爆功能。早期是用"冷拉"法将钢带收紧，近年来，"热套"法工艺已经应用相当普遍。对显像管的防爆来说，无论是哪一种工艺，防爆钢带的材料、尺寸以及工艺加工形成的钢带张力都是极其重要的。

2. 锂电池的防护措施

锂电池的使用已经非常广泛，特别是在信息技术产品中经常会装有锂电池。但是锂电池会由于使用不当或更换不当而引起爆炸。所以，如果锂电池预期由用户更换的话，则应在电池盒、夹附近给出警告，或者在使用说明书和维修说明书中同时给出警告；如果电池预期不由用户更换，则在电池附近或维修说明书中给出警告。警告内容如下：

注意

用错误型号电池更换会有爆炸危险

务必按照说明处置用完的电池

除了给出警告信息之外，在产品设计时还应采取措施，以防止锂电池放电电流和反向电流超过电池制造厂规定的允许值。可以采用过流保护型的元器件，也可以设置限流电路来进行保护。

3.2.5　防机械危险

1. 设备的稳定性要求与考虑

当产品质量（重量）超过一定值，例如超过 18kg 的彩色电视机，如果元器件、零部件结构设计布局欠妥，重心设计不当，在正常使用时受到可能遇到的外力（如儿童向下拉的外力），就有可能翻倒，从而造成人身伤害。所以在产品设计过程中，尤其在做零部件布局时应充分考虑设备的稳定性。设备重心的设计应使产品能符合以下的稳定性试验要求：

（1）产品在对水平面倾斜 10°的平面上绕产品的法线缓慢转动 360°，不应倾倒；

（2）产品在对水平面倾斜 1°的防滑平面上，加 100N 向下垂直的力，加力点可以是任何平面、凸出或凹入处，只要加力点离防滑面距离不超过 75cm，产品不应倾倒。

带有声频功率放大器的 5.1 声道有源扬声器系统，往往会有两只质量较大的落地式主音箱，而且每只主音箱还有一个质量较大的扬声器。如果此音箱超过 18kg，重心又偏高，音箱底部承重面积又较小，则有可能无法通过稳定性试验。如果试验失败，可以将本来安置在较高位置的大扬声器移到较低位置；或者加重扬声器箱下部质量（用密度较大的材料）；或者加大扬声器箱底部面积尺寸，以使其不易倾倒。根据理论计算，设备至少应满足 $r>h\tan10°$ 的关系。其中 r 是设备重心对 10°倾斜平面的垂直投影到底面各边的最短距离；h 是设备重心到 100°倾斜平面的最短距离。加大扬声器箱底部面积尺寸，就是要加大 r；降低重心就是要减小 h。此准则同样适用于其他设备。

2. 防运动部件伤人

相当一部分家用电器、办公设备、信息技术设备含有运动部件。采取有效措施防止这些运动部件伤害使用人员是产品设计的重要任务之一。

电子产品中的散热风扇，当其叶片前沿处不圆滑，或硬度大于一定值（例如 D60 肖氏），或者风扇输出功率大于一定值（例如大于 2W），或者额定电压下线速度超过一定值（例如 15m/s），则对其有防护措施方面的要求。传统的直接保护方法是加防护罩，以防止使用人员意外触及转动叶片。防护罩必须设计成：用规定的试验检查应不能触及危险运动部件（叶片）。防护罩还应该是只有借助工具才能取下或打开，也就是说它是手动不可拆卸部件。

有些设备的运动部件是不能全部用罩盖罩住的。此时防护措施可采用另外的方式，比如设置保护电路。当危险运动部件被触及时,保护电路动作,切断风扇供电电源,使危险运动部件停止运动,从而保护使用人员免受伤害。这种设计方案常常被用在电子产品的二次电路供电的直流马达中。

3. 防锐边、锐角伤人

如果产品的边、角比较尖锐,有可能会造成使用人员的人身伤害。所以在制定产品外壳加工工艺要求时,边和角都要设计加工成圆滑形状(无徒然的间断点),除非产品的功能所需要。

在实际的设计加工中,金属外壳多数是冲孔/钻孔后冲压成形,只要在设计冲压模具时注意成形的边和角留有一定的圆角(半径不小于 0.5mm),则外壳将有圆滑的边和角。塑料外壳多数是注塑成形,设计注塑模具时就应注意模具边、角的圆滑程度。如果外壳是金属板拼装成形,则金属板的剪裁加工工艺应保证金属板的边、角有足够的圆滑程度,即圆角半径不小于 0.5mm。

3.2.6 防辐射伤人

1. 电离辐射的防护措施

一部分电子产品,例如电视机和使用阴极射线管的显示器,它们的显像管的荧光屏在经过高压聚焦的高速电子束轰击下,会产生二次发射,从而造成电离辐射。应采用如下防护措施。

(1)产品的设计应能保证在正常工作条件或者在故障条件下(能使第二阳极高压升高的故障条件),都能提供对电离辐射的防护。按照安全标准的规定,照射量率不应超过 36pA/kg(0.5mR/h)。

(2)设计时,不要把第二阳极高压设计得太高,这是有效降低电离辐射的方法之一。除此之外,还可以设置保护电路。

(3)一般的电视机,其第二阳极高压都是利用行扫描逆程产生的电压,经过(包括回扫变压器在内的)变换电路变换成高压后整流而取得。如果设置过压保护电路,使得第二阳极电压高于预置阈值时,过压保护电路动作,扫描电路停止工作,可使电路进入自保护状态。有一些型号的集成电路芯片就设置有第二阳极电压值监控、取样输入端,自身具有第二阳极高压过压保护功能。使用这种芯片也是一种防止电离辐射超限的保护措施。

2. 激光辐射的防护措施

一部分电子电气产品,例如 CD 播放器、VCD 播放器、DVD 播放器、CD-ROM 等,都含有激光发射部件。它们都应有保护措施防止激光辐射造成人身伤害。

可采用的防护方法包括以下几种。

(1)降低激光发射系统的可达发射水平(例如:适当地减小激光二极管的驱动电流以降低发射),使其在正常工作条件下符合Ⅰ类标准;在故障条件下工作时,在 400～700nm 波长范围内,可达发射水平不超过Ⅰ类限值的 5 倍;在 400～700nm 波长范围外,可达发射水平不超过 3A 类限值。

(2)有时由于功能上的需要,不能降低发射水平,此时可以采用适当的防护措施防止手动打开任何盖子而接触超过Ⅰ类限值的激光辐射,或者接触故障条件下的 5 倍Ⅰ类限值的激光辐射。用金属壳对激光系统进行部分封闭或者全封闭就是可行的方法之一。

（3）另外,还可以利用安全连锁装置的动作来进行保护。此时安全连锁装置应该是具有失效保护的连锁装置(在失效状态下能使设备不工作或无危险),或者在施加正常工作条件的电流和电压下能承受 50000 次循环的开关试验。

3.3　安全检测设备和方法

3.3.1　耐压试验

1.（绝缘两端）工作电压的测量

（1）适用情形

适用于多种情况和场合,特别是在需要对绝缘进行考核时。

（2）测量原理

测量原理见图 3.6。

（3）测量步骤

① 首先选定测量的对象,确认绝缘两端的电压性质,再选择合适的仪器仪表,按图 3.6 搭建测量电路。图中 A、B 两点即为被测绝缘的两端。

图 3.6　工作电压测量

② 在额定工作电压或额定工作电压范围的上限下,设备正常工作或空载的情况下,分别测量 A、B 两端的真实有效值电压(用有效值电压表测量)和 A、B 两端的真实峰值电压(用示波器测量),并做好相应的记录。

（4）判定

工作电压的测量不是判定产品合格与否的依据,而是判定绝缘是否胜任和爬电距离、电气间隙是否满足要求的依据,也是进行抗电强度试验选择施加试验电压的依据之一。

（5）测量过程中的注意事项

① 在选择仪表时,要求电压表能够测量真实有效值,而存储示波器的带宽足够宽。

② 电路连接的过程中,所有接触点或连接点的接触或连接电阻应足够小,以避免引入过大的系统误差。

③ 测量设备的电源供电与待测设备的电源供电之间应采取必要的隔离措施。

④ 如果被测量是交流,在测量真实峰值时,计入半峰值时间大于 50ns 的周期或非周期的叠加脉冲,不考虑半峰值时间小于或等于 50ns 的周期或非周期的瞬态电压。

⑤ 可测量绝缘两端任意两点之间的工作电压,以得到最大值。

⑥ 不接地的可触及导电的零部件在测量时应与接地端子或者保护接地端子或接地的接触件相连,保证测量电压的准确性。对于变压器的绕组或其他浮地的情况,即相对于地设有确定电位的电路,在测量的过程中应将变压器的浮地绕组或浮地的部件与保护接地端子或保护接地相连来测量,以取得最高的工作电压。对于使用双重绝缘的情况,基本绝缘上的工作电压,应假设附加绝缘短路来确定;相反,对附加绝缘上的工作电压的测量,应假设基

本绝缘短路来确定。对变压器绕组之间的绝缘,应假定该点绝缘发生短路而能在其他绝缘上产生的最高电压来确定;对变压器两个绕组之间的绝缘,在考虑到绕组可能连接到的外部电压后,应采用两个绕组中任意两点之间的最高电压;对变压器的一个绕组与其他零部件之间的绝缘,应采用该绕组任意一点与该其他零部件之间的最高电压来确定。

2. 耐压测试仪

耐压测试仪可以直观、准确、快速、可靠地测试各种被测样品的耐受电压、击穿电压、泄漏电流等电性能安全指标,要求它能在 IEC 或国家标准规定的测试条件下,进行交流、直流不同形式的介电性能试验。此类仪器还有不同名称,如:介质击穿装置、绝缘强度测试仪、高压试验仪、高压击穿装置、耐压试验器等。

在按照 IEC 或国家标准对样品进行的抗电强度试验项目中,一般要求试验样品中使用的固体绝缘具有足够的抗电强度。绝缘应承受的试验电压,或者是波形基本上为正弦波形、频率为 50Hz 或 60Hz 的交流电压,或者是等于规定的交流试验电压峰值的直流电压。按照 GB 8898—2001 的规定,试验电压应按表 3.5 的规定与对应的绝缘等级(基本绝缘、附加绝缘或加强绝缘)和绝缘上的工作电压(U)一致。对抗电强度的测试,有以下两点要求。

(1)对承受直流(无纹波)电压应力的绝缘,用直流电压进行试验。

(2)对承受交流电压应力的绝缘,用电网电源频率的交流电压进行试验。但是,在可能发生电晕、电离、充电效应或类似效应的情况下,推荐用直流试验电压。(注意:在有电容器跨接在被试绝缘上的情况下,推荐用直流试验电压。)

表 3.5　抗电强度试验电压和绝缘电阻值

绝缘	绝缘电阻/MΩ	交流试验电压(峰值)或直流试验电压
与电网电源直接连接的不同极性的零部件之间	2	对额定电源电压≤150V(rms):1410V 对额定电源电压≤150V(rms):2120V
基本绝缘或附加绝缘隔离的零部件之间	2	曲线 A(GB 8898—2001 的图 7 中)
加强绝缘隔离的零部件之间	4	曲线 B(GB 8898—2001 的图 7 中)

注:曲线 A 和曲线 B 由下列各点确定:

工作电压 U(峰值)	试验电压(峰值)	
	曲线 A	曲线 B
35V	707V	1410V
354V		4240V
1410V	3980V	
10kV	15kV	15kV
>10kV	1.5UV	1.5UV

国家标准(GB 4943—2001 和 GB 8898—2001)规定的抗电强度试验方法是:加到被试绝缘(试验样品)上的试验电压应从零逐渐升高到规定的电压值,然后在该电压值上保持 60s(注:若进行例行试验,抗电强度的持续时间可以减少到 1s),当由于加上试验电压而引起电流以失控的方式迅速增大,即绝缘无法限制电流时,则认为已发生绝缘击穿。电晕放电

或单次瞬间闪络不认为是绝缘击穿。

　　根据上述抗电强度的试验要求,设计制作的耐压测试仪一般由高压发生器、定时控制器、耐压判定电流预置电路、泄漏电流、保护电路、报警电路及指示器组成(见图 3.7)。基本工作原理是:将被测样品在仪器输出的试验高压下产生的泄漏电流与预置的判定电流值比较,当检出的泄漏电流大于判定值,试验高压瞬时切断并发出报警,依此确定被测样品的耐压值是否符合规定要求。

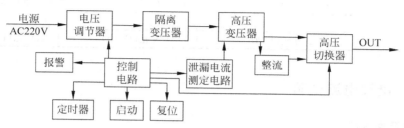

图 3.7　耐压测试仪的工作原理方框图

　　按 GB 8898—2001(IEC 60065∶1998)标准的规定:试验电压应由合适的电源提供,该电源的设计应保证当试验电压调节到相应的等级后短路输出端子,输出电流至少为 200mA;当输出电流小于 100mA 时,过流装置不应断开,所施加的试验电压值的误差在 ±3% 的范围内。这要求耐压测试仪应该有足够的输出能力,输出阻抗足够小,这样才能满足上述要求,这实质上也就是对耐压测试仪中的高压变压器容量和次级线圈阻值的大小提出了要求。

　　耐压测试仪的技术指标完全取决于安全标准的要求和规定,测试对象除各类电子产品外,遍及一切电网供电或由指定的额定交、直流供电的低压电器或设备,这也正是电子安全试验仪器区别于所有其他各类电子测量仪器的显著特点。由此产生的必然结果是:低水平的技术指标不会无限上升,试验仪器设备的先进性与技术指标无关,它的发展依赖于安全标准的发展。因此,在国外各大仪器制造公司的产品中,耐压测试仪很少占据重要地位。常见的耐压测试仪制造商有:日本菊水(KIKUSUI)、台湾铧仪(EXTECH)。

　　中国赛宝(总部)实验室(CEPREI)研制出了一系列电子安全试验仪器设备。在国内,这样的检测机构加检测设备的制造商是为数不多的。现在将国内外三个不同品牌型号的耐压测试仪介绍如下,见表 3.6。用户可根据自身的实际情况和要求,选择不同品牌和型号的耐压测试仪,只要所用的耐压测试仪器满足标准试验要求即可。

表 3.6　三个不同品牌和型号的耐压测试仪的主要参数

	日本菊水(KIKUSUI)	台湾铧仪(EXTECH)	中国赛宝(CEPREI)
型号	TOS5051	7120	105C
输出电压	AC:0~5kV DC:0~5kV	AC:0~5kV DC:0~6kV	AC:0~5kV DC:0~5kV
电压精度	±3%	±2%	±3%
显示	数字和指针	16×2LCD	LED
最大输出电流、功率	500V·A	AC:12mA DC:5mA	20mA

	日本菊水(KIKUSUI)	台湾铧仪(EXTECH)	中国赛宝(CEPREI)
短路瞬间输出电流			>200mA(AC)
测量漏电流范围	AC：0.1～110mA DC：0.1～11mA	AC：0.1～12mA DC：0.02～5mA	0.5/1/2/5/10/20mA
测量精度	±(5％+20μA)	±2％	±5％
定时时间	0.5～999s	0.5～999.9s	60s/30s/5s/手动
定时精度	±1％	±0.1％	±2％
参考价格	约2万元(RMB)	8000多元(RMB)	2400元(RMB)

3.3.2 接触电流试验

1. 可触及性试验

（1）适用情形

适用于各种情形。

（2）试验目的

可触及性的检查是基础性的检查，是判定设备的某个部件是否被认为是可以被碰到的检查。它是防触电检查的基础，也是对 TNV 电路做结构检查的基础。

（3）试验步骤

① 目测检查。

② 用试验指（见 GB/T 16842—1997 试具 B 要求的试验指/GB 4943—2001 中的图 2A）进行试验。试验时，首先将操作人员可拆卸零部件（包括熔断器座）卸掉，并使操作人员可触及的门、盖等打开，然后将试验指插进外壳上的开孔，进行探测。

③ 用试验针（见 GB 4943—2001 中的图 2B）进行试验。将试验针插到设备外部电气防护外壳的开孔中进行探测。

④ 如果适用，再用试验探头（见 GB 4943—2001 中的图 20）进行试验。

（4）判定

试验过程中，对危险电压不超过 1000V 交流或 1500V 直流的情况，不论是试验指、试验针还是试验探头均应不能触及带危险电压的零部件。对危险电压超过 1000V 交流或1500V 直流的情况，不论是试验指、试验针还是试验探头均应不能触及带危险电压的零部件，且试验指、试验针、试验探头的顶端和带危险电压的零部件之间至少要满足与基本绝缘规定的最小电气间隙相等的间距，或能承受相应的基本绝缘抗电强度试验。电池仓如只有用特定的方式才能打开仓门，当门关闭时触及不到 TNV 电路，或者加贴标记保护使用者，则电池仓内的 TNV 电路中的裸露导电零部件是可以触及的。如果内部配线不需要操作或维修人员手动处置，而且安装适当，不可能被操作人员或维修人员无意拉起或者适当固定使连接点免受拉力，不会触及未接地的导电件，则这样的导线可以触及。

（5）注意事项

① 试验指和试验针在试验过程中以不施加明显力的作用下进行探测。在设备的每一个部位进行探测，但对质量超过 40kg、竖立在地板上的设备不应使其倾斜。

② 对预定在较大的设备上进行嵌装、机架安装或组合安装的设备,应遵循制造厂规定的安装方法来进行有限制的检查,必要时查看警告说明和标记。

③ 对防止试验指进入的孔洞,则应进一步换用一种直的无关节的试验指施加 30N 的作用力进行试验。如果这种试验指能进入孔洞,则重新使用前面用到的带关节的试验指进行试验,如有必要应将试验指施加 30N 的作用力推入孔洞内,查看是否会触及带危险电压的零部件。

④ 如果零部件是能活动的,则在使用试验器具试验时,应使每一个零部件处在其调节范围内的最不利的位置上。

2. 防触电检测

（1）电击效应与电击原因

触电通常又称电击,是电流通过人体而引起的病理及生理效应。电击产生的生理反应程度取决于电流值的大小、接触面积、接触状态(干燥、潮湿、压力及温度)及电流持续时间。为了防止操作人员受到电击,通常采用两级保护措施,以保证设备在正常工作条件和单一故障状态下运行都不会引起电击危险。

电气设备在使用过程中操作人员遭受电击,其原因有:电气设备的可触及部件带电,即在正常使用的情况下可触及部件带有危险电压;设备使用过程发生故障使可触及部件带上危险电压;设备断电后一次电路中的电容器储存电荷的能量过大。

操作人员接触设备的可触及导电零部件,在通过大约 0.5mA 的接触电流时在健康的人体会产生反应,所以 IEC 479《电流通过人体的效应》中将 0.5mA 的通过人体电流称感知阈值电流;2.5～3.5mA 的电流流过时,可使人体明显感到有电流流过,此时手指感觉麻木,称为反应电流;8～10mA 的电流流过时,触电者还能自动摆脱,称为摆脱阈值电流;电流超过 20mA 时,手指迅速麻痹而不能摆脱,电流再大就会引起心室纤维性颤动、呼吸麻痹,称为致命电流;电流值在 50～80mA 就会导致电灼伤。人体感知、反应和摆脱的这些反应与接触电流的峰值有关并随频率变化,而电灼伤与接触电流的有效值有关,与频率无关。影响电击的原因有绝缘表面的污染程度、环境的湿度和温度等,其因素错综复杂。

为了保证使用操作人员和维修人员的安全,电气设备的设计必须考虑安全性,对带电部件要有足够的防护隔离措施。针对以上情况,电气设备上可触及的导电零部件与带电部件之间通过使用基本绝缘和附加绝缘保护或使用诸如加强绝缘或等效的保护措施隔离,或者在基本绝缘万一失效时有措施使可触及的导电零部件与设施中的固定线路中的保护接地导体相连接,从而使可触及的导电零部件不带危险电压,确保操作人员不会受到电击危险。

（2）设备防护等级的选择原则

对设备带电部件隔离所采用的绝缘按功能可分为功能绝缘和安全防护绝缘。

功能绝缘是为保证设备正常工作所需的绝缘,功能绝缘并不起防电击的保护作用,但它可以用来减少引燃和着火危险的可能性。

安全防护绝缘是用来防止操作人员免受电气设备的危险电压电击所需隔离的绝缘,按防电击要求绝缘可分为:为危险带电零部件所加的提供防触电基本保护的绝缘即基本绝缘;除基本绝缘以外施加的独立的绝缘,以便在基本绝缘一旦失效时提供触电保护即附加绝缘;由基本绝缘加上附加绝缘构成的绝缘即双重绝缘;对危险带电零部件所加的单一绝缘,若其防触电等级相当于双重绝缘即是加强绝缘。

　　根据电击和能量危险的防护原则,允许操作人员接触的零部件有:SELV 电路中的裸露零部件;限流电路中的裸露零部件。防止在操作人员接触区接触下列零部件或绝缘:ELV 电路的裸露零部件;带危险电压的裸露零部件;ELV 电路中的零部件或配线的功能绝缘或基本绝缘;带危险电压的零部件或配线的功能绝缘或基本绝缘。

　　依据造成电击的各种原因,在设计电气设备时,要根据设备不同的工作方式,采取不同等级的电击防护方式。对 Ⅰ 类设备要采取基本绝缘加附加安全措施的设计,以便在基本绝缘一旦失效时,有措施使可触及的导电零部件与建筑物配线中的保护接地导体相连,从而使可触及的导电零部件不会带危险电压。对 Ⅱ 类设备要采取基本绝缘加附加绝缘即双重绝缘或加强绝缘的安全保护措施,这类设备不依靠保护接地,也不依靠安装条件的保护措施。 Ⅲ 类设备防电击保护是由安全特低电压电路供电,不会产生危险电压。

　　(3) 防电击的检测

　　根据上述原则,首先检查设备是否正确合理应用上述各种类型的绝缘。依照设备工作方式不同,正确合理地选用不同等级的绝缘既可以保证产品使用达到安全可靠,又可以使产品的安全设计做到经济合理。对用来隔离设备中带电件的绝缘,要根据其绝缘应用场合情况及所处部位的状态是否易受到机械损伤、工作电压的高低等情况,着重检查绝缘的厚度、绝缘表面的爬电距离和电气间隙。对基本绝缘和附加绝缘的应用,以及双重绝缘和加强绝缘的应用要准确区分,从而做好正确的检查工作。

　　在进行绝缘工作电压的测量时,设备应工作在额定电压或额定电压范围上限值。在测量一次电路与二次电路之间的工作电压时,未接地的可触及导电零部件被假定是接地的;如果变压器绕组或其他零部件是浮地的即不与相对于地有确定电位的电路连接,则假定该变压器绕组或该零部件有一点接地,由于这一点接地而产生最高工作电压;如果使用双重绝缘,则基本绝缘上的工作电压应按假定附加绝缘为短路的状态来确定;反之亦然。

　　根据测量出绝缘的工作电压和选定的防电击绝缘等级类别,并依据相关标准查表可得到绝缘所需的爬电距离和电气间隙的最小规定值,用以判断从设备上所测得的绝缘体表面的爬电距离和绝缘体的电气间隙的实际测量值是否满足标准规定的要求。另外,该绝缘还应满足潮热试验、机械强度试验和抗电强度试验等。

　　为了防止电击危险,还必须确认设备的可触及件是否带电。可触及件是指外壳、连接端子、旋钮、把手、操纵杆轴等,即用试验指、试验针和试验探头能触及的部位。对音、视频设备,检查带电零部件是否可触及,特别是对设备上任何开孔(包括底部的开孔)时,试验指(有"关节"的)通过开孔,插入到能使试验指到达的任何深度,并在插入到任何位置之前、插入到任何位置期间和插入到任何位置之后,转动或改变插入角度;如果试验指不能进入开孔,则将沿试验指方向的作用力增加到(20±2)N,并以不同的角度用试验指反复试验。对信息技术设备,当试验指(有"关节"的)不能进入孔洞,则应进一步用一种直的无转向关节的试验指,施加 30N 的力来进行试验;如果这种试验指能进入孔洞,则应重新使用试验指(有"关节的")进行试验,如有必要,则应将该试验指施力至 30N 推入孔洞内。如果机内零部件可触及,则要判断是否带电,还要对设备进行接触电流和能量危险的测量。

　　接触电流测量是通过模拟人体阻抗的接触电流测量网络(见图 3.8)来进行的。试验时,设备应采用隔离型变压器供电,隔离变压器的次级和受试设备保持浮地(即不接地)。在这种情况下,不需考虑变压器的容性漏电流,所选用的隔离型变压器的容量应足够大。测量时,对可触及的非导电零部件,应用 $10\text{cm}\times20\text{cm}$ 的金属箔贴在该零部件上进行试验。如果金属箔的面积小于被测试表面,则应移动金属箔,以便能对被试表面的所有部分进行试验。

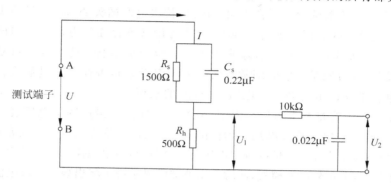

图 3.8 人体模拟阻抗网络

图 3.9 为单相设备接触电流测量电路进行接触电流测量时,对具有保护接地或功能接地连接的设备,测量网络的"A"端应通过测量开关"s"连接到受试设备(EUT)的接地端子上,接地导体开关"e"打开。信息类产品属 I 类设备带有 II 类结构,测量时测量网络的"A"端应通过开关"s"依次连接到每个不接地的或非导电的可触及零部件上和每个不接地的可触及电路上,接地导体的开关"e"闭合。上述测量应在倒换极性(开关"P₁")后重复进行。相关标准对交流电源供电的设备传入通信网络的接触电流也有相应的限制和测量。对带有通信网络而没有保护接地端子的设备,接地导体开关"e"如果连接到受试设备的功能接地端子上,则测量时应处于打开状态,否则为闭合状态。对于单相设备,试验应在极性开关"P₁"和"P₂"的所有组合下进行测量,测量值不应超过 0.25mA 有效值。未连到保护接地的可触及零部件和电路,接触电流的计算公式为

$$接触电流(A) = U_2/500$$

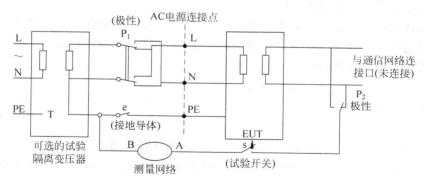

图 3.9 单相设备接触电流测量电路

目前许多电子设备为了有效地抑制电磁干扰,在电源的输入端常接有滤波器,即在线间并联有起抑制干扰作用的电容器。该电容器容量过大,那么其储存电荷量就存在电击危险,因为当设备切断电源时,电容器上储存的电荷不能瞬时消失,所以其上的电压不能迅速降至安全值,而是呈指数规律下降。放电时间常数($r=RC$)越大,其上的电压下降就越慢,因此音视频设备和信息技术设备的安全标准均规定,在设计设备时应保证与电网电源外部断接

处,不会因接在电源电路的电容器储存有电荷而存在电击危险。若设备的电源输入滤波器的线间电容器标称电容量不超过 $0.1\mu F$,则不进行放电试验;若该电容器的标称电容量超过 $0.1kF$,则需进行放电试验。对音视频类产品,拔出电源插头 2s 后,测量插头两极的开路电压不应超过交流 35V(峰值)或直流 60V,则认为设备不存在放电危险。如该设备有电源开关,则在试验时将其置于"断"位,除非置于"通"位会更不利。此试验可重复进行 10 次。对信息技术设备,通过测量放电时间常数大小来判定设备是否存在能量危险。放电时间常数是指等效电容量(μF)和等效放电电阻值($M\Omega$)的乘积。

如果测定等效电容量和电阻值有困难,则可以在外部断接点测量电压衰减。因为经过一个时间常数的时间,电压将衰减到初始值的 37%,由此可推算出放电时间常数。

试验时,设备应工作在 1.1 倍的额定电压下。测量时,将电源插头拔出并立即接上数字存储示波器的测量端,采用外触发模式,此时在示波器的显示屏上将出现一个放电波形并将该波形存储。然后对照波形的起始最高电压值,通过调节示波器的时间和电压幅度测量旋钮,即可测出对应起始电压衰减到 37% 时的持续时间,此即为所求时间常数。测量时要考虑电源开关的"通/断"的任一位置。另外,对示波器需要采取适当的电源隔离措施,以防止损坏仪器。

(4) 对测量仪器的要求

测量绝缘的工作电压、设备的接触电流和放电量(或放电时间常数)等,可选用同一台数字存储示波器。为了减少测量中的高频损耗,原则上要求示波器有 500MHz 或以上的测量带宽,比如可选用安捷伦(Agilent)54642A 型 500MHz 带宽数字存储示波器。

3. 接触电流测试仪

GB 8898—2001《音频、视频及类似电子设备安全要求》与 GB 8898—1997《电网电源供电的家用和类似一般用途的电子及有关设备的安全要求》的一个显著技术差异为:将漏电流的测量改为按图 3.8 的测量网络来进行接触电流的测量。下面介绍的接触电流测试仪即是按新版标准要求而设计制作的仪器。

接触电流是指在正常工作条件下或故障条件下,当人体接触设备的一个或多个可触及零部件时通过人体的电流。按图 3.8 的测量网络进行接触电流的测量,可用电压 U_1 和 U_2 的测量值来表示接触电流,即

$$接触电流 = U_2/500(峰值) \tag{3-3}$$

或在高频时($f \geqslant 100kHz$),

$$接触电流 = U_1/500(峰值) \tag{3-4}$$

根据 GB 8898—2001 标准的 4.2.1 条要求,被测试样接到电压等于其设计时的任一额定电压的 0.9 倍或 1.1 倍的供电电源上,在此条件进行测试。下面列出两种条件下触电危险的判据。

(1) 正常工作条件下的触电危险

为了确定某一零部件或某一端子的某个接触件是否危险带电,应在任意两个零部件或接触件之间,以及任意一个零部件或接触件与试验时所用电源的任一极之间进行下列测量。

如果符合下列要求,则零部件或端子的接触件是非危险带电的。

开路电压不超过交流 35V(峰值)或直流 60V;或者,如果测试值不满足此项,则按图 3.8 的测试网络进行接触电流的测量。

以电压 U_1 和电压 U_2 表示的接触电流不应超过下列规定值：

a. 对交流：$U_1 = 35V$（峰值），$U_2 = 0.35V$（峰值）；

b. 对直流：$U_1 = 1.0V$（$U_1 = U_2$）。

注：交流限值 $U_2 = 0.35V$（峰值）和直流限值 $U_1 = 1.0V$，通过计算，相当于交流限值 0.7mA（峰值）和直流限值 2.0mA，频率超过 100kHz 时，交流限值 $U_1 = 35V$（峰值）相当于交流限值 70mA（峰值）。

（2）故障条件下的触电危险

如果满足下列要求，则零部件或端子的接触件是非危险带电的。

交流 70V（峰值）或直流 120V；或者，如果测试不满足此项，则按图 3.8 的测试网络进行接触电流的测量，交流：$U_1 = 70V$（峰值），$U_2 = 1.4V$（峰值），直流：$U_1 = 4.0V$（$U_1 = U_2$）。

图 3.8 所示的测量网络产生一个可以测量的电压响应，随着接触电流频率的增高，U_1 和 U_2 的值差别很大，其比值为频率因数，如图 3.10 所示曲线。校验的方法如下。

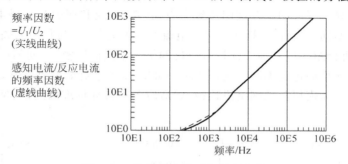

图 3.10　接触电流测试仪频率因数

采用一台信号源（如：FLUKE5200A 或 HP33120A），按图 3.8 所示测量网络，在 A、B 两端输入正弦波形，并按表 3.7 所示频率特性参数表，设置正弦波的频率和 U 的电压值，然后用数字电压表（如：HP34401A）测量对应的 U_2 两端电压值，看看是否满足表 3.7 中的对应数值，从而达到校验图 3.8 所示测量网络的频率特性的目的。

表 3.7　频率特性参数表

频率/Hz	输入阻抗 U/I	转换阻抗 U_2/I
20	1998	500
50	1990	499
60	1986	498
100	1961	495
200	1857	480
500	1433	405
1000	973	284
2000	661	162.9
5000	512	68.3
10 000	485	34.4
20 000	479	17.21

续表

频率/Hz	输入阻抗 U/I	转换阻抗 U_2/I
50 000	477	6.89
100 000	476	3.45
200 000	476	1.722
500 000	476	0.689
1 000 000	476	0.345

注：表 3.7 是 IEC 60990—1999 标准附录 L 中的表 2；U、I、U_2 各参量见图 3.8。

GB 8898—2001 标准在测量接触电流的试验中规定采用图 3.8 所示人体模拟阻抗网络，这个测量网络 U_1/U_2 的频率因数（见图 3.10 中的实线曲线）与感知电流/反应电流的频率因数基本相符（见图 3.10 中的虚线曲线）。电流对人体的效应最为重要的有四种：感知、反应、摆脱、电灼伤。这四种人体效应中任何一种都不具有唯一的阈值，且其中的某些阈值随频率变化的差异是很大的。在这四种效应中，感知、反应和摆脱与接触电流峰值有关，并且随频率变化而不同；然而，电灼伤与接触电流有效值有关，而与频率无关。

另外，这里再介绍一些其他人体模拟阻抗网络。不同的国家、不同的产品、不同的标准，对人体模拟阻抗网络的定义不同。美国 LABSMATE 通过对全世界 230 多种标准的研究，归纳出以下七种人体模拟阻抗网络供选择，以适应各种各样标准的测试，见图 3.11。

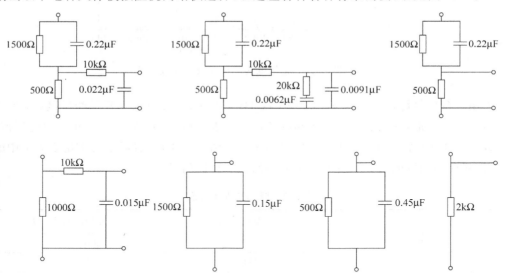

图 3.11　多种人体模拟阻抗网络

综合上述试验标准要求，设计制作的接触电流测试仪的工作原理图大体一致，见图 3.12。然而，实际上被测的接触电流信号一般是非正弦波形的，欲测量 U_1 和 U_2 的电压峰值，若用普通电压表测量将不够准确，而应采用示波器等来测量。中国赛宝 400C 型接触电流测试仪就是采用示波器测量接触电流。对选用的示波器的基本要求为：带宽 20MHz，输入阻抗大于 1MΩ，垂直灵敏度范围（5mV～10V）/格，其精度优于±2%。另外，中国赛宝（总部）实验室还研发制作了一种多功能接触电流测试仪，型号为 410A 型，其增加了插拔试验和电源冲击试验的测试功能。两种型号接触电流测试仪的主要技术指标和功能见表 3.8。

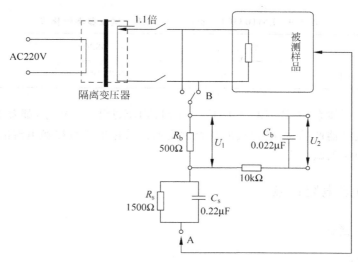

图 3.12　接触电流测试仪的工作原理图

另外,也有采用四合一表头(数字电压表、峰值电压表、频率计、数字记忆示波器)来完成测量 U_1 和 U_2 值,如:美国 LMT(力美特)(LABSMATE,INC.)生产的 LMT03300 系列的接触电流测试仪。不过此种方式测量虽然精度高,但这种测试仪器价格也很高,其参考价格见表 3.9。

台湾铧仪电子(EXTECH)推出 7620 型电源泄漏电流测试仪(LINE LEAKAGETESTER),也是用来测量接触电流的仪器。其参考价格约为 28 000 元(RMB)。

表 3.8　400C 型和 410A 型接触电流测试仪的主要参数

	400C	410A
主要技术指标和功能	• 适合于 GB 4943—2001 标准和 GB 8898—2001 标准要求 • 试验电源电压的调节范围:0～250V • 测量准确度: 数字显示,±3％±3 字 • 测量频率特性误差:±3％ • 测量选择:U_1 或 U_2 • 试验电源换相选择: 正相或倒相 • 输入阻抗:2000Ω • 调压器和变压器容量: 300V・A • 测量方式:外接示波器测量接触电流的峰值电压 • 数字显示,PVC 面板 • 工作电源: 220V±10％,50/60Hz±2Hz • 环境温度:20～80℃ • 相对湿度:(20～90)％RH	• 适合于 GB 4943—2001 标准和 GB 8898—2001 标准要求 • 试验电源电压的调节范围: 0～300V • 测量准确度: 数字显示,±3％±3 字 • 测量频率特性误差:±3％ • 测量选择:U_1 或 U_2 • 试验电源换相选择: 正相或倒相 • 零线选择:通或断 • 供样电源选择:通或断 • 插拔/放电选择:正常或试验 • 放电方式:开路电压或放电量(2kΩ) • 隔离变压器容量:500V・A • 测量方式:外接示波器测量接触电流的峰值电压 • 数字显示,PVC 面板 • 工作电源: 220V±10％,50/60Hz±2Hz • 环境温度:20～28℃ • 相对湿度:(20～90)％RH
参考价格	3000 元(RMB)	4000 元(RMB)

表 3.9　LMT03300 系列的接触电流测试仪参考价格表

型　号	LMT03301	LMT03302	LMT03303
参考价格/元（RMB）	约 68 000	约 38 000	约 29 000

针对安规验证体系：GB、IEC、UL、CSA、BSI、VDE、JSI、TUV 等，都要求各制造商在设计和生产电子或电器产品时，必须按照各自制定的试验标准进行接触电流的测试，选用的测试仪器应符合相应条款要求。

3.3.3　绝缘电阻试验

1. 抗电强度试验

（1）设计要求

电气设备的设计，必须保证操作人员在按规定或指导使用时，对由于电能直接作用所造成的危险有足够的防护。这种防护是通过结构或绝缘将带电部分与可触及部件隔离，从而防止在正常工作条件下与带电部件的任何接触。这就要求设计者在进行防护绝缘设计时，要考虑绝缘所承受的工作电压及设备在运行中长期经受的机械、化学、电气及热应力等环境因素的影响，例如高低温变化、大气污染、导电尘埃、电解液等产生的应力，因为这些因素均可能使绝缘失效。因此对于任何电气设备，都应根据其环境内外和应用条件，对带电部件的绝缘防护规定绝缘性能参数，其中绝缘电阻、接触电流、抗电强度是最主要的参数。另外，这种绝缘的防护还要考虑到电气设备在故障条件下承受的热应力损害。电气设备的绝缘击穿大致有三种形式，即电击穿、热击穿和放电击穿。

（2）试验原理

抗电强度试验主要是评价在设备中作隔离用的绝缘耐高压冲击的性能，也是考核电气设备初-次级电路之间等的隔离措施，或者说设备中带电部件与可触及件之间的绝缘性能。电气设备在使用过程中，其绝缘长期承受各种因素引起的瞬态过压的作用，这些瞬态过压通常达到正常工作电压的数倍甚至数十倍。同时设备在运行过程中会发生各种故障，而使设备的绝缘承受较高的电压，导致绝缘击穿引起电击危险和设备起火。为了评价设备在各种因素条件下能否安全可靠地运行，必须对设备施加若干倍高于设备额定工作电压的外加试验电压进行抗电强度试验，以考核设备绝缘承受瞬态过压的能力，从而保证设备的使用者不会受到电击危害。

抗电强度分三种情况进行，即设备分别在承受电涌放电试验、湿热试验和发热试验后立即进行的抗电强度试验。

（3）型式试验方法

设备在进行电涌、湿热、发热试验后，应保持试验环境条件不变，立即进行抗电强度试验。受试验样品绝缘承受的抗电强度试验电压，按相应的绝缘等级（功能绝缘、基本绝缘、附加绝缘或加强绝缘）以及绝缘两端的工作电压选取，分别施加到一次（初级）电路与二次（次级）电路之间；一次（初级）电路与机身之间；一次电路的零部件之间以及二次电路与机身之间。绝缘应承受的试验电压，或是频率为 50Hz（或 60Hz）的基本波形为正弦波形的电压，或是等于规定的交流试验电压峰值的直流电压。施加到被试绝缘上的试验电压一般从零升至规定试验电压值的一半,然后迅速将电压升高到规定值并持续 1min。当由于施加的试验电压而引起的电流以失控的方式迅速增大,即绝缘无法限制电流时,则认为绝缘已被击穿。电晕放电或单次瞬间闪络不认为是绝缘击穿。

试验前,为了避免在进行抗电强度时,因容性充电电流或其他原因损坏与本试验无关的元器件或绝缘,可将集成电路或类似的电路断开,或采用等电位连接。同时还应对电路进行检查,如果被试绝缘上跨接有电容器(例如:射频滤波电容器),则建议采用直流试验电压。与被试绝缘并联提供直流通路的元件(例如:滤波电容器的放电电阻器和限压装置)应断开。除了对电源线两端的抗电强度试验外,进行其他抗电强度试验时,与电网电源导线连接的电源开关和功能开关(如果有)应置于通位,而且应用适当的方法使通位固定住,以便使试验电压完全有效施加。

(4) 试验仪器的要求

试验电压应由合适的电源提供,该电源的设计应保证当试验电压调节到相应的等级后短路输出端时,输出电流至少为 200mA;当输出电流小于 100mA 时,过流保护装置不应断开;所施加的试验电压值的误差应在 13% 的范围内。抗电强度试验中判定电流的设置直接影响试验的判定结果。一般将判定电流设置为 10mA;若出现报警时,为避免误判击穿,应将判定电流加大至 100mA。

在生产线进行例行检验时,设备应承受施加到一次电路与可触及零部件之间的交流电压或直流电压,持续时间 1~4s,试验电压值根据绝缘应用场合和绝缘工作电压来查取,试验期间绝缘不应击穿。例行检验是在生产线的最终阶段对生产线上的产品进行的 100% 检测,通常检验后,除包装和加贴标签外,不再进一步加工。

2. 绝缘电阻测试仪

绝缘电阻是指用绝缘材料隔离导体之间的电阻。绝缘电阻测试仪是用于测量绝缘电阻大小的专用仪器,并可输出测试所需的测试电压。根据安全试验标准,一般测试电压是直流电压,有 250V、500V、1000V 三种,测量阻值范围一般是 1~1000MΩ。GB 8898—2001《音频、视频及类似电子设备安全要求》规定基本绝缘电阻≥2MΩ,加强绝缘电阻≥4MΩ。

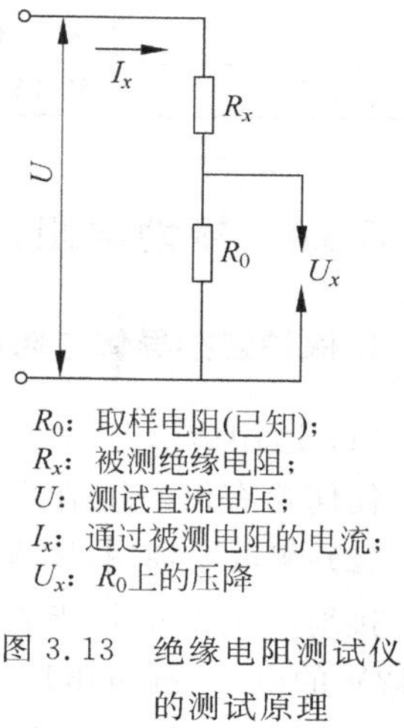

绝缘电阻测试仪的测试原理大体相同。在测试时,将被测样品 R_x 与取样电阻 R_0 串联后跨接于测试直流电压 U 上(由测试直流电源供给),如图 3.13 所示。

根据图 3.13 所示的电路连接方式,可得

$$R_x = (U - U_x) / I_x \qquad (3\text{-}5)$$

又 $I_x = U_x / R_0$,代入上式得

$$R_x = [(U - U_x) / U_x] \times R_0 \qquad (3\text{-}6)$$

由于测试直流电压 U 和取样电阻 R_0 是已知的,只要测出 R_0 上的压降 U_x 值,就可由式(3-6)算出 R_x。这项工作可通过 A/D 转换电路和微处理器(单片机)数据处理完成,并把测量值输入显示器显示。

R_0: 取样电阻(已知);
R_x: 被测绝缘电阻;
U: 测试直流电压;
I_x: 通过被测电阻的电流;
U_x: R_0 上的压降

图 3.13　绝缘电阻测试仪
的测试原理

　　绝缘电阻测试仪主要由直流稳压电源、取样电路、控制和选择电路、A/D 转换电路、微处理器(单片机)、显示器和报警电路等组成,其工作原理方框图见图 3.14。

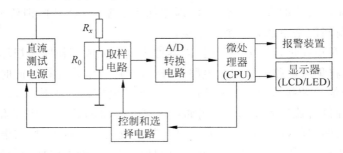

图 3.14　绝缘电阻测试仪工作原理

　　中国赛宝(总部)实验室研制的 205C 绝缘电阻测试仪就是采用上述工作原理制作的;日本菊水(KIKUSUI)生产的绝缘电阻测试仪型号为 TOS7100L。两种型号仪器的主要技术指标、功能和参考价格见表 3.10。而大多数仪器制造商,是将绝缘电阻测试功能和耐压测试功能合成一起制作,即为耐压/绝缘测试仪。

表 3.10　205C 和 TOS7100L 的主要技术指标、功能和参考价格

	205C(CEPREI)	TOS7100L(KIKUSUI)
主要技术指标和功能	• 测量电阻范围:1~1000MΩ • 数字显示精度:±3%±3 字 • 测试电压:250V,500V(DC),其准确度:±1% • 测试电压稳定度:在电源电压变化±10%时,稳定度优于 0.1% • LCD 显示,PVC 面板 • 工作电源:200V±10%,(50±2)Hz	• 测量电阻范围:0.1~200MΩ • 表头指示精度:±5% • 测试电压:500V,1000V(DC) • GO-NOGOD 显示功能 • 输出模式:常态/连续
参考价格	约 1500 元(RMB)	约 2 万元(RMB)

3.3.4　接地电阻试验

1. 保护连接导体电阻的测量

(1)适用情形

任何含有保护接地的 Ⅰ 类设备。

(2)测量原理图(图 3.15)

接地电阻测量是指在接触电阻之两端施加不超过 12V 的电压,测量电阻两端的电压降,再测量通过的电流,然后计算得出接地电阻。

(3)测量步骤

① GB 4943—2001 要求

如果被测电路的电流额定值小于或等于 16A,试验电流、试验电压和试验时间应按如下

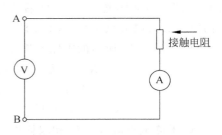

图 3.15　接地电阻测量原理图

确定：

    a. 试验电流为被测电路电流额定值的 1.5 倍；

    b. 试验电压不应超过 12V；

    c. 试验时间 60s。

然后根据欧姆定律计算保护连接导体电阻。

如果被测电路的电流额定值超过 16A，试验电流、试验电压和试验时间应按如下确定：

a. 试验电流为被测电路电流额定值的 2 倍；

b. 试验电压不应超过 12V；

c. 试验时间 120s。

测量保护连接导体的电压降。

② GB 8898—2001 要求

试验电流、试验电压和试验时间应按如下确定：

a. 试验电流（交流或直流）25A；

b. 试验电压不应超过 12V；

c. 试验时间 60s。

然后根据欧姆定律计算保护连接导体电阻。

（4）判定

① GB 4943—2001 要求

如果被测电路的电流额定值不超过 16A，保护连接导体电阻不应超过 0.1Ω。

如果被测电路的电流额定值超过 16A，按上述方法测量，保护连接导体的电压降不应超过 2.5V。

同时试验过程中不应出现烧断或烧焦保护接地的现象。

② GB 8898—2001 要求

保护接地端子或接触件和需要与其连接的零部件之间的连接电阻不应超过 0.1Ω。

（5）注意事项

① 保护接地不应依赖通信网络来实现。

② 保护连接导体中不应串接任何开关或熔断器。

③ 保护接地应连接可靠。

④ 保护接地的设计要保证连接时比载流端子先接通，断开时比载流端子后断开。

⑤ 保护连接导体与保护接地端子之间电化学电位不大于 0.6V。

⑥ 有保护接地采用并联形式。

⑦ 保护接地端子的设计应能防止偶然松脱，易于连接。如果要连接大于 $7mm^2$ 的保护接地导体，除了提供安装柱状垫片、螺柱、螺母、螺栓或类似端子外，还应有必要的固定附件。

⑧ 随设备一起提供的电源线中的保护接地导体（导线）的绝缘应是黄绿双色。

⑨ 保护连接导体的尺寸要满足规定的要求。

2. 接地电阻测试仪

在 GB 8898—2001 标准中规定：保护接地端子或接触件和需要与其连接的零部件之间的连接电阻不应超过 0.1Ω（其连接电阻称为接地电阻）。通过下列试验来检验是否合格，即试验应进行 1min,试验电流为交流 25A 或直流 25A,试验电压不应超过 12V,在此条件下测量接地电阻。由于接地电阻测试仪测量的接地电阻值很小,一般在几十毫欧,所以应采用四端测量法,方能准确测量接地电阻。四端测量法的原理见图 3.16。

如图 3.16 所示,由于接地电阻 R_x 和线电阻 R_{s1} 的大小是同一数量级(即毫欧级),当通过实验电流 I 时产生的压降两者就会大小相当。若采用两线(即 L_1 和 L_4)测量电压,则测量的电压是两者压降之和。显然,这种测量方法不能准确测量 R_x。若采用四线(即 L_1、L_2、L_3 和 L_4)测量,电压表 M_2 通过 L_2 和 L_3 线直接测量接地电阻 R_x 的压降,由于电压表的内阻较大,一般大于 $100k\Omega$,相当于接地电阻 R_x 和 $100k\Omega$ 的电阻并联,那么流过 L_2 和 L_3 的电流很小,因此在线电阻 R_{s2} 产生的压降可以忽略不计,则电压表 M_2 测量的电压值 U 为接地电阻 R_x 的压降值。根据欧姆定律:$R_x = U/I$,只要测出 U 和 I 的值,就可测得接地电阻 R_x。

接地电阻测试仪的测量原理见图 3.17。

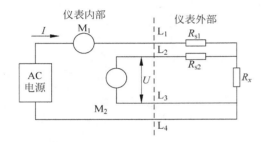

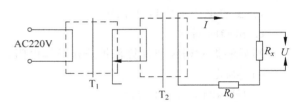

图 3.16　接地电阻测试仪的四端测量法原理

L_1,L_2,L_3,L_4—四根测试线;

R_x—被测电阻(接地电阻);

R_{s1}—L_1 和 L_4 测试线的电阻;

R_{s2}—L_2 和 L_3 测试线的电阻;

U—电压表 M_2 测量的电压值;

I—AC 电源产生的电流,即试验电流

图 3.17　接地电阻测试仪的测量原理

R_x—被测接地电阻;R_0—取样电阻;I—试验电流;

U—被测电阻 R_x 压降;T_1—自耦调压器;T_2—低压变压器

令被测电阻 R_x 与取样电阻 R_0 串联,接于 T_2 输出,根据已知电阻 R_0 两端压降调节 T_1,使得 I 保持在 10A 或 25A,测量 R_x 两端电压,则有 $R_x = U/10$ 或 $R_x = U/25$,从而读出被测接地电阻 R_x 值。

根据上述的测量方法和按安全试验标准要求设计出接地电阻测试仪的工作原理方框图(或称测量电路方框图),其主要由可调 AC 低压电源、标准取样电阻 R_0、恒流控制电路、A/D 转换电路、微处理器、电流显示单元、显示测量值单元、定时器、超限报警电路等组成,见图 3.18。

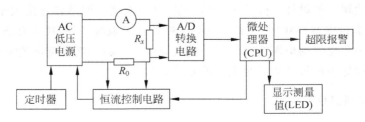

图 3.18　接地电阻测试仪的工作原理

中国赛宝(总部)实验室研制的 325C 型接地电阻测试仪基本按上述原理制作,其主要技术指标和参考价格见表 3.11。另外,台湾铧仪电子生产的接地电阻测试仪型号为 7310,参考价格约 27 000 元(RMB)。

表 3.11　325C 型接地电阻测试仪主要技术指标和参考价格

主要技术指标	参 考 价 格
• 符合 GB 8898—2001 和 GB 4943—2001 标准 • 测量电阻范围:0~200mΩ • 测量准确度:±5%±3 字 • 测试电流(AC):25A、10A,其准确度:±3%±3 字 • 测试电压(AC):<12V • 定时器:1min,手动 • 数字显示,PVC 面板 • 工作电源:220V±10%,(50±2)Hz	3000 元(RMB)

3.3.5　电气间隙、爬电距离和绝缘穿透距离测量

1. 适用情形

适用于需要依靠电气间隙、爬电距离和绝缘穿透距离提供绝缘的任何地方。

2. 定义

电气间隙:两导电部分之间在空气中的最短距离。

爬电距离:两导电部分之间沿绝缘材料表面的最短距离。

工作电压:在额定电源电压下,可能产生(局部地)在设备的任何两端的最高交流电压的有效值或最高直流电压值。

暂态过电压:持续相对长时间(对应瞬态过电压)的工频过电压。

瞬态过电压:振荡的或非振荡的,通常为高阻尼的,持续时间只是几毫秒或更短的短时间过电压。

3. 过电压情况分类

电气间隙和抗电强度要求是根据所预计的可能从电网电源进入设备的瞬态过电压而确定的。这些瞬态过电压的大小是根据 GB/T 16935.1,按正常供电电压和供电设施来确定。根据 GB/T 16935.1,这些瞬态电压划分为 I~IV 类过电压(又称 I~IV 类设施)。

类别 IV 的设备(设施)是使用在配电装置电源端的设备(此类设备包含如电表和前级过电流保护设备)。

类别 III 的设备是安装在配电装置中的设备,以及设备的使用安全(工作可靠)性和适用性必须符合特殊要求者(此类设备包含如安装在配电装置中的开关电器和永久连接至配电装置的工业设备)。

类别 II 的设备是由配电装置供电的耗能设备(此类设备包括器具、可移动式工具及其他家用和类似用途负载)。

汽车电子产品检测与鉴定

类别Ⅰ的设备是连接到具有限制瞬态过电压至相当低水平措施的电路的设备(如具有过电压保护的电子电路)。

过电压分类见表 3.12。

表 3.12　过电压分类

来自最高额定系统电压及包括电压有效值和直流在内的相对地电压/V	对各不同安装电压等级优先选用的一系列脉冲耐受电压值/V			
	Ⅰ	Ⅱ	Ⅲ	Ⅳ
50	330	500	800	1500
100	500	800	1500	2500
150	800	1500	2500	4000
300	1500	2500	4000	6000
600	2500	4000	6000	8000
1000	4000	6000	8000	12 000

注：不接地系统或一相接地系统，其相对地电压应参考为相间电压。

安装电压等级Ⅳ：一次电源极。架空线和电缆系统，包括配电母线及连用的过流保护装置。

安装电压等级Ⅲ：接地安装电压等级Ⅳ后面的固定设备。

安装电压等级Ⅱ：接在安装电压等级Ⅲ后面的各种器具、可移动设备等。

安装电压等级Ⅰ：接在安装电压等级Ⅱ后面的专用设备或设备元件、通信设备、电子设备等。

这里讨论的设备大多数是Ⅱ类过压设施，GB 4943—2001 和 GB 8898—2001 均是在假定设备的供电端是Ⅱ类过压设施的基础上制定的。

4. 使用环境的污染等级

使用环境决定了对绝缘污染的影响。在考虑微观环境时必须注意到宏观环境，有效地使用外壳，或采用封闭式或气密式等措施可减少环境对绝缘的污染，但这些减少污染的措施对设备受凝露或正常运行中其本身产生的污染可能无效。固体微粒、尘埃和水能完全桥接最小的电气间隙，因此凡微观环境可存在污染之处都要规定最小电气间隙。

使用环境的污染等级分为以下 4 级。

污染等级 1：没有污染或仅有干式非导电性污染。该种污染不产生什么影响。

污染等级 2：通常仅产生非导电性污染。但是必须考虑到偶尔因冷凝而引起的暂时导电性污染。

污染等级 3：产生导电性污染或产生干式非导电性污染，但由于预期的冷凝作用使该非导电性污染变成导电性污染。

污染等级 4：污染产生持久的导电性，例如，因导电尘埃、雨或雪引起。

标准规定的爬电距离和电气间隙列在相应的表格中。

污染等级 1 的数据适用于被密封或能隔绝灰尘和潮气的元器件和组件；污染等级 2 的数据一般适用于标准范围所包括的设备；污染等级 3 的数据适用于设备的局部环境受导电物污染的地方，或受干的非导电物污染的地方，这种干的污染物在达到所预料的冷凝情况下可能导电。在没有特别声明的情况下污染等级假定为 2。

5. 材料组别的划分

材料组别划分如下：

Ⅰ组材料 600≤CTI(相比漏电起痕指数)；

Ⅱ组材料 400≤CTI＜600；

Ⅲa组材料 175≤CTI＜400；

Ⅲb组材料 100≤CTI＜175。

材料组别可通过 GB/T 4207 使用溶液 A[指(0.1±0.002)％质量分数的 NH_4Cl 溶液]对材料进行 50 滴的试验而获得的试验数据进行评价。如果不知道材料的级别,假定材料为Ⅲb组。

6. 瞬态电压的确定

如果设备有单独的供电电源,则要连到其供电单元上,但不应连到电网电源上,也不要连到任何通信网络上,一次电路中的电涌抑制器都要断开。测量时电压测量装置要连接在被测电气间隙上。

用图 3.19 所示电路产生的脉冲模拟瞬态电压。根据脉冲来源不同用不同的网络发生器模拟。

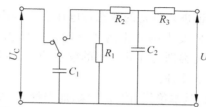

图中元器件参数如下:

试验脉冲	C_1	R_1	R_2	C_2	R_3
10/700μs	20μF	50kΩ	15kΩ	0.2μF	25kΩ
1.2/50μs	1μF	76kΩ	13kΩ	33μF	25kΩ

图 3.19　脉冲发生电路

(1) 模拟电源电网源过压引起的瞬态过压时,用 1.2/50 μs 脉冲电压在如下部位之间施加 3～6 个交替极性的脉冲,脉冲间隔时间至少 1s。

① 相线到相线之间；

② 所有相线连在一起和中线；

③ 所有相线连在一起和保护地；

④ 中线和保护地。

(2) 模拟通信网络过压引起的瞬态过压时,用 10/700μs 的脉冲电压在如下部位之间施加 3～6 个交替极性的脉冲,脉冲间隔时间至少 1s。

① 接口中的每对端子；

② 单一接口型的所有端子连在一起和地之间。

若不知道被测通信网络的瞬态过压值,则按下列要求选定瞬态电压值:

① 如果连接到通信网络的电路是 TNV-1 或 TNV-3 电路,瞬态电压取 1500V(峰值)；

② 如果连接到通信网络的电路是 SELV 或 TNV-2 电路,则瞬态电压取 800V(峰值)。

测量得到的电压值作为瞬态电压的峰值。

7. 测量步骤

（1）确定工作电压峰值和有效值；

（2）确定设备的供电电压和供电设施类别（一般设备的供电端为Ⅱ类过电压设施，作为建筑配电设施一部分的设备，可能需按Ⅲ类或Ⅳ类过电压来设计）；

（3）根据过电压类别来确定进入设备的瞬态过电压大小；

（4）确定设备的污染等级（一般设备为污染等级 2）；

（5）确定电气间隙跨接的绝缘类型（工作绝缘、基本绝缘、附加绝缘、加强绝缘）；

（6）确定绝缘材料的组别；

（7）测量电气间隙和爬电距离；

（8）根据步骤（1）～（7）获得的信息查 GB 4943—2001 表 2H～2L，做出判定结果。

8. 判定条件

（1）确定电气间隙

电气间隙的尺寸主要保证进入设备的瞬态过电压和设备内部产生的峰值电压不能使绝缘击穿。电气间隙应以承受所要求的冲击耐压来确定。单相二线系统交流或直流电压为 220V 的电源系统，过电压安装类别为Ⅱ的设备的额定冲击电压为 2500V。

影响电气间隙因素有以下几种。

① 绝缘类别：功能绝缘、基本绝缘、附加绝缘、加强绝缘、双重绝缘。

② 电场条件：均匀电场、非均匀电场。

③ 使用地点的海拔高度。

④ 微观环境。

⑤ 机械影响：如震动、外施力的效应。

（2）确定爬电距离

爬电距离的尺寸主要保证绝缘在给定的工作电压和污染等级下不会产生闪络或击穿（漏电起痕）。爬电距离的确定依赖于：

① 污染等级；

② 材料组别；

③ 跨接爬电距离两端的实际的工作电压。

基本绝缘、附加绝缘、双重绝缘和加强绝缘的爬电距离的确定如下。

① 基本绝缘、附加绝缘依赖于：

a. 对应于低压电网，根据电源系统的标称电压和电源系统连接方式给出的优选电压。对 110～220V 和 120～240V 的电源系统，不管是 TN 或 TT 等连接方式，优选电压均为 250V。

b. 设备的额定绝缘电压。设备有几个额定电压或电压范围时，应选最高额定电压或电压范围内的最大值。

c. 设备内部电路可能出现的最高有效值电压。

② 双重绝缘的爬电距离是基本绝缘之值和附加绝缘之值的总和。

③ 加强绝缘的爬电距离是其确定的电压对应的基本绝缘之值的两倍。

影响爬电距离的因素有以下几种。

① 电压。确定爬电距离应以作用在跨接爬电距离两端的长期电压有效值为基础。此电压涉及实际工作电压、额定绝缘电压或额定电压。

② 微观环境。

③ 爬电距离的方向和位置。如有必要,制造厂应指明设备或元件预期使用的方位,以便在设计时考虑污染的积累对爬电距离的不利影响。

④ 绝缘表面的形态,固体绝缘表面应尽可能设置横向的筋和槽,以用来阻断污染引起连续性的漏电途径。同时,筋和槽也可在受电压作用的绝缘上用来引水。

⑤ 绝缘材料,根据相比漏电起痕指数(CTI)分为4组。

⑥ 电压作用的时间。

(3) 绝缘穿透距离和薄层材料的绝缘(GB 4943—2001 第2.10.5.1条和第2.10.5.2条)

① 绝缘穿透距离

绝缘穿透距离主要考虑任何机械应力会导致绝缘材料变形或性能降低,其尺寸应保证进入设备的瞬态过电压和设备内部产生的峰值电压不会使绝缘材料被击穿。

GB 4943—2001 规定:

a. 绝缘穿透距离的尺寸根据峰值工作电压和绝缘应用场合来确定。

b. 如果峰值工作电压不超过71V,则无绝缘穿透距离要求。

c. 如果峰值工作电压超过71V,应符合下列要求:对功能绝缘和基本绝缘,在任何峰值工作电压下均无绝缘穿透距离要求;附加绝缘或加强绝缘的最小绝缘穿透距离为0.4mm。

② 薄层材料绝缘

如果薄层材料绝缘用在设备外壳内部,且在操作人员维护时不会受到磕碰或擦伤,而且满足如下要求,则不管其厚度如何,是允许使用的。

a. 对由至少两层材料组成的附加绝缘,其中的每一层材料能够通过附加绝缘的抗电强度试验。

b. 对由三层材料组成的附加绝缘,三层中任意两层材料能够通过附加绝缘的抗电强度试验。

c. 对由至少两层材料组成的加强绝缘,其中的每一层材料能够通过加强绝缘的抗电强度试验。

d. 对由三层材料组成的加强绝缘,三层中任意两层材料能够通过加强绝缘的抗电强度试验。

注:浸漆的涂覆层不认为是薄层材料的绝缘。

(4) 对电气间隙和爬电距离放松要求的条件

GB 4943—2001 规定,只有功能绝缘的电气间隙和爬电距离可以减小,但必须满足:

① 绝缘能承受住规定的功能绝缘的抗电强度试验;

② 短路该绝缘,不能引起除可燃性等级为V-1级或更高等级的材料过热而产生着火危险,不能使基本绝缘、附加绝缘、加强绝缘受到热破坏而引起电击。

GB 8898—2001 规定,全部符合下列三个条件,爬电距离和电气间隙可以减小(基本绝缘和附加绝缘,可以减小1mm;加强绝缘,可以减小2mm):

① 这些爬电距离和电气间隙会受外力而减小,但它们不处在外壳的可触及导电零部件与危险带电零部件之间;

② 它们靠刚性结构保持不变;

③ 它们的绝缘特性不会因设备内部产生的积尘而受到严重影响。

基本绝缘和附加绝缘即使不满足爬电距离和电气间隙的要求,只要短路该绝缘,设备仍满足标准要求,则是可以接受的,但直接与电网电源连接的不同极性的零部件间的绝缘除外。

(5) 查表和最后判定

根据综合分析的结果和测得的数据,再与查 GB 4943—2001 所得的数据进行比较,最后做出爬电距离和电气间隙合格与否的判断。例如某开关电源的 PCB 板的污染等级为 2,材料组别为 Ⅲa,额定工作电压为 220V/50Hz,测量得初-次级之间有效值 286V,峰值电压(含瞬态脉冲电压)为 698V。因为测量的电压是初-次级之间的有效值和峰值,首先确定绝缘类型为加强绝缘,所以 GB 4943—2001(一次电路绝缘以及一次电路与二次电路之间的绝缘最小电气间隙),在表左侧第二栏中无 286V,此时选择 300V。因工作电压为 220V,所以选择额定电源电压 150～300V(瞬态电压值 2500V)一栏,沿此栏向下与沿 300V 所在行向右相交处查得 R4.0 (3.0),因此查得加强绝缘的电气间隙为 4.0mm。左侧第一栏中对应峰值电压为 420V,因所测得电压 698V 大于 420V,故而需要继续查找表(对峰值电压超过电源电压峰值的一次电路的绝缘的附加间隙)中额定电源电压 150～300V 一栏中 713(729)沿右至加强绝缘栏查得 0.8mm,最终初-次级之间的电气间隙最小应为 4.0mm+0.8mm=4.8mm。如无其他特殊情况存在而测得的数据小于 4.8mm,则认为不满足电气间隙的要求;如测得数据不小于 4.8mm 则认为合格。

为求最小爬电距离,查表,300V 对应污染等级为 2,材料组别为 Ⅲa 的基本绝缘要求为 3.2mm,所以加强绝缘的初-次级之间的爬电距离最小应为 3.2×2=6.4(mm)。在本例中,若测得的峰值电压(含瞬态脉冲电压)为 398V,则初-次级之间的要求至少应为 4.0mm,因为此时 398V<420V,无须再查 GB 4943—2001。但此时爬电距离同样应至少为 6.4mm。

(6) 特殊情况的考虑

① 涂覆的印制板

如果相邻导电部分中的一个或两个有涂层,而且在导电部分之间的沿表面距离至少 80% 有涂层,涂层没有针孔或气泡,在拐角处没有导电通路裸露的痕迹,在经过热循环、热老化试验、耐划痕试验后,再进行抗电强度试验,若未出现脱落,则试验合格后可按照涂覆印制板的要求适当地减小爬电距离和电气间隙。

② 在绝缘上有缝隙或开孔的情况

绝缘上的缝隙或开孔对电气间隙的测量并没什么影响,但对爬电距离的影响比较大。

图 3.20 所示的电气间隙和爬电距离测量中 X 的值在表 3.13 中给出。当所示距离小于 X 值时,则测量爬电距离时缝和槽的深度和宽度忽略不计。只有当所要求的最小电气间隙大于或等于 3mm 时,表 3.13 才有效。如果要求最小电气间隙小于 3mm,则 X 值为下述值中较小值:表 3.13 中相应值或所要求最小电气间隙值的 1/3。

表 3.13 电气间隙和爬电距离测量中的"X"值

污染等级	X/mm
1	0.25
2	1.0
3	1.5

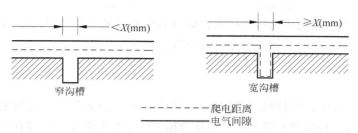

说明：对窄沟槽在测量爬电距离和电气间隙时直接跨越，对宽沟槽电气
间隙就是"视线"距离，爬电距离的路径就是沿沟槽轮廓线伸展的通路。

图 3.20　电气间隙和爬电距离测量

注意事项：

① 电气间隙要求是根据所预计的可能从电网电源或者从通信网络进入设备的瞬态过压而确定的。在设计固体绝缘和电气间隙时，应采用适当的绝缘配合，以保证如果在偶然性瞬态过电压超过Ⅱ类过压限值时，固体绝缘能比电气间隙承受较高电压。

② 在必要时考虑绝缘性能与频率的关系。

③ 薄层材料绝缘上针孔重叠的可能性应考虑在内。

④ 确定一次电路的电气间隙时，测量工作电压应包括任何叠加在直流电压上的纹波电压的峰值，且不考虑非重复瞬态电压，可认为任何 ELV 电路、SELV 电路或 TNV 电路的电压为零。

⑤ 如果一次电路中的重复峰值电压超过了电源电压的峰值，最小电气间隙应是绝缘工作电压等于电网电源电压的最小电气间隙与相应的重复峰值电压对应的附加电气间隙之和。

⑥ 确定二次电路的电气间隙时，如果一次电路为Ⅱ类过压设施，则二次电路通常为Ⅰ类过压设施。如果二次电路浮地，应满足一次电路对电气间隙的要求，除非它位于带保护接地端子的设备中，且满足如下条件之一：

a. 通过接地的金属屏蔽层与一次电路隔离；

b. 二次电路的瞬态过压值小于Ⅰ类过压设施的最大允许值。

⑦ 爬电距离要求值不能小于相应的电气间隙的要求值。

⑧ 对玻璃、云母、陶瓷或类似材料，其最小爬电距离可以使用等于其相应的电气间隙的数值。

⑨ 使用直流工作电压时，任何叠加的纹波电压忽略不计，不考虑短期状态和短期干扰。

⑩ 如果连接到通信网络上的 TNV 电路的特性不详，在确定其工作电压时，应假设工作电压为：

a. TNV-1 电路，60V 直流；

b. TNV-2 电路和 TNV-3 电路，120V 直流。

⑪ 如果不知道材料的组别，应假定材料为最低组别，或进行漏电起痕试验。

3.3.6　故障试验

1. 适用对象

含有电子器件或其他元件的所有设备。

2. 试验目的

故障试验的目的是模拟产品在使用条件下可能出现故障的情况下，产品是否会对人身、环境、公共安全及财产等造成损坏或损失。通过对产品故障的模拟,验证产品设计的原理及安全措施的合理性与充分性,保证产品的安全性。

3. 试验条件

模拟产品中一次电路中任何元件的失效,其失效可能会对产品的附加绝缘或加强绝缘有不利影响的任何元件的失效模拟;对不符合相关标准要求的元件和部件失效的模拟及这些元件和部件的过载的模拟,模拟在设备输出功率或信号的连接端子和连接器(电网电源插座除外)上,接上最不利的负载阻抗后所出现的情况;如果基本绝缘和附加绝缘的电气间隙和爬电距离小于标准的要求,则模拟其短路的情况;如果绝缘材料零部件的短路可能会不满足防触电危险或过热的要求,则将该绝缘材料的零部件做短路模拟试验;将电子管的灯丝、电子管的灯丝与阴极的绝缘、电子管内的间隙(显像管除外)、半导体器件的各引脚之间在有可能的情况下进行短路或开路的模拟试验,如果电阻器、电容器、绕组(例如变压器、消磁线圈)、扬声器、光电耦合器、压敏电阻或非线性无源器件的短路或开路可能会不满足关于防触电或发热的要求,则应对其进行短路或开路的模拟试验;对含有音频放大器的设备,使用规定的粉红信号,使设备对额定负载阻抗输出从零到最大可得到的输出功率间的最不利的输出功率,或者如果适用在输出端子上连接最不利的负载阻抗,包括短路或开路;如果设备使用过程中因内部或外部影响可能使电动机堵转,则应模拟电动机的堵转;对预定短时或间歇工作的电动机、继电器线圈或类似装置,如果设备在使用过程中可能发生连续工作,则应模拟连续工作的状态;设备同时连接到替换类型的电源上,除非受到结构的阻止,要对误插误用进行模拟;向其他设备供电的设备输出端子,与最不利的负载阻抗连接,包括短路,但直接与电网电源连接的输出插座除外;对可能会被同时覆盖的通风孔应依次覆盖并分别进行试验;如果有可能将用户可更换电池以反极性方式插入,则用一个或多个电池,以预定或相反极性两种方式插入对设备进行试验;对由交流电源供电的装有由用户调整的电压设定装置的便携式设备,连接到250V交流电源电压,电源电压设定装置置于最不利的位置上;对设计成要用设备制造厂商规定的、装有输出电压设定装置的专用电源设备供电的设备,应将该电压设定装置调整到任意输出电压来进行试验;对能用通用电源设备供电的设备,应使用表3.14规定的试验电源逐步升级进行试验,起始值应为比被试设备额定电源电压规定值高一个等级的值,模拟设备在误用时的情况。

表 3.14 故障试验电源等级

额定电源电压/V(DC)	标称空载电压/V(DC)	内阻/Ω
1.5	2.25	0.75
3.0	4.50	1.50
4.5	6.75	2.25
6.0	9.00	3.00
7.5	11.25	3.75
9.0	13.50	4.50
12.0	18.00	6.00

注:此表给出了一组能代表通用电压1.5～12V之间,输出电流为1A的通用电源参数。

4. 试验步骤

（1）确定需要进行模拟故障的各种情况的元件或部件

① 可疑元部件的确定

对于其供电电压不超过交流 35V（峰值）或直流 35V 且不会产生超过该电压值的电路的零部件，如果其供电电路在任何负载包括短路的条件下输出持续 2min 以上的电流限制在不超过 0.2A，则这样的被供电电路认为不会出现着火危险，这样的被供电电路不承受故障条件试验。测量电压和电流的试验电路见图 3.21，标"B"处为需要切断的点。若"B"点切断导致供电电路停止工作，则保持"B"点接通进行测量。

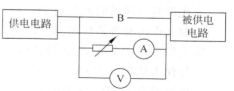

图 3.21　测量电压或电流的试验电路

若测得的电压值小于 35V，电流不小于 0.2 A，且持续时间超过 2min 的元件和测得电压高于 35V（峰值）交流或直流 35V 的元部件都需要进行故障试验。后面将对这些有关零部件进行短路或开路的试验。

② 确定过载的对象

寻找产品中可能出现机械、电气过载或失效并由此可能出现危险的零部件。如对开关型电源适配器的变压器，其输出端可作为过载的对象；对 DVD 机，开关变压器也可作为过载的对象。如变压器采用过流保护装置，或内部有热断路器，或使用限流变压器，则不需要进行过载试验，因为认为有了足够的防过载措施。

③ 电动机

安全规范要求电动机在过载、转子堵转和其他异常条件下不应出现过高的温度，因此产品中可能出现过载、转子堵转的电动机是首选的故障试验对象。如电动机采用如下方法则认为不会出现高温或危险，也就是说如果电动机满足下列要求就不需对其进行故障模拟：

a. 使用在转子堵转条件下不会过热的电动机（由内在阻抗和外在阻抗来进行保护）；

b. 使用在二次电路中，其温度可能会超过允许的温度限值，但却不会产生危险的电动机；

c. 使用了对电动机电流敏感的装置；

d. 使用了与电动机构成一体的热断路器；

e. 使用敏感电路，例如，电动机出现故障而不能执行其预定的功能，则该敏感电路能在很短的时间内切断电动机的供电电源，从而防止电动机发生过热。

④ 无人值守的设备

对无人看守的装有恒温器、限温器或热断路器的设备，或接有不用熔断器或类似装置保护的、与接点并联的电容器的设备，首先检查确认恒温器、限温器或热断路器的结构应不会在正常使用时出现振动、发热等而使它们的设定值发生明显的改变；其次让设备处于正常工作的状态，同时对用来限制温度的任何控制装置使其短路。如果设备上装有一个以上的恒温器、限温器或热断路器，则应依次使其中一个装置短路进行试验。

⑤ 设备内接插件的误插误用的模拟

对设备内部各接插件进行误插误配的检查，要求采取足够的措施保证不带电的连接件与带电的连接件不可能相互连接,然后再在带电件之间或不带电件之间进行误插误用模拟。

（2）确定故障试验时间

根据如下几种情况确定故障试验时间：

① 持续到保险丝熔断；

② 最终结果非常明确时,无须继续进行；

③ 次级马达堵转时间长达 7h,无须继续；

④ 输入电流和各器件的温升已达平衡状态时,无须继续；

⑤ 火焰或融化金属喷出壳后时,无须继续；

⑥ 任何火焰超过 10s 时,无须继续；

⑦ PCB 烧焦面积超过 2cm 时,无须继续；

⑧ 零部件中有超出其所允许的温升时,无须继续。

手动复位的热断路器动作,或者如果在稳定状态之前由于其他原因而使电流中断,则应认为发热周期结束。但如果电流中断是由于薄弱部位(有意设置的)损坏而引起的,则应在第二个样品上重新进行。

（3）设定工作电压

设备输入电压为在正常工作条件下输入电压范围内的任何电压,一般为产生最不利结果的电压。如线性电源适配器的输入电压应在额定电压或额定电压范围的上限,如测量开关电源滤波器的温升时应在额定电压或额定电压范围的上限进行测量。

（4）施加故障条件

按有关标准的规定,在设备处于正常工作条件下,一次施加一个故障条件。例如,对零部件施加开路或短路,对马达进行堵转,对变压器进行过载,对通风孔进行堵塞,对电压可调节的设备进行电压的误配,对打印机使其走纸过多或折纸,对没有说明清楚的或没有标识的旋钮进行随意的扭动等。

（5）故障温升测量和故障情况下接触电流测量

在施加上述任何单一故障后,进行温升测量(参见本章发热试验)和接触电流测量。原则上每次故障试验都对各可触及零部件进行接触电流测量,并对各零部件和各绝缘材料进行温度的测量,检查是否因为故障而导致触电或过高温度的危险。一般当设备在故障条件下温升达到稳态后测量,但不晚于设备工作 4h 以后。而若设置的故障在达到温升稳定之前就引起电流中断,则应在电流中断后立即测量。如果温度受熔断器的限制,如有必要,进行下列与该熔断器特性有关的附加试验：将熔断器短路,然后在有关故障条件下测量既通过熔断体又通过短路线的电流。如果该电流维持在小于该熔断体额定电流的 2.1 倍时,则在达到稳定后测量温度；当测得的电流立即等于或大于熔断体额定电流的 2.1 倍,或者在一段等于相应电流通过熔断体时的最大预飞弧时间后达到该电流值,则在一段等于被考虑的熔断体的最大预飞弧时间后,同时断开熔断体和短路线并立即测量温度。如果熔断体的电阻值影响相关电路的电流,在确定电流值时应考虑熔断器的最大电阻值。

故障温升测量过程中的几个特例如下。

对印制板：

① 对印制板,其温升可以超过标准规定值,但超出值不大于 100K,持续时间最长为 5min,则是允许的。

② 如果印制板符合防火等级的要求,在一处或多处小面积上超出故障条件下的温升限值,但超出值不大于 100K,只要对每一个故障条件,其总面积不超过 2cm²,并且不涉及触电危险即可。

③ 如果印制板符合防火等级的要求,在一处或多处小面积上超出故障条件下的温升限值,最长时间不超过 5min,只要对每一个故障条件,其总面积不超过 2cm²,并且不涉及触电危险即可。如果超过温升限值,且对是否存在触电危险有怀疑,则在有关的导电零部件之间进行短路,并重复进行触电危险试验。

对绕组:

① 绕组如果由于可更换或可复位保护装置的动作限制了绕组温度,则在保护装置动作后 2min 内,绕组温升可以超过规定值。对提供防触电保护或某一故障可能导致着火危险的绕组,试验要进行三次,在测量绕组温升后 1min 内绕组要承受抗电强度试验(不承受湿热处理),不允许失效。

② 如果由于形成一体的不可复位或不可更换保护装置的动作或由于绕组开路而限制了温度,则绕组温升可以超过规定值,但试验要用新的元件进行三次。对具有防触电保护或单一故障可能导致着火危险,在每种情况下,在测量绕组温升后 1min 内绕组要承受抗电强度试验(不承受湿热处理),不允许失效。

③ 如果绕组绝缘的故障不会引起触电危险或着火危险,而且在正常工作条件下不与能够提供功率超过 5W 的电源连接,则允许绕组有较高温升。

④ 如果超过了温升限值,而且怀疑是否存在危险,则短路有关绝缘,重新进行故障条件触电危险检查和故障条件下可触及件的发热试验。

GB 8898—2001 要求,当设备在故障条件下工作时,仍应提供防触电保护。具体的测量方法详见防触电测试的有关条款。故障条件下,要求零部件或端子的接触件开路电压不超过交流 70V(峰值)或直流 120V;用规定的接触电流测量网络时允许交流 $U_1 = 70V$(峰值)和 $U_2 = 1.4V$(峰值),对直流增加到 $U_1 = 4V$,建议对预定要在热带地区使用的设备,前述要求数据减半。

(6) 故障试验后进行抗电强度试验

在上述任何单一故障试验后,根据实际情况决定是否需要对设备的绝缘系统进行抗电强度试验,以检查绝缘是否因施加的故障而遭到破坏。

5. 判定

故障条件试验判据如下。

(1) 不应释放有毒的气体。

(2) 如果出现着火,持续明火的时间不应超过 10s。

(3) 如果出现着火,则火焰不应蔓延到设备的外面。

(4) 设备不应冒出熔融的金属。

(5) 外壳不应出现造成防触电、保护接地的连续性(适用时)、抗电强度试验等项目的不符合,外壳的机械防护性能、电气防护性能、防火防护性能应不受到损坏,各相关元器件、零部件不应有超温现象。

(6) 除热塑性材料外的绝缘材料的温升对于 A 级,不应超过 125K;E 级不应超过

140K；B 级不应超过 150K；F 级不应超过 165K；H 级不应超过 185K。如果绝缘损坏不会导致触及危险电压或危险能量，则最高温度达到 300℃ 是允许的。对于由玻璃或陶瓷材料制造的绝缘允许更高温度。

6. 注意事项

除了一般的测量注意事项外，故障试验时还应特别注意到以下几点。

（1）当进行某一故障条件试验时，可能引起某个元件的开路或短路的间接故障。在有怀疑时，应更换元器件再将该故障条件试验重复进行两次以上，以检查是否总能得到同样的结果。如果不是这种情况，则无论短路或开路，应以最不利的间接故障与所规定的故障条件一起施加。

（2）在测量熔断体的电流时，应考虑电流会作为时间函数变化这一事实，因此当短路开关合上后应尽可能快地测量电流并考虑电路完全工作所需的延迟时间。

（3）观察故障现象时尽量多记录数据如输入电流、输入电压、输入功率、输出电压、输出电流等电参数，以便对产品的安全性做出更好、更准确的评价。

（4）切实做好试验人员的自身安全防护措施。例如，当进行电池极性反向插入试验时，电池会有爆炸的危险，所以在进行该项试验时，可将样品或其部分单元放置在防爆装置中进行。再如，要注意故障试验时大电流对电解电容器的破坏作用，防止电解电容的爆炸对个人或周围人员的伤害，为此，试验人员在试验前可佩戴防护镜、防毒面具，或使用隔板或挡板等。

（5）切实做好试验环境的保护措施。故障试验场地附近应备有易于取得的灭火装置。在故障试验过程中，如发现起火蔓延，而且完全可能危及周围环境，则应立即停止试验，关电源灭火。

3.3.7　振动与冲击试验

电子产品的工作环境可能是很恶劣的，振动和冲击试验正是为了测试其相关方面的防护能力。振动试验用于检验产品对工作环境振动的适应能力。

1. 适用情形

预定要作为乐器的音频放大器的可运输设备、便携式设备以及有金属外壳的设备。

2. 试验要求

振动方向：垂直；
持续时间：30min；
振幅：0.35mm；
频率范围：10Hz～55Hz～10Hz；
扫描速率：约 1oct/min。

3. 试验步骤

（1）样品固定在振动台上；

（2）按相应的要求进行振动；

（3）振动后，进行接触电流和抗电强度试验；

（4）爬电距离和电气间隙的检查。

4. 判定

试验后设备不应出现安全意义上的损伤，即爬电距离和电气间隙不会减小到标准限值，绝缘系统不会被破坏，接触电流不会超过标准限值，特别是其松动可能危害安全的连接处或零部件不应发生松动。

冲击试验用于检验产品在受到意外冲击时的性能。

（1）适用情形

如果设备外壳或装饰损坏会有触电危险的零部件或设备。

（2）试验方法

GB 8898—2001（等效于 IEC 60065：1998）、GB 4943—2001（等效于 IEC 60950：1999）关于冲击试验的方法和要求有相似的地方，也有不同的地方，在这里分别介绍。

GB 8898—2001 的第 12.1.3 条要求用 0.5J 的动能弹簧冲击锤，对保护危险带电零部件外部和可能是薄弱的地方（包括处于拉开状态的抽屉、把手、操纵杆、开关旋钮等）的每一点垂直受试表面进行 3 次冲击。试验时，被试样品紧靠在刚性支架上，对准每一测试点以垂直方向释放弹簧冲击锤的锥体 3 次。

GB 4943—2001 的第 4.2.5 条要求用一个直径约 50mm、质量（500±25）g 的表面光滑的实心钢球，使其从高于被冲击点 1.3m 处自由落到样品上（此为对水平表面的试验，对垂直表面不做）和 1.3m 处像钟摆一样摆落到样品上（此为对垂直表面的试验，对水平表面不做），见图 3.22。试验的冲击能量约为 6.37N·m。本试验的样品可用设备完整的外壳或能代表其中未加强的、面积最大的部分来代替。试验时，被试样品或替代品以正常的位置支撑好。

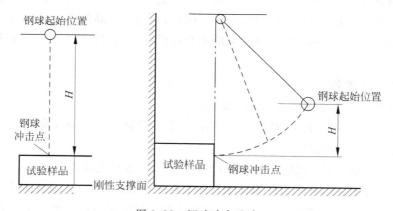

图 3.22　钢球冲击试验

（3）试验步骤

① 按相应的要求布置；

② 按规定的方法和次数冲击样品；

③ 冲击后，进行接触电流和抗电强度试验；

④ 进行爬电距离和电气间隙的检查。

（4）判定

试验后设备应承受抗电强度试验，不应出现相关安全意义上的损伤或不合格：爬电距离和电气间隙不会减小到标准限值，绝缘系统不会被破坏，接触电流不会超过标准限值，特别是其松动可能危害安全的连接处或零部件不应发生松动。

（5）注意事项

① 如果窗口、透镜片、信号灯及其外罩突出外壳 5mm 以上，或者单件投影面积超过 1cm，则也要对其进行冲击试验。

② 不会使电气间隙和爬电距离减小到小于规定值的饰面损伤、小的凹痕、肉眼看不到的裂纹、增强纤维模压件上的表面裂纹等忽略不计。

③ 样品的各个面都要进行冲击测试（平板显示屏或平板玻璃除外）。

3.3.8　发热与防火试验

电气产品在使用中都会出现发热的现象，如果由此产生的高温没有被及时处理，可能会带来安全隐患，甚至产生烫伤和起火。

热量总是从高温区域向低温区域传递。在设计产品的过热防护措施时，应充分考虑热传递的特点，采取适当的屏蔽和散热措施。

1. 过热的危害和热设计要求

电子设备在使用过程中，有一部分电能将转换成有害的热能，会对设备的绝缘性能造成损伤引起触电危险，或灼伤人员或引发火灾。因此，在进行产品的设计时应尽可能减小有害的热和热辐射的产生。一般来说，结构上的不合理设计、元器件选用不当是造成过热的重要原因。

要求热设计应能防止：

（1）可触及零部件超过某一规定的温度；

（2）元器件、零部件、绝缘和塑料材料超过可能会降低设备预期寿命的正常使用期间的电气、机械或其他性能的温度。

设计时，应考虑长期使用时某些绝缘材料的电气性能和机械性能可能会长期受到不利的影响（例如受到低于正常软化点的温度下挥发的软化剂的影响）。应选择适用于元器件的设备材料，使得在正常负载下工作时，温度不超过相应标准规范的限值。对工作在高温下的元器件应有效地屏蔽或隔离，以免其周围的材料和元器件过热。直接安装上带有危险电压零部件的热塑性塑料件应能耐异常热。

2. 试验要求

电子设备在使用过程中,电阻器、电容器、绕组(例如变压器、消磁线圈)、半导体器件(特别是大功率器件)、扬声器等元器件都要消耗电能,并以热能的形式向外散发,使设备内部温度升高。特别是在故障条件下,使设备的可触及部件温度过高而造成烫伤使用者的危险,同时容易造成着火危险。采用热塑性材料作绝缘结构的设备,会使热塑性材料的性能失效,因而造成电击。所以,通常对设备进行发热试验,不仅要测量材料的温度,还要测量发热器件的温度,如变压器、绕组、半导体器件(整流二极管、功率放大管)、印制电路板、电容器、锂电池等,同时还要测量可能被接触到的设备外表面、旋钮、手柄等的温度。

3. 试验方法

(1) 正常工作条件下的温升试验条件

设备应在规定的试验条件(包括负载条件)下进行工作,在不妨碍正常通风的条件下,设备放置在预定使用时所处的任何位置。在确定给受试设备供电的电源最不利的电源电压时,应考虑下列各种因素:多种额定电压;使用设备上标定的任何额定电源频率;对交流/直流设备,使用交流电源或直流电源;对直流电源,使用任何极性,除非受设备结构的限制;设备预定直接与交流电网电源连接,额定电压的容差应为+10%和-10%。通常,非线性电源设备在电压低的情况下,其输入的电流较大,设备的发热量大,温升高;而线性电源设备在电压高的情况下,其输入的电流较大,设备的发热量大,温升高。

(2) 故障条件的温度试验条件

为确保设备在出现故障的情况下,如在过载、过压或元器件出现失效,都不应出现由于温度过高导致绝缘损坏引起着火而造成人身伤害或财产损失的危险,因此在试验中要使设备在异常工作条件下的情况出现,就必须进行模拟故障试验。施加模拟故障时,应依次施加,一次模拟一个故障。正常工作的最不利组合加上一个故障试验条件,即为单一故障条件。当进行某一规定的单一故障条件试验时,可能引起某个元器件开路或短路的间接故障。在有怀疑时,应更换元器件再将该故障条件试验重复进行两次以上,以检查是否总能得到相同的结果。若不是这种情况,则无论是否开路或短路,应以最不利的间接故障与所规定的故障条件一起施加。当设置某单一故障时,这个单一故障包括任何绝缘(双重绝缘或加强绝缘除外)或任何元器件(具有双重绝缘或加强绝缘的元器件除外)的失效。应通过设备的电路原理图和元器件规范进行逻辑推理确定出可以合理预计到会发生的故障条件,如将下列元器件或部位短路,或如果适用,将其开路:半导体器件和电容器、电子管的灯丝、电子管的灯丝与阴极间的绝缘、向其他设备供电的设备输出端子与最不利的负载阻抗连接包括短路、如果有可能将用户可更换电池以反极性方式插入等。

(3) 温升测量

一般用热电偶法测量温升(绕组温升测量除外)。在埋置热电偶前,先根据电路原理图和适当的逻辑推理判断哪些元器件工作时通过的电流大、消耗的能量多;也可以用红外线测温仪进行扫描来确定哪些元器件发热温度较高,这样就能选择出温度较高的部位。对这些待测点,预先埋入热电偶,然后外接电位差计测得热电动势,最后转化为被测点的温度。一些实验室采用横河 DR100 型数字采集仪来测量温度。该仪器通过网络连接多个模块可进行多点测量,并可通过计算机进行实时监测。这种做法反应迅速,同时可将所有被测点温度曲线自动记录下来,并根据设定的取样时间打印出测量结果。

对绕组的温升测量,通常采用四端电阻法进行测量。即在设备工作前,先确定要测量的绕组数,用四条外接导线连接至被测绕组,首先测量试验开始时的室温 t_1,并测量绕组的冷态电阻 R_1,然后使设备在规定的试验条件下进行工作,直到设备工作达到稳定状态。通常认为工作四小时后设备即达到了稳定状态。设备工作达到稳定状态后切断设备电源,立即测量断电瞬间绕组的热态电阻 R_2 和试验结束时的室温 t_2。必要时也可以通过测量切断电源后一个时间段的相应电阻值,来确定绕组电阻值与时间的关系曲线,由此来推算出设备断电瞬间绕组的电阻值。

4. 试验仪器的要求

温度测量,除了可选择横河 DR100 型数字采集仪,也可选择横河 DR130 数字温度记录仪。横河 DR130 能同时测量 20 个点,也可通过记录纸自动记录温度曲线。对测量绕组温升,可采用安捷伦(Agilent)34401A 型数字多用表测量绕组的电阻值。该仪器具有测量稳定、反应迅速可靠、量程自动变换等特点。

火灾是电气产品的一个主要的安全隐患,因此必须十分重视防火试验。

1. 适用情形与试验目的

当电子电气设备、元部件在正常工作条件下和故障条件下,可能由于内部缺陷或外部故障,如过载、元件失效、绝缘击穿、连接松动、电路短路或开路以及邻近火源等,都可能导致危险的过高温度,以致引燃、起火。当设备或部件不可避免地起火时,应控制火陷的蔓延,尽可能将燃烧控制在设备外壳内部或部件防火防护盒内,以免造成更大的危害。防火试验的目的就是检查设备或元部件防止着火或防止火焰蔓延的特性。

着火可能由下述任一情况引起:

(1) 该元件本身过热起火;

(2) 元件本身灼热,以致引燃与之接触或接近的部件;

(3) 由于元件炸裂而落下的灼热颗粒或燃烧时滴下的炽热材料引起其他部分着火;

(4) 当空气中存在可燃的浓缩物而且有助于元件或其他物体燃烧时,来自能自发地燃烧或由邻近火花而引起燃烧的元件的发射物会导致它所在空间的燃烧;

(5) 元件飞弧或漏电。

火焰的蔓延由下述条件决定:

(1) 燃烧元件中可利用的总能量;

(2) 释放能量的速率;

(3) 燃烧持续时间;

(4) 邻近元件着火的难易;

(5) 元件在设备中的设计、安装特点,即元件间的间隔,通风状态等。

通过材料、元件和部件的选择,专门的安装和操作方法,适当限度的起燃性水平等,可以满足电子产品的防火要求。通常情况下,可采用下列防火防护措施。

（1）使用适当的元器件和组件及消耗材料，以避免产生可能引起着火的高温。比如采用高效率低损耗的功率器件、使用符合要求的适当燃烧特性的结构材料。

（2）防止在正常工作条件和故障工作条件下产生可能引燃的过高温度。如器件的工作状况维持在器件的额定值之内并留有一定余量，器件发生故障（短路、开路、参数变化）时有相应的保护措施。

（3）采取措施以消除一些潜在的引燃源，如接触不良、断路和意外短路。大电流载流部件之间的连接要可靠，连接点使用不易腐蚀、导电性能好、接触电阻小的金属材料，螺钉连接加弹簧垫圈。

（4）限制易燃材料的用量。

（5）控制易燃材料与可能的引燃源的相对位置，把易燃材料与可能的引燃源屏蔽或隔离，或加大距离。

（6）在可能的引燃源附近使用高阻燃材料。

（7）使用防火壳或挡板限制设备内火焰蔓延。

（8）外壳选用适当的阻燃材料，适当开孔，以减小火焰向设备外蔓延的可能性。

2. 试验原理

确定电子产品着火危险试验技术要求时，主要考虑采用下列试验形式。

（1）危险评定试验。着火危险评定试验是检查电子产品的运行性能，通常以完整尺寸的产品（或从产品上切割下适当的一部分）进行试验，使其尽量表示产品的实际使用情况。试验条件也尽可能地模拟实际使用条件（包括预计的异常使用、误动作或故障），因此该种试验是评定产品在实际使用中会否出现着火危险状态的依据。当产品设计或使用条件改变时，此种试验结论的有效性可能改变。

（2）燃烧特性试验。燃烧特性试验是检查标准试样在规定条件下的性能。试验给出燃烧性能的数据一般作为相对评定。此种试验所给定的数据不代表试样可能遭受到的其他条件。当试验设计尽可能地模拟材料或部件的实际使用情况时，燃烧特性试验很有用，可促使产品设计时合适地选择材料、元件和部件，以满足完整产品进行试验的要求。

针对上述防火防护措施，为了验证设备或元部件防火防护的性能，就需进行燃烧试验。燃烧试验有：垂直燃烧试验、水平燃烧试验、针焰试验、本生灯型火焰试验、灼热丝试验、大电流起弧引燃试验、热丝引燃试验、灼热燃油试验等。

垂直燃烧试验和水平燃烧试验方法是根据两种不同的试样在试验装置上的固定方式分类的。根据试样固定方式和引燃源的不同，规定可以采用三种燃烧性能试验方法。其中炽热棒水平试样法（BH法）和火焰水平试样法（FH法）是采用水平固定试样，它们适合于测定燃烧程度和（或）火焰传播速度（即燃烧速率）；而火焰垂直试样法（FV法）是采用垂直方式固定试样，它适合于测定试验火焰熄灭后的燃烧程度。

针焰试验方法是模拟电子设备在故障条件下如损耗电流流经泄漏通路、元件过载、接触不良等局部小火焰是否会引起附近元件起火。本生灯型火焰试验方法是模拟电工电子产品周围环境发生着火的早期情况。针焰试验和本生灯型火焰试验是根据试验火焰发生器的形式命名的。

灼热丝试验和热丝引燃试验是根据引燃样品的试具名称命名的，大电流起弧引燃试验是根据引燃样品的方式方法命名的，灼热燃油试验是根据引燃介质命名的。

炽热棒水平试样法(BH 法)采用直径为 8mm,使用长度(实际有效长度)为 100mm,两端为金属化触点的碳化炽热棒来引燃试样。炽热棒可用交流或直流电加热到(955±15)℃,消耗功率约 350W。试样尺寸为:长度(125±5)mm,宽度(10.0±0.2)mm,厚度(4.0±0.2)mm 或实际厚度。

火焰水平试样法(FH 法)和火焰垂直试样法(FV 法)均采用灯管内径(9.5±0.5)mm,长 100mm 的本生灯引燃试样,燃烧气体采用工业甲烷气,或具有热值为 37MJ/m³ 的天然气、煤气、液化石油气等,但有争议时需采用工业甲烷气。试样尺寸为:长度(125±5)mm,宽度(13.0±0.3)mm,厚度(3.0±0.2)mm 或实际厚度。

大电流起弧引燃试验,是模拟与起弧零部件(例如为封闭的整流子和未封装的开关接点)的距离不足规定值(一般为 3mm)的防火防护外壳材料被起弧零部件起弧引燃的情况,热丝引燃试验,是模拟在任何正常或异常工作条件下可能达到足以引燃外壳材料的温度的零部件的空气间隙不足规定值(通常为 13mm)的防火防护外壳材料,被这些高温零部件引燃的情况。

灼热燃油试验是模拟在任何故障条件下从防火防护外壳内冒出火焰、滴落熔融金属、掉下燃烧或灼热颗粒或燃烧滴落物、防火防护外壳内产生可能导致支撑表面的内部零部件引燃的一些物质引燃支撑表面或支撑表面下的易燃物的情况。

3. 电子产品一些常见防火试验的程序和结果判定

通常情况下,电工电子产品着火危险试验的一般程序如下:

(1) 样品的准备或试样的制备;

(2) 样品或试样的预处理;

(3) 正式施加燃烧试验;

(4) 观察试验现象,采集试验数据;

(5) 试验结果的评定。

总质量超过 18kg 的移动式设备和驻立式设备防火外壳的可燃性试验如下。

(1) 样品或试样

用三个样品进行试验,每一个样品由一个完整的防火防护外壳组成,或由防火防护外壳上代表壁厚最薄部分,而且含有通风孔在内的切样组成。

(2) 样品处理

在进行可燃性试验前,样品放入空气循环的烘箱内处理 7d(168h),烘箱内部温度保持在比进行设备外壳温升试验时测得该材料所达到的最高温度高 10K 的均匀温度,或者保持在 70℃ 的均匀温度(取其中较高的温度值)。此后将样品冷却到室温。

(3) 样品的安装

样品按其实际使用情况进行安装。在试验火焰施加点以下 300mm 处,铺上一层未经处理的脱脂棉。

(4) 试验火焰

试验火焰利用本生灯(Bunsen burner)来获得,本生灯灯管内径为(9.5±0.5)mm,灯管长度从空气主进口处向上约为 100mm。本生灯使用热值约为 37 MJ/m³ 的燃气。调节本生灯的火焰,使本生灯处于垂直位置时,火焰的总高度约为 130mm,而内部蓝色锥焰的高度约为 40mm。

（5）试验程序

试验火焰加在样品的内表面，位于被判定为靠近引燃源时而有可能会被引燃的部位。如果涉及垂直部分，则火焰加在与垂直方向约成 20°的方位上。如果涉及通风孔，则火焰加在孔缘上，否则将火焰加在实体表面上。在所有情况下，应使火焰内部蓝色锥焰的顶端与样品接触。火焰加到样品上烧 5s，然后移开火焰停烧 5s。这一操作应在同一部位上重复进行5 次。

3.3.9　辐射测量

1. 辐射的产生

自然界中的一切物质都由各种不同的分子组成，而分子又由原子组成。有的分子由同一种原子构成，有的分子由若干种不同的原子构成。如果某种物质由同一种原子组成，那么我们就把这类原子叫做该物质的化学元素。不同元素的原子虽然具有不同的性质，但是它们的结构是十分相似的：在原子的中心有一个原子核，其周围有电子绕着原子核按照一定的轨道运行。原子核带正电荷，电子带负电荷。电子可以吸收外来的能量而从能量较低的轨道跃迁至能量较高的轨道，这种现象叫做激发。假如激发的能量很大，使轨道上的电子能够脱离原子核的吸引力而自由运动，则称为电离。当有高速电子与物质相碰撞，就会产生电离辐射。

带有阴极射线的显像管的电子设备，其第一阳极和第二阳极上加有高压，由显像管的电子枪发射的电子束被加速，被加速的电子束以很高的能量撞击荧屏激发电离辐射。电离辐射对人体的作用，是一个非常复杂的过程。它通过直接的或间接的电离作用，使人体的分子发生电离或者激发。它对人体的水分子，会使其产生多种自由基和活化分子，严重时，会导致细胞或机体损伤甚至死亡。实验证明射线剂量可用下列关系式表示：

$$D \infty \frac{V^2 I}{d^2} \tag{3-7}$$

式中，D——射线剂量；

V——辐射源的工作电压；

I——辐射源的工作电流；

d——离辐射源的距离。

由上式可知，辐射强度与辐射源工作电压的平方和射线电流成正比，与辐射源距离的平方成反比。因此，如果辐射剂量大，受辐射的时间长，与辐射源的距离近，那么人体受电离辐射伤害效应就大。电离辐射到机外的剂量取决于设备保护电路的设计、设备工作条件的设置、显像管荧光材料、显像管玻璃壁厚度等。

2. 辐射照射率的测量

对带有阴极射线的显像管的电子设备，工作时产生的电离辐射强度与辐射源工作电压的平方成正比，即设备工作时第一阳极和第二阳极电压越高，射线剂量就越大。因此，在正常工作条件下，为测量到最大的辐射照射量率，应对可通过手动或用诸如工具或硬币的任何物体从外部可调节的所有控制件,以及对那些未用可靠方法锁定(如焊接或漆封)的内部调节件或预调装置,进行调节以使设备给出最大辐射。让设备保持可辨图像一小时后,再进行测量,这时测量的即为最大照射量率。另外,设备还应在模拟故障状态测量其照射量率,如将设备保护电路去掉,或者通过故障试验使设备的阳极电压升高,在保持可辨图像一小时后进行测量。所谓"可辨图像",就是满足如下条件的图像:扫描宽度至少为有效屏幕宽度的70%;用测试信号发生器产生的锁定消隐光栅的最低亮度为 50cd/m²,中心处的水平分辨率至少相当于 1.5MHz,且有相同的垂直分辨率;每 5min 内的闪烁次数不多于一次。

3. 试验仪器和注意事项

一些实验室测量辐射照射量率时多选用 VICTOREEN 440RF/D 型 X 射线测量仪。该仪器量程范围宽,反应灵敏,响应时间短,能在温度为 -20~40℃、湿度为 0~95% 环境下工作。使用该仪器时要注意:不能在超量程状态使用,仪器电池电量不足的情况禁止使用;使用仪器前确认指针已机械归零;仪器在测量时的移动速度不超过 2~4ft/min(0.6096~1.2192m/min)。

3.4 关键元部件的安全要求

3.4.1 关键元部件的含义

元器件、零部件是构成整机产品的基本单元。有一些元部件是保证整机安全的关键元部件,它们的安全性能直接影响着整机的安全性能,如果它们发生短路、断路或安全指标不稳定等故障,整机的某个部分或整台整机就可能发生安全故障,进而可能造成电击、起火,或有害射线、激光和毒性物质产生过剂量等安全事故。

关键元部件的种类很多,其划分方法也有多种。我们针对一些常用的关键元部件,按照它们的使用位置、使用特征进行必要的分类(某些元部件可能同属于多类产品),沿着这条主线展开必要的讨论。在整机的安全设计中,合理选择各种元部件,使自己的产品既安全又经济,这是一项复杂的工作。希望我们的讨论,能为设计师提供参考,有助于元部件的选型。另外,整机配套的关键元部件一般不是独立使用的,其安全特性往往与整机的安全结构有关,通过合理地设计整机的结构,可以保证部分关键元部件的安全性能。

1. 按操作者是否可触及的分类

(1)可触及元部件

可触及元部件指安装在整机的面板或外面的、操作者使用整机时需通过它实现连接、控制的元部件。容易触及的元部件也可归于这一类。这些可触及元部件包括插头、插座、器具耦合器、电线电缆、开关、控制器、熔断器座等。还有两种隐性的可能会触及的元部件:一种为耦合元件如变压器、继电器、光电耦合器等,它们的二次电路可能通过安全特低电压电路与面板上的连接元件连接或通过外壳与设备面板零件连接而可触及;另一种为跨接元件,如电阻器、电容器或阻容组件、绕组等,它们直接跨接在危险带电零部件与可触及导电零部件之间。

（2）不可触及元部件

不可触及元部件指带有危险电压,但安装在整机的保护外壳里面的、操作者使用整机时触及不到的元部件,如显像管管座、行输出变压器、印制板、热熔断体、熔断器等。

2. 按整机防触电保护类别的分类

（1）适用于Ⅰ类设备的元部件　具有基本绝缘或等效于基本绝缘,且具有接地装置或借助于整机的接地装置以防触电的元部件。

（2）适用于Ⅱ类设备的元部件　具有双重绝缘或加强绝缘等级以防触电的元部件。

3. 按污染等级的分类

（1）适用于污染等级1的元部件　指被密封或能隔绝灰尘和潮气的、没有污染的元部件。污染等级1也称清洁状态。

（2）适用于污染等级2的元部件　通常仅出现非导电性的污染,适用于 GB 8898 和GB 4943 所包括的设备的元部件。污染等级2也称正常状态。

（3）适用于污染等级3的元部件　指工作所处的局部环境(紧靠所考虑的电气间隙和爬电距离周围)会受导电物污染,或受干的非导电物污染,但这种干的污染物会由子凝露而变成导电污染物的元部件。污染等级3也称脏状态。

4. 按元部件性能特征的分类

（1）连接元件　实现设备与电源、设备与设备或设备内模块之间连接的元部件,如插头、插座、器具耦合器、连接器、接线排、电线电缆、互连电缆等。

（2）操作元件　操作者使用设备时需要操作的元部件,如插头、开关、控制器等。

（3）耦合元件　通过第一级的光、电等物理量的感应,耦合转换为第二级的电、机械等物理量传输的四端口元部件,如变压器、继电器、光电耦合器等。

（4）支撑元件　安装或支撑元器件或载流件的部件,如印制板、支撑载流件的绝缘外壳等。

（5）跨接元件　跨接于绝缘两端之间的元部件,如电阻器、电容器或阻容组件、绕组等。

（6）保护元件　限制电路中的电压、电流,使其不超过规定值的元部件,如断路器、熔断器、熔断体、熔断电阻、压敏电阻、PTC 热敏电阻等。

（7）高压元件　工作电压超过 4kV(峰值)的元件,如行输出变压器、显像管管座等。

（8）运动元件　如电动机等。

3.4.2　关键元部件的通用要求

关键元部件的通用安全要求主要有标志和文件、防触电保护、电气间隙和爬电距离、绝缘穿通距离、绝缘能力、发热、耐热、耐燃和耐漏电起痕、引出端和连接件、接地措施、机械强度、防锈等。

一种特定的元部件,并不一定都适用于这些通用要求,可能只适用一部分,对特定的元器件,往往又有其特殊要求。我们首先通过对通用要求的了解,认识整机安全对元部件的一般要求或整体要求,再结合各种元部件的具体情况,了解它们的特殊性。

1. 标志和文件

标志是识别、区别和更换产品时所必需的。关键元部件产品应标有：

（1）制造厂商标或代号；

（2）产品型号或代号；

（3）产品使用所需的参数指标，如额定电压、额定电流、额定功率、电源性质、电源频率等。

对标志的要求和试验：用一块浸透蒸馏水的脱脂棉在约 15s 内擦拭 15 个来回，再用一块浸透汽油的脱脂棉在约 15s 内擦拭 15 个来回，产品标志仍应清晰。

试验用汽油是脂肪族（无环）溶剂乙烷，其最大芳香烃的体积百分比含量约为 0.1%，贝壳松脂丁醇（溶解溶液）值约为 29，初始沸点值约为 65℃，干涸点值约为 69℃，密度约为 0.7kg/L。

元部件制造厂还应提供相关足够的数据资料，以保证：

（1）整机制造厂能选择和安装元部件；

（2）用户按制造厂要求使用元部件；

（3）能按相关标准进行相关试验。

2. 防触电保护

可触及的元部件应以交货状态在正常环境下按制造厂的说明进行安装，拆除任何易拆卸零件后，均应具有足够的防止触及危险带电零件的保护。可触及的绝缘零件与危险带电零件之间应有双重绝缘或加强绝缘能力；可触及的导电零件，如果该导电零件与接地保护连接，则它与危险带电零件之间应至少有基本绝缘，否则应由附加绝缘使之与基本绝缘零件隔开，或由双重绝缘或加强绝缘使之与危险带电零件隔开。

操作元件的操动件拆下后，就能触及带电部件，则操动件应充分紧固。如果只有在操动件破碎、剖开或借助专用工具拆除后才能触及危险带电件，则认为操动件已充分紧固。

连接元件在连接过程中，或部分、或全部结合时，应不可能触及危险带电零件。用于 Ⅱ 类设备的连接元件应不能插入其他类别的设备上；不同额定值的连接元件应不能互接。

用图 3.23 所示的铰接试指不额外加力地探触每一可能的部位；对铰接试指不能进入的孔隙，要用与图 3.23 的铰接试指尺寸相同的直形无铰接试指加 20N 力作进一步探测，如果该无铰接试指能进入，再用铰接试指插入孔隙位置重复试验。

对绝缘材料上和未接地金属零件上的孔隙，还应用图 3.23 所示探针不额外加力地探触每个可能的部位。

无论用铰接试指还是用探针，均应不可能触及裸露的危险带电零件。

对具有双重绝缘结构的零件，铰接试指应触不到仅由基本绝缘与危险带电零件隔开的不接地金属零件或基本绝缘本身。

接触与否的检测可通过 40～50V 的灯泡电接触指示器显示。

漆膜、瓷漆、纸、棉织物、金属零件上的氧化膜、玻璃粉和受热即软的密封胶不应作为防止触及危险带电部分的保护。

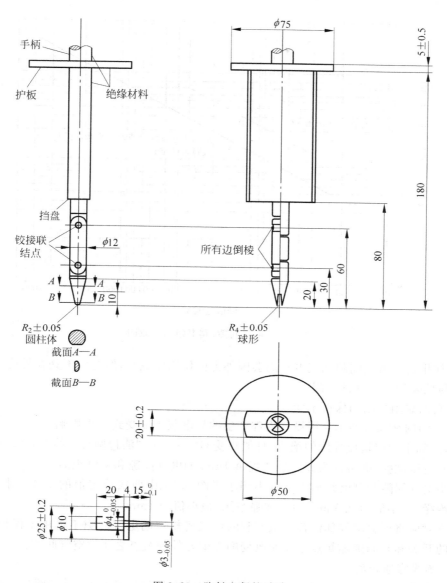

图 3.23　防触电保护试验

3. 电气间隙、爬电距离和绝缘穿通距离

元部件的电气间隙、爬电距离和绝缘穿通距离往往涉及它们的内部结构,进行电气间隙、爬电距离和绝缘穿通距离检查时,通常都要进行破坏性的内部检查。

（1）电气间隙和爬电距离

基本绝缘、附加绝缘的电气间隙、爬电距离应不小于图 3.24 中曲线 A 的要求,加强绝缘的电气间隙、爬电距离应不小于图 3.24 中曲线 B 的要求。

全部满足下列三个条件,则对基本绝缘和附加绝缘可以减小 1mm,对加强绝缘可以减小 2mm：

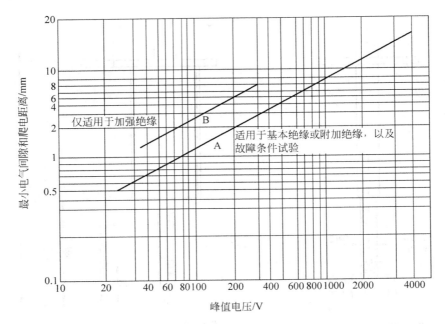

图 3.24　电气间隙、爬电距离示意图

① 如果这些电气间隙和爬电距离会因外力的作用而减小，但它们不处在外壳的可触及零部件与危险带电零部件之间。

② 它们靠刚性结构保持不变。

③ 它们的绝缘特性不会因设备内部产生的导电灰尘而受到严重影响。

另外，如果漆层构成导线的绝缘，且能承受 GB/T 6109"漆包圆绕组线"对 2 级或更优等级规定的电压试验，则可认为此漆层能提供 1mm 的电气间隙和爬电距离。

最小电气间隙和爬电距离不应减小到小于图 3.24 中曲线给定值的 2/3。对基本绝缘或附加绝缘，最小值为 0.5mm，而对加强绝缘，最小值为 1mm。

检查时应将可移动零部件置于最不利的位置所规定的电气间隙不适用于保护装置、微隙结构的开关和其间隙随触点运动而改变的类似元件的触点之间的空气间隙。

（2）绝缘穿通距离

对于在两个相对表面之间而不是沿外表面提供电气绝缘的材料，其绝缘穿通距离应符合下列要求或相应的电压试验：

① 功能绝缘和基本绝缘，在任何峰值工作电压下都无绝缘穿通距离要求。

② 附加绝缘或加强绝缘的最小绝缘穿通距离为 0.4mm。

对于采用薄层材料进行绝缘的，应用在触及不到的内部，且在操作人员维护时不会受到磕碰或擦伤，并符合以下之一的要求，则不管其厚度如何，是允许使用的。

③ 对由至少两层材料组成的附加绝缘，其中的每一层材料都能通过附加绝缘的抗电强度试验。

④ 对由三层材料构成的加强绝缘，三层中两层合并的所有组合都能通过加强绝缘的抗电强度试验。

不要求所有绝缘层使用相同的材料。

浸漆的涂覆层不能认为是薄层材料的绝缘。

4. 绝缘能力

绝缘能力主要是指被检元部件经湿热处理后各绝缘处的绝缘电阻和抗电强度。对可触及零部件或和它们相连接的零部件与危险带电零部件之间的绝缘还应能承受，诸如由于雷电并通过天线端子注入设备而引起的瞬态电涌冲击。

当绝缘之间的测试点有绝缘外壳时，试验时应将金属箔紧贴在可触及零部件上作电极。

（1）湿热处理

因我国许多地区为亚热带地区，因此被试产品应承受温度为(40 ± 2)℃、相对湿度为$92\%\sim97\%$、时间为5d(120h)的湿热处理而无损伤，并立即进行绝缘电阻和抗电强度试验。

（2）绝缘电阻

测试电压为直流500V，绝缘电阻应不低于表3.15的要求。

表3.15 绝缘电阻值和抗电强度试验电压

被测绝缘	最小绝缘电阻/MΩ	交流试验电压（峰值）或直流试验电压
工作绝缘	2	对额定电源电压≤150V(rms)：1410V 对额定电源电压>150V(rms)：2120V
基本绝缘或附加绝缘	2	图3.24 曲线 A
加强绝缘	4	图3.24 曲线 B

（3）抗电强度

① 对承受直流（无纹波）电压应力的绝缘，用直流电压进行试验。

② 对承受交流电压应力的绝缘，用电网电源频率的交流电压进行试验。但是，在可能发生电晕、电离、充电效应或类似效应的情况下，推荐用直流试验电压。

各绝缘应能承受表3.15规定的试验电压作用1min，无飞弧击穿。

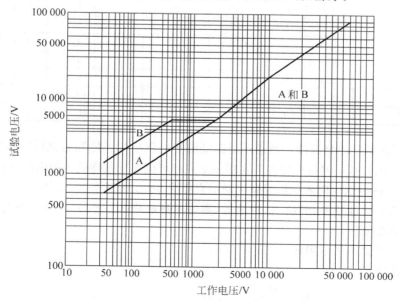

图3.25 试验电压

（4）电涌试验

下列部位之间的元部件应承受如图 3.26 所示试验电路中充电到 10kV 的 1nF 电容器以 12 次/min 的最大速率进行的 50 次的放电：

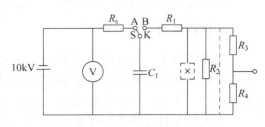

图 3.26　电涌试验电路

① 天线连接端子与电网电源端子之间的元部件；

② 电网电源端子与设备上任何其他与带天线的其他设备相连接的端子之间的元部件。

在本试验后，受试绝缘应满足绝缘电阻和抗电强度试验要求。

5. 发热

载流量大于 0.2A 的触点和其他载流部件，电压与电流的乘积大于或可能大于 15V·A 的元部件，应能防止由于通过电流而引起过高的温升，其他零件达到的温度也不应过高，以免在正常使用中损害元部件的性能或危及使用者和邻近环境。

试验及要求：载流件的每个接线端子接上 1m 长的如表 3.16 规定标称截面积或制造厂规定截面积的导线，螺纹端子应用表 3.16 相应栏目中规定值的 2/3 扭矩拧紧端子的螺钉、螺母，加 1.1 倍的额定电流或规定的试验条件至少 1h，或维持到温度稳定，即每隔 5min 读取的连续 3 个读数的变化不大于 ±2℃。

表 3.16　端子承载的电阻性电流与相应的连接导线的截面积

端子承载的电阻性电流/A	软　　线				硬　　线			
	截面积/mm²			端子规格号	截面积/mm²			端子规格号
	最小	标称	最大		最小	标称	最大	
0～3		0.5	0.75			0.5	0.75	1.0	0
3～6	0.5	0.75	1.0	0	0.75	1.0	1.5	1
6～10	0.75	1.0	1.5	1	1.0	1.5	2.5	2
10～16	1.0	1.5	2.5	2	1.5	2.5	4.0	3
16～25	1.5	2.5	4.0	4	2.5	4.0	6.0	4
25～32	2.5	4.0	6.0	5	4.0	6.0	10.0	5
32～40	4.0	6.0	10.0	6	6.0	10.0	16.0	6
40～63	6.0	10.0	16.0	7	10.0	16.0	25.0	7

采用细丝热电偶测量温度。测量环境温度的热电偶应尽可能靠近试样所占空间的中心，距离试样约 50cm；端子测量点应设置在端子上且尽可能靠近试样壳体的引出处；其他零件的表面温度测量，热电偶应附着于铜或黄铜制的直径为 5mm、厚为 0.8mm 的涂黑圆盘的背面。

试样中若有其他热源，如绕组、灯泡等，则这些热源应加上 0.9～1.1 倍额定电压中产生热量最大的电源电压。

绕组的温升值采用电阻法计算：

对铜导线绕组

$$\Delta t = \frac{R_2 - R_1}{R_1}(234.5 + t_1) - (t_2 - t_1) \tag{3-8}$$

对铝导线绕组

$$\Delta t = \frac{R_2 - R_1}{R_1}(225 + t_1) - (t_2 - t_1) \quad\quad (3-9)$$

式中，Δt——温升，K；

$\quad\quad R_1$——试验开始时绕组的电阻值，Ω；

$\quad\quad R_2$——试验结束时绕组的电阻值，Ω；

$\quad\quad t_1$——试验开始时的室温，℃；

$\quad\quad t_2$——试验结束时的室温，℃。

试验开始时，绕组应处于室温状态。

必要时用下列方法来测定试验结束时的绕组电阻值，在断电后，尽快读取电阻测量值，然后在各段时间间隔读取各电阻测量值，以便画出电阻与时间的关系曲线，由此反推确定开关断电瞬间绕组的电阻值。

一般端子温升不应超过 45K，须做耐久性试验的元部件，耐久性试验后的温升不应超过 55K，绕组或其他零件的温升一般应满足下式的要求：

$$T - T_a \leqslant T_m - T_r - T_e \quad\quad (3-10)$$

式中，T——试验测出的发热温度；

$\quad\quad T_a$——试验的环境温度；

$\quad\quad T_m$——材料的温度等级；

$\quad\quad T_r$——元部件的最高允许环境温度；

$\quad\quad T_e$——余量，一般为 $10\sim30$℃。

6. 绝缘材料的耐热、耐燃和耐漏电起痕

（1）耐热

元部件应能承受规定的高温老化作用，而无影响进一步使用的变化。

试验及要求：用于外部易触及或支撑载流件、由绝缘材料制成的零件还应在厚度不小于 2mm 处或把多片叠厚至 2mm 以上，承受高温下 20N、ϕ5mm 的球压作用 1h，水冷后压痕直径不大于 2mm。被试部位应放在至少 3mm 厚的钢板上，球压温度一般为（70±2）℃（对外部易触及零件或支撑不大于 0.2A 载流件的绝缘零件），或（125±2）℃（对支撑大于 0.2A 载流件的绝缘零件）。

（2）耐燃

绝缘零件或其材料，根据其不同的使用功能和使用场合，应具有相应的耐燃能力等级。

耗散功率大于 15W，或开路电压大于 50V 峰值，可能故障点流过的电流与开路电压的乘积大于 15V·A（潜在引燃源），则其绝缘材料的耐燃等级至少应达到 FV-1 级或等效的阻燃能力，支撑切换触点且大于 0.2A 的绝缘材料，其耐燃等级应达到 FV-0 级或等效的阻燃能力；距离潜在引燃源较近的元部件，也应有一定的阻燃能力。

（3）耐漏电起痕

不同极性带电零件之间、带电零件与接地金属零件之间以及带电零件与易触及表面之间有爬电路径经过的非金属零件应具有耐表面漏电起痕能力。

工作电压低于 50V 的或只在污染等级 1 下使用的元部件不需进行表面漏电起痕试验。其他情况应具有下列规定的耐表面漏电起痕能力：

① 污染等级 2 的为 175V；

② 污染等级 3 的为 250V。

试验按 GB 4207"固体绝缘材料在潮湿条件下相比漏电起痕指数和耐漏电起痕指数的测定方法"规定的 PTI 方法进行,应不发生破坏。

7. 引出端和连接件

（1）引出端

元部件通过引出端与其他零件实现连接或使用时,应避免连接点成为潜在引燃源和产生其他不安全故障。因此,接线端子不应松动,导线不应从接线端子内滑脱,即使有芯线从端子中散脱,也不应使带电部分与易触及金属零件接触,不应使各绝缘的电气间隙和爬电距离减少至规定的最小值以下。对用于Ⅱ类器具的元部件,还不应使危险带电部分与仅由附加绝缘和易触及金属零件隔开的金属零件接触,也不应使那些只有通过操作才会呈电气联接的端子之间形成短路。接线端子应能夹紧导线而不过度损伤导线,如接线端子因导线的过度插入而会减少爬电距离或电气间隙,或影响正常操作使用,则应有挡块限制导线的过度插入。

通过用表 3.16 规定的最大截面积导线,夹紧、松开各 10 次来检查接线端子的松动与否。螺纹型端子用表 3.17 规定的扭矩拧紧。

通过用表 3.16 规定的最小、最大截面积导线的装接来检查导线是否从接线端子内滑脱。螺纹型端子用表 3.17 规定的扭矩拧紧。

通过留出的 8mm 的导电芯线,向各个可能的方向弯折,检查各绝缘的电气间隙和爬电距离是否减少至规定的最小值以下。

表 3.17　扭矩值

螺纹公称直径/mm		扭矩/N·m				
大于	至	Ⅰ	Ⅱ	Ⅲ	Ⅳ	Ⅴ
	1.7	0.1		0.2	0.2	
1.7	2.2	0.15		0.3	0.3	
2.2	2.8	0.2		0.4	0.4	
2.8	3.0	0.25		0.5	0.5	
3.0	3.2	0.3		0.6	0.6	
3.2	3.6	0.4		0.8	0.8	
3.6	4.1	0.7	1.2	1.2	1.2	1.2
4.1	4.7	0.8	1.2	1.8	1.8	1.8
4.7	5.3	0.8	1.4	2.0	2.0	2.0
5.3	6		1.8	2.5	3.0	3.0
6	8		2.5	3.5	6.0	4.0
8	10		3.5	4.0	10.0	6.0
10	12		4.0			8.0
12	15		5.0			10.0

注：第Ⅰ栏适用于拧紧后不突出孔外的无头螺钉以及其他不通用刀头宽度比螺钉直径大的螺钉旋拧紧的螺钉；
第Ⅱ栏适用于用螺钉旋具拧紧的套筒式端子上的盖形螺母；
第Ⅲ栏适用于用螺钉旋具拧紧的其他螺钉；
第Ⅳ栏适用于不是用螺钉旋具拧紧的螺钉或螺母（套筒式端子的螺母除外）；
第Ⅴ栏适用于不是用螺钉旋具拧紧的、套筒式端子的螺母。

通过螺纹型端子,还应分别用表 3.16 规定的最小、最大截面积导线,用表 3.17 规定的 2/3 扭矩拧紧,沿导线延伸方向的轴线加如表 3.18 规定的拉力,各作用 1min,导线应无明显的位移。

表 3.18　螺纹型端子的拉力　N

端子规格号	0	1	2	3	4	5	6	7
拉力	35	40	50	60	80	90	100	135

对无螺纹端子,应能将导线可靠地夹紧在两个金属表面之间(电流不大于 0.2A 的,允许其中一个表面为非金属)。用各种规定的适用软、硬导线,最小、最大截面积的导线分别插、脱各 5 次,每次插入后,导线先绕轴线捻转 90°,然后施加表 3.18 规定的拉力,历时 1min,导线不应从端子中脱出。

对快速连接端子,应能承受平稳施加至表 3.19 规定的轴向推、拉力的作用而无明显的位移或损伤。

表 3.19　对插片的推、拉力　N

插片规格	推力	拉力
2.8	64	58
4.8	80	98
6.3	96	88
9.5	120	110

对锡焊端子,应具有良好的可焊性能和耐焊接热能力。这种能力的检查应采用 GB/T 2423.28《电工电子产品基本环境试验规程试验 T:锡焊试验方法》的相应方法进行:在印制板上安装的或适用于焊槽法焊接的引出端,其可焊性按试验 Ta 方法 1:235℃ 焊槽法进行,耐焊接热采用试验 Tb 方法 1:260℃ 焊槽法;其他锡焊端子的可焊性按试验 Ta 方法 2:350℃ 烙铁法进行,耐焊接热采用试验 Tb 方法 2:350℃ 烙铁法。可焊性试验后,湿润面应覆有光亮的锡焊层,仅有少量分散的缺陷,例如针眼、未湿润的或去湿润的区域,这些缺陷不应集中在一个区域内;耐焊接热试验后,锡焊端子不应松动,不应有不利于继续使用的位移或损伤。

(2) 连接件

电气连接件的接触压力不应通过绝缘材料传递,但如果绝缘材料任何可能的收缩或变形可由金属零件的足够弹性所补偿,则可通过绝缘材料传递接触压力。传递接触压力的螺钉应旋入金属螺纹中,这类螺钉不应由软的或易于蠕变的金属(例如锌或铝)制成。

夹紧导线的螺钉或螺母不应用来紧固其他零件,但可以用来将夹紧装置定位或防止夹紧装置转动。

安装和接线时会拧动的机械连接螺钉不应是自攻螺钉或自切螺钉,除非该螺钉上装有规定与螺钉嵌在一起的零件;除非能将连接的载流件相互直接接触并夹紧,并且提供合适的锁紧措施,否则就不应采用自攻螺钉(金属薄板螺钉)来连接载流件;除非能产生符合国家标准的螺纹或等效螺纹,否则,自切螺钉也不应用作载流件的电气连接件。无论如何,如果这类螺钉是有可能被使用者或安装者拧动的,则不应使用,但螺纹由挤压成形的除外。

如果在不同零件间作机械连接用的螺钉又是载流的,则应予锁定,防止松动;如果用于载流连接的铆钉在正常使用中承受扭矩,则也应固定,防止松动。

电气的和非电气的螺纹连接件应能承受正常使用中产生的机械应力。用表 3.17 规定的扭矩将螺钉或螺母拧紧和松开：

① 对旋入绝缘材料螺纹的螺钉,各 10 次；

② 对其他情况,各 5 次；

③ 对与操动件同轴的螺母,各 5 次,但扭矩力对绝缘材料螺纹为 0.8N·m,对金属材料螺纹为 1.8N·m。

旋入绝缘材料的螺钉每次都要完全旋出后再重新旋入。在试验接线端子的螺钉和螺母时,要将符合表 3.16 规定截面积的导线放入端子中,不是连接电源电缆或软线用的端子或导线截面积不大于 $6mm^2$ 的,用实心导体导线,其他情况则用绞合导线；对于连接电源电缆或软线用的端子,导线必须具有规定的最大截面积。

试验期间,拧动的螺钉应保证能正确地导入螺孔中,端子不应松动,螺纹连接不应损伤(例如螺钉断裂；螺钉头部的槽、螺纹、垫圈、U 形螺栓附件等有可能影响螺纹连接继续使用的损伤)。

8. 接地措施

用于 I 类设备的连接元件应有接地措施,连接过程接地插销必须比载流插销先接触,断开过程载流插销必须在接地插销断开之前断开。

其他用于 I 类设备的元部件,若绝缘损坏就可能带电的易触及金属零件应有接地措施。

各种接地端子的规格不应小于相应载流端子的规格。不使用工具,应不可能松开夹紧装置。夹紧装置应充分锁定,以防意外松动。与它接触的导电零部件不应由于电化学作用而遭受到严重腐蚀,应避免表 3.20 中分界线以上的组合。

接地端子、接地端头或其他接地装置与其所连接的各零件之间的连接应是低电阻的,通过下述试验来检验：

① 接地端子、接地端头或其他接地装置与其所连接的各零件之间依次通以 1.5 倍额定电流,但不小于 25A,电源的空载电压不超过交流 12V；

② 达到稳定后,测量接地端子、接地端头或其他接地装置与其所连接的各零件之间的电压降,并根据电流和电压降计算出电阻。

电阻不得大于 100mΩ 或规定值。

9. 机械强度

通过软线连接在整机外部使用的关键元部件,如插头、连接器等产品,应经受图 3.27 所示滚筒试验。

试样从 500mm 高的地方跌落到 3mm 厚的钢板上,跌落的次数为：重量不超过 100g 的,跌落次数为 1000 次；重量大于 100g 而不超过 200g 的,跌落次数为 500 次；其他情况下则为 100 次。滚筒的转速为 5r/min,因此试样每分钟跌落 10 次。一次只试验一个试样。试验后,试样不得有损坏,任何零件都不应脱落或松动。

元部件的操动件及易触及的所有表面的薄弱部位均应能经受 0.5N·m 冲击试验器的三次冲击而无损伤。脚踏操动件则为 1N·m。

表 3.20　电化学电位表

材料	锰,锰合金	锌,锌合金	钢镀锡80/锌20,铁或钢镀锌	铝	钢镀镉	铝锰合金	低碳钢	硬铝	硬铝	钢镀镍,钢镀铬,软焊料	钢镀镍,钢镀铬,软焊料,12%铬不锈钢	高铬不锈钢	铜,铜合金	银焊料,奥氏体不锈钢	钢镀镍	银	铜镀银镀铑,银合金	碳	金,铂
锰,锰合金	0	0.05	0.55	0.7	0.8	0.85	0.9	1.0	1.05	1.1	1.15	1.25	1.35	1.4	1.45	1.6	1.65	1.7	1.75
锌,锌合金		0	0.05	0.2	0.3	0.35	0.4	0.5	0.55	0.6	0.65	0.75	0.85	0.9	0.95	1.1	1.15	1.2	1.25
钢镀锡80/锌20,铁或钢镀锌			0	0.15	0.25	0.3	0.35	0.45	0.5	0.55	0.6	0.7	0.8	0.85	0.9	1.05	1.1	1.15	1.2
铝				0	0.1	0.15	0.2	0.3	0.35	0.4	0.45	0.55	0.65	0.7	0.75	0.9	0.95	1.0	1.05
钢镀镉					0	0.05	0.1	0.2	0.25	0.3	0.35	0.43	0.55	0.6	0.65	0.8	0.85	0.9	0.95
铝锰合金						0	0.05	0.15	0.2	0.25	0.3	0.4	0.5	0.55	0.6	0.75	0.8	0.85	0.9
低碳钢							0	0.1	0.15	0.2	0.25	0.35	0.45	0.5	0.55	0.7	0.75	0.8	0.85
硬铝								0	0.05	0.1	0.15	0.25	0.35	0.4	0.45	0.6	0.65	0.7	0.75
硬铝									0	0.05	0.1	0.2	0.3	0.35	0.4	0.55	0.6	0.66	0.7
钢镀镍,钢镀铬,软焊料										0	0.05	0.15	0.25	0.3	0.35	0.5	0.55	0.6	0.65
钢镀镍,钢镀铬,软焊料,12%铬不锈钢											0	0.1	0.2	0.25	0.3	0.45	0.5	0.55	0.6
高铬不锈钢												0	0.1	0.15	0.2	0.35	0.4	0.45	0.5
铜,铜合金													0	0.05	0.1	0.25	0.3	0.35	0.4
银焊料,奥氏体不锈钢														0	0.05	0.2	0.25	0.3	0.35
钢镀镍															0	0.15	0.2	0.25	0.3
银																0	0.05	0.1	0.15
铜镀银镀铑,银合金																	0	0.05	0.1
碳																		0	0.05
金,铂																			0

Ag, 银　Al, 铝　Cr, 铬　Cd, 镉　Mg, 锰　Ni, 镍　Rh, 铑　Zn, 锌

注:如果两种不同的金属接触作用所形成的电化学电位在约0.6V以下,则由电化学作用引起的腐蚀最小。表中列出了一些常用金属的接触所形成的电化学电位。应避免使用分界线上面线的组合。

尺寸单位：mm

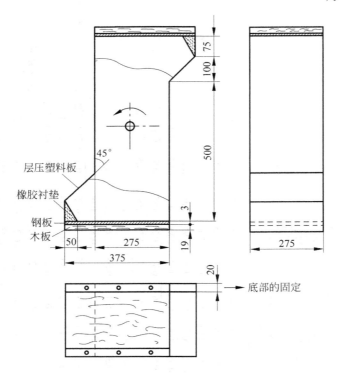

说明：
　　滚筒应由厚度为1.5mm的钢板制成。在两次跌落之间试验停留的地方应由橡胶做衬垫，橡胶为抗碎裂橡胶，其硬度为80IRHD，这个地方的另一个滑面应由层压塑料板制成，如胶木。
　　滚筒应带有一个由透明的丙烯酸制成的小窗。
　　滚筒的轴不应突入筒内。

图 3.27　滚筒试验

　　装有操动件和规定要配装操动件的元部件，其操动件或传动机构应能承受 15N 拉力（拉动操动件则为 30N）和 30N 推力各 1min 的作用而无损伤。

10. 防锈

　　因锈蚀而可能损害安全的铁质零件应具有足够的防锈保护。

　　试验及要求：将被试零件放在三氯乙烷或类似试剂中，浸泡 10min，以除去被试零件上的全部油脂。然后将零件放入温度为（25±10）℃、浓度为 10% 的氯化铵水溶液中浸泡 10min。

　　甩去所有液滴后，不经干燥处理，即将零件放入温度为（25±10）℃、空气湿度饱和的箱中 10min。然后将零件放在温度为（100±5）℃的加热箱内干燥 10min，零件表面不应出现锈迹。锐边上的锈迹和任何可擦除的淡黄色膜斑，可忽略不计。

　　对于小螺旋弹簧和类似零件以及受磨损但不易触及的零件，一层油脂即可提供良好的防锈层。

3.4.3　关键元部件的特殊要求

元部件种类繁多,不同的使用功能、不同的结构特征以及不同的使用场合,往往会有不同的安全要求。电子产品中的关键元部件,除应满足相关的、适用的通用安全要求之外,还应满足其相关适用的和整机标准中的特殊要求。当特殊要求与通用要求有矛盾时,以特殊要求为准。

1. 关键元部件的独立认证

元部件为整机配套,一般不单独使用。在第一批 3C 强制性产品认证目录中,只列入了少数几种关键元部件,而大多数关键元部件则没有列入 3C 目录,它们的安全性能有可能通过整机产品的认证试验时对附带元部件进行随机试验,以检查它们是否达到规定的要求。

元部件的随机试验结果,一般只对认证整机的该型号产品的认证试验有效。同一种元部件产品,用在不同型号的整机上,其随机试验结果都不能重复使用。每次的整机试验,如果都要进行大量的随机试验,则耗费时间和增加费用,并使整机试验周期延长,这当然不易为整机厂接受。

虽然元部件产品一般不单独使用,但它们的安全性能以产品认证的形式(产品型式试验＋初次工厂审查＋获证后监督)得以证明,就可以避免大量的随机试验,缩短整机认证的试验时间,减少试验费用。CQC(中国质量认证中心)的自愿认证工作是为了配合国家强制性产品认证制度的顺利实施,满足市场和客户需求的一种自愿性认证。获得 CQC 自愿认证证书的产品,特别是为整机配套的关键元部件产品,在整机进行强制性认证时可直接认可该元部件的安全性能,而不需再进行单独的相关试验。

(1) 已有国家、行业或 IEC 安全标准的元部件

一些常用的已有国家、行业或 IEC 安全标准的元部件详见表 3.21。

表 3.21　已有安全标准的元部件一览表

序号	产品名称	标准编号	对应的 IEC 标准
1	电线电缆*	GB 5013—1997 GB 5023—1997	IEC 60245 IEC 60227
2	插头、插座*	GB 1002—1996 GB 2099.1—1996 GB 2099.2—1997 GB 2099.3—1997	IEC 60884—1：1994 IEC 60884—2—2：1994 IEC 60884—2—5：1994
3	器具耦合器*	GB 17465.1—1998 GB 17465.2—1998	IEC 60320—1：1994 IEC 60320—2—2：1990
4	热熔断体*	GB 9816—1998	IEC 60691：1993
5	小型熔断器*	GB 9364.1—1997 GB 9364.2—1997 GB 9364.3—1997	IEC 60127—1：1988 IEC 60127—2：1989 IEC 60127—3：1988
6	熔断器座	GB 9364.6—2001	

序号	产品名称	标准编号	对应的 IEC 标准
7	隔离变压器和安全隔离变压器	GB 13028—1991 GB 19212.1—2003	IEC 60742：1983 IEC 61558—1：1998
8	抑制电磁干扰电容器	GB /T 14472—1998	IEC 60384—14：1993
9	压敏电阻器	GB /T 10193—1997 GB /T 10194—1997	IEC 60105—1：1991 IEC 60105—2：1991
10	熔断电阻	SJ 2865～2866—1998	
11	单面纸质印制线路板	SJ 3275—1990	
12	印制电路用覆铜板	GB 4723～4725—1992	IEC 60249—2
13	温度敏感控制器：控温器、限温器、双金属片式温控器、热断路器	GB 14536.1—1998 GB 14536.10—1996	IEC 60730—1：1993 IEC 60730—2—9：1993
14	连接铜导线用的扁形快速接线端头	GB 17176—1997	IEC 61210：1993
15	器具开关	GB 15092.1—2000 GB 15092.2—1994 GB 15092.3—1998 GB 15092.4—1999	IEC 61058—1：1996 IEC 61058—2—1 IEC 61058—2—5：1994 IEC 61058—2—4：1995
16	交流电动机用电容器	GB 3667—1997	IEC 60252：1992
17	家用和类似用途低压电路用连接器	GB 13140.0—1997	IEC 60998—1：1990
18	用为独立部件的带螺纹型夹紧件的连接器件	GB 13140.2—1998	IEC 60998—2—1：1990
19	作为独立部件的带螺纹型夹紧件的连接器件	GB 13140.3—1998	IEC 60998—2—2：1991
20	作为独立单元的带刺穿绝缘型夹紧件的连接器件	GB 13140.4—1998	IEC 60998—2—3：1991
21	扭接式连接器件	GB 13140.5—1998	IEC 60998—2—4：1993
22	端子式连接器件用（端接和（或）分接）接线盒的特殊要求	GB 13140.6—1998	IEC 60998—2—5：1996
23	连接器件-连接铜导线用螺纹型和无螺纹型夹紧件	GB 17464—1998	IEC 60999：1990
24	显像管*		IEC 61965

注：带 * 号的产品是列入 CCC 强制认证的产品。

这些标准贯彻了电工、电子产品的安全要求，是根据其可能的使用功能、结构特征而制订的。具体的产品选用相应的标准，结合产品的结构特征、可能的使用场合，选择适用的试验项目、试验应力。同一类的元部件产品，或即使是结构相同的同一类元部件产品，为了适应不同的整机要求或不同的使用场合要求，其产品往往会有一不同的特征分类，因此，元部件制造厂应提供足够的资料信息，以使整机制造厂能方便选择和安装，并能按相关标准进行相关的试验。

（2）根据整机安全标准要求的元部件

一些常用的但还没有国家或行业或 IEC 安全标准的元部件详见表 3.22。

表 3.22　无独立安全标准的元部件一览表

序号	产品名称	GB 8898—2001 的主要相关条款
1	开关型电流用隔离变压器	14.3（已列入 IEC 61558—2—17）
2	消磁线圈	14.3
3	隔离电阻器	14.1
4	高压元件和组件	14.4
5	继电器	14.3 和 14.6

这些产品是整机电子产品中的关键元部件,但目前还没有形成独立的产品安全标准,其安全要求通过 GB 8898—2001 第 14 章的有关条款以及其他各章的相关适用条款反映。这类元部件也可通过独立认证而免做随机安全试验。

2. 不同性能特征的元部件的一些特殊要求

（1）连接在危险带电零部件和可触及导电零部件之间的电阻器

对连接在危险带电零部件和可触及导电零部件之间的电阻器,以及对跨接在电源开关触点间隙上的电阻器,10 个样品均承受如图 3.26 所示试验电路中充电到 10kV 的 1nF 电容器,以 12 次/min 的最大速率,进行 50 次的放电。

对连接在危险带电零部件和可触及导电零部件之间的电阻器,其端接点间的电气间隙和爬电距离应符合加强绝缘的要求;其阻值选取应保证按 GB/T 12113 的规定,采用如图 3.28 所示的测量网络进行接触电流测量时不大于 0.7mA（峰值）或 2.0mA（直流）,或在频率大于 100kHz 时接触电流不大于 70mA（峰值）。

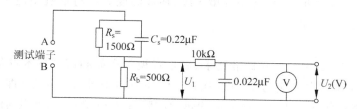

图 3.28　接触电流的测量网络

（2）其他使用场合的电阻器

对其他使用场合的电阻器,其安全考核需结合整机的使用情况进行：在对电阻器影响最大的故障条件下,测量该电阻器上流过的电流值,取 10 个相同的样品,通过电压源使每个样品的电流为测得的电流值的 1.5 倍,此后保持电压不变。

当达到稳态时测量其电阻值,该电阻值与湿热试验前所测得的电阻值相比,其变化应不大于 20%,也不允许有损坏。

（3）电容器或阻容单元

电容器或阻容单元应能承受 GB/T 14472—1998 表 2 规定的安全要求试验,稳态湿热时间为 21d。

作安全绝缘用的电容器或阻容单元应采用 Y 类电容器或阻容单元,并符合表 3.23 规定的类别。

表 3.23　Y 类电容器和阻容单元的使用类别

小　类　额定电压 跨接的绝缘类型	≤150V	150～250V
基本绝缘或附加绝缘	Y4	Y2
双重绝缘或加强绝缘	Y2 或 Y4	Y1 或两个相同额定值的 Y2 电容器 或阻容单元的串联

其他场合使用的电容器或阻容单元应采用至少为 X2 类别的电容。

（4）热断路器

热断路器按 GB 14536 系列标准要求,其动作特性应为 2 型动作;操作特性至少应具有微断开(2B 型);结构特性应具有不会妨碍触头打开,以防止故障持续的自动脱扣机构(2E型);自动动作循环次数应至少为:

① 用于断开设备时不断开电路的自动复位热断路器为 3000 次循环;

② 用于同时断开电路和设备的自动复位热断路器以及能从设备外面手动复位的非自动复位的热断路器为 300 次循环;

③ 不能从设备外面手动复位的非自动复位的热断路器为 30 次循环。

热断路器的电应力按长期施加考虑,预定老化时间为 10 000h;基本绝缘或附加绝缘的抗电强度修正为图 3.24 曲线 A,加强绝缘修正为图 3.24 曲线 B;热断路器的额定值、电源性质、负载类型、外壳防护等级、污染环境等级、环境温度等应与整机相适应,并在正常工作条件以及故障条件下应用。

（5）开关

开关按 GB 15092.1—2000 标准要求,满足音视频产品和信息技术设备的安全要求的配套开关,其操作循环次数应为 10 000 次;适用环境污染等级为正常(即 175V 耐漏电起痕);耐热和耐燃等级为水平 3(即 850℃灼热丝试验);对电源开关、触点通断的速度应与操作速度无关,耐燃等级为 FV-0 级或对样品进行等效的针焰试验:12mm 的蓝火引燃 10s、60s、120s 三次,第一次引燃试样不应完全燃尽,且各残燃时间均应不大于 15s,平均残燃时间不大于 10s,试样下方 200mm 处的单层绢纸不被引燃,白松木板不被炭化。

开关的额定值、电源性质、所控制的负载类型、环境温度等性能指标应与整机相适应。对开关或者 GB 14536 系列标准所涉及的产品,不管它们带有触点还是不带有触点,它们的作用总是通过"开关"的接通或断开来实现电路负载的切换控制。这种产品一个很重要的指标就是负载形式及其额定值和操作循环次数。根据负载元件性质,负载形式一般可分为下列几种。

① 阻性负载　一种常用的负载,电流与电压的关系符合欧姆定律。

② 容性负载　"开关"接通时,电容两端短路,使接通电流峰值比稳态电流大几倍甚至几十倍。

③ 感性负载　"开关"接通或断开时,电感的反磁效应使"开关"两端产生极大的反向电压。

④ 钨丝灯负载　由于钨丝灯的冷阻比热阻小十几倍,因此"开关"的接通电流比分断电流大十多倍。用钨丝灯作负载时,要保证钨丝灯的两次接通间隔充分地长,以使灯泡冷却,冷阻、热阻比(或接通电流、分断电流比)达到规定的要求。这种负载的性质与容性负载比较接近,只要控制容性负载的波形特性,是可以用容性负载模拟代替钨丝灯负载的。也可以用接通、分断电流大小不同的阻性负载来模拟钨丝灯负载。

⑤ 电动机或电磁铁负载　起动电流是稳态电流的 6 倍以上,且带有感性。

⑥ 其他特定负载。

对一个"开关"而言,带不同的负载,所能承受的额定值是不同的,能正常操作的循环次数也是不同的。

(6) 继电器

继电器是由电、热等物理量"操作"的"开关",当感应端与可触摸元件连接时,感应端与输出端"开关"的隔离应符合加强绝缘的要求。

(7) 安全连锁装置

当整机的外罩、箱门等在拆卸、打开或取下时,操作者会触及危险零部件的情况时,应有安全连锁装置先使这些危险零部件断电,或在 2s 内使电压降到 42.4V 交流峰值、60V 直流以下,能量等级降至 20 以下;对因惯性而继续运动的零部件,应使它减小到允许的安全等级。

当外罩、箱门、隔离护板等未处于关闭位置时,安全连锁装置不应产生意外复位的危险。

应有 10 000 次循环操作而不出现失效的能力。

安全连锁装置的接点若位于一次电路,则接点间隙应达到完全断开的能力,即接点间隙至少为 3mm;若位于二次电路,接点间隙应不小于对应工作电压下基本绝缘所要求的最小间隙值。

接点在承受 50 次过载试验和 10 000 次耐久性试验后,接点间隙应能承受加强绝缘的抗电强度试验(对一次电路接点),或对应工作电压所规定的基本绝缘抗电强度试验(对二次电路接点)。

(8) 显像管

屏面最大尺寸超过 16cm 的显像管,需进行防爆炸试验和(或)防机械撞击试验。对防爆管试验检查管子,对非防爆管实际上还要试验检查防爆屏。两种类型管子的检查,均要用 12 只管子,其中 6 只直接进行试验,另外 6 只先进行老化试验,再进行爆炸试验和机械强度试验。试验后均应合格。

① 老化试验

a. 潮热处理条件

温度(25±2)℃,相对湿度 90%～95%,24h;

温度(45±2)℃,相对湿度 75%～80%,24h;

温度(25±2)℃,相对湿度 90%～95%,24h。

b. 两次快速温度循环处理,每次包括:

(+20±2)℃,1h;

(−25±2)℃,1h;

(+20±2)℃,1h;

(+50±2)℃,1h。

c. 按①项所指出的条件进行潮热处理。

② 防爆管的试验

a. 试验准备

试验应按制造厂的说明书,安装在试验箱中进行。试验箱应置于高出地面(75±5)cm的水平支架上。

试验期间,试验箱子不得在支架上滑动。

注:试验箱子的具体要求如下。

箱子用胶合板制成,对于屏幕尺寸不超过 50cm 的管子,胶合板厚度应为 12mm;而 50cm 以上的大管子,则胶合板厚度应为 19mm,箱子的外尺寸约比管子总尺寸大 25%。箱子的正面应有一个开孔紧紧地箍在管子四周。箱子背面应有一个直径为 5mm 的开孔,并靠在一个大约 25mm 高的木条上,木条固定在支架上防止箱子的滑动。

b. 冷热温度冲击爆炸试验

首先在每只管子上产生裂纹,其方法是:用金刚钻划针在每只管子的正面和侧边刻划一片划道(见图 3.29),并用液体氮或类似物质反复地冷却此处,直至破裂。为了防止冷却液体流出此试验部位,应用泥塑小坝。

图 3.29 显像管试验刻纹图案

试验后,应无大于 2g 的碎片飞过管面投影前 50mm 处高出地板面 25cm 的挡板;也应无任何碎片飞过在 200cm 处的同样挡板。

c. 机械强度试验

每只管子应经受洛氏硬度至少为 R62、直径为 40mm 的淬硬钢球撞击一次,钢球用绳子悬吊在一固定点上。

试验时先将绳子拉直,使钢球提起,当钢球与撞击点间达到如下垂直高度时,让其下落击于管子正面的任何地方:

(a) 对屏幕尺寸超过 40cm 者为 210cm;

(b) 对其他管子为 170cm;

(c) 管子正面的撞击点距离管子有用区的边缘至少为 20mm。

试验后,应无大于 10g 的碎片飞过放在地面上离管面投影处 150cm、高 25cm 的挡板,见图 3.30。

自身不防爆的显像管。安装有显像管及其保护屏的设备应置于高出地板面(75±5)cm的水平支架上。如果是落地式设备,就直接放置在地板上。

使显像管在设备外壳内部爆炸。

试验后,应无大于 2g 的碎片飞过管面投影前 250cm 处、高出地板面 25cm 的挡板;也应无任何碎片飞过 200cm 处的同样挡板。

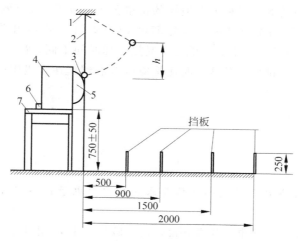

图 3.30　机械强度试验

1—固定点；2—悬绳；3—撞击点；4—显像管；

5—保护屏；6—固定板；7—水平支架

3. 补充说明

（1）元部件的安全与产品结构的关系

元部件的安全特性与整机中的使用结构有很大关系。如图 3.31 是一种微动开关的示意图，该开关的带电件与金属传动（操动）杆的电气间隙和爬电距离为 2.8mm，绝缘穿通距离为 0.56mm；带电件与安装面的电气间隙和爬电距离为 2.5mm，带电件与定位孔之间的绝缘穿通距离为 0.3mm（定位孔为 $\phi 1.8mm \times 2$）。从这组数据可知，此开关的绝缘等级达不到 GB 15092.1—2000 的基本绝缘要求，没有附加安装条件说明，难以单独认证试验合格。如果生产厂家规定："开关安装时，安装板、定位销必须用绝缘材料制成，开关操动时，通过不短于 8mm 的绝缘操动杆将操动力传递至金属传动杆"，则此开关可用于各种污染等级的各类电气器具上。

因此，元部件生产厂家应根据产品的结构特点描述产品的安全条件，以便于用户使用和应用。

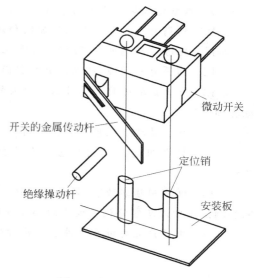

图 3.31　微动开关示意图

（2）元部件的认证与整机的相关要求

元部件单独认证时，一些分类特性往往难以在证书中得到全面反映，这时只有通过调阅其型式试验报告才能全面了解该产品的认证范围是否满足对整机的相关要求。

（3）元部件认证指标与整机标准不协调的处理方法

一些元部件单独认证标准的指标或方法与整机标准还存在着不协调的地方。如

GB 15092.1—2000 中基本绝缘和工作绝缘的抗电强度为 1250V(有效值,对 250V 额定电压而言),而 GB 8898 和 GB 4943 都要求为 1500V(有效值);电源开关的燃烧试验方法不同,前者为灼热丝法,而后者要求为针焰法;湿热处理时间不同,等等。这些不协调的地方正在不断完善之中,但元部件单独认证时还是应该考虑到其在整机中的应用情况而提出特殊处理的地方。

复习思考题

3-1　所有用电设备安全性能的总体要求是什么?电子设备安全设计的基本原则是什么?

3-2　在防电击安全设计中为什么要设计两道防线?Ⅰ类、Ⅱ类和Ⅲ类设备的防线各是什么?

3-3　绝缘如何分类?其基本概念是什么?

3-4　电击的原因是什么?

3-5　解释下列基本概念:击穿、爬电、飞弧、SELV 电路、接触电流、TNV 电路。

3-6　试述电子设备高温产生的原因、预防设计原则和散热方法。

3-7　试述起火三要素、防火设计原则和方法。

3-8　电子产品关键元部件十项通用安全要求的具体要求是什么?

3-9　本章要求从哪几方面掌握电子产品安全性试验的基本要求?

3-10　何谓电击?电击产生的原因和效应是什么?怎样防止产品对人产生电击?

3-11　绝缘按功能划分,可以分为哪几种?

3-12　何谓电气间隙、爬电距离?它们的作用是什么?

3-13　防火试验的目的是什么?起火的原因和起火后的控制措施是什么?防火防护措施有哪些?

3-14　什么是抗电强度试验?如何进行型式试验?

3-15　什么叫电离辐射?它对人体会产生什么影响?辐射与哪些因素有关?关系怎样?

3-16　掌握耐压实验、接触电流实验、绝缘电阻实验、接地电阻实验的实验目的、实验内容和测试原理以及实验仪器设备的操作方法。

3-17　电子产品关键元部件有哪几种分类方法?

第 **4** 章 汽车电子产品的可靠性检测

改革开放以来,我国电子工业在原有的基础上飞速发展,集成电路、微电子技术正广泛运用于各类电子产品之中。微机产品、电子控制的各种各样的产品,科技含量高、档次高的产品愈来愈多地应用在军事工业、民用工业、轻工业、重工业、农业、科学、教育、商业、医疗卫生及家庭生活之中。随着其应用范围的扩大,产品本身的复杂程度和装配精密程度也不断提高,使用的环境条件也愈来愈严酷。特别是为航天、军工等尖端技术产品配套的电子产品,不仅要求有良好、精密的技术性能,而且要求能长时间、可靠、稳定地工作。这就是所谓的可靠性。

实践证明,提高电子产品的可靠性是电子工业发展的首要技术问题——也可以说是首要的质量问题。不难设想,动不动就出故障的电子产品充斥世界会是怎样可怕的情景。

电子产品可靠性工作的发展是与电子工业的发展密切联系在一起的。早在第一个五年计划期间,我国就建立了可靠性和环境试验研究基地,调查和收集电子产品的使用情况、失效情况,并开展了部分电子产品的可靠性和环境适应性试验。同时还在各专业研究所和某些工厂建立了有关试验室,在研究、设计、试制新产品的过程中,注意进行环境适应性和长期寿命试验。某些单位还对电子设备的可靠性预测进行了尝试。

在第二、第三个五年计划期间,我们冲破了苏联对我国的封锁,独立自主,自力更生,不但对电子产品开展了大量的可靠性和环境性试验工作,而且对失效产品进行了理化分析,研究了其失效机理,针对其原因,对原材料、设计、制造工艺、技术管理等多方面采取了相应措施,提高了电子产品的可靠性水平。后来我国原子弹、氢弹的爆炸成功,人造地球卫星的上天,中远程导弹的发射成功,都说明了与之配套的电子产品的可靠性达到了相当高的水准。

改革开放以来,我国加强了与外界的联系,在电子工业方面,例如在收录机、电视机、电冰箱、洗衣机、半导体元器件、集成电路乃至微型电子计算机等方面进行了整机、散件、生产线的大量引进,以改变我国在此方面产品的落后状况。尤其在产品的性能、可靠性方面,我们学习到大量的有益东西。到 20 世纪 90 年代末,我国电子工业已跃入世界先进行列,为进一步发展打下了良好的基础。

4.1 电子产品可靠性的基本概念

4.1.1 可靠性的定义

所谓可靠性,是指"产品在规定条件下和规定时间内,完成规定功能的能力";产品的可靠性与"规定条件"是分不开的。这里所说的规定条件是指产品使用时的应力条件、环境条件和储存时的储存条件等。

"规定条件"不同,电子产品的可靠性也不同。例如,同一半导体器件使用时,在不同功率输出状态下,其可靠性是不同的。一般的规律是小于额定功率时可靠性较高,等于额定功率时可靠性次之,大于额定功率时可靠性较差。

产品的可靠性与"规定时间"——即规定的工作时间密切相关。一般来说,元器件经过筛选、整机经过磨合后,产品在某一段时间内(较长的时间)可靠性水平较高。此后,随着使用时间的延长,可靠性水平逐渐降低;时间愈长,可靠性水平愈低。

产品的可靠性与"规定功能"有密切关系。一个产品往往具备若干项功能,或者说具有若干项技术指标。产品在工作时,要完成的是功能的全部而不是其中的一部分,或者说是要达到所有的技术指标而不是达到某一部分技术指标。

产品在实际使用中发生的失效往往与各种偶然因素有关。要判断某种产品会在什么时候发生故障是无法做到的,但大量的偶然事件(我们称其为随机事件)中隐藏着一定的规律性,偶然事件中包含着必然性。虽然我们不能精确地知道发生故障(或失效)的时间,但可以估计在某段时间(从产品开始使用算起)产品完成规定功能的能力大小,也即所谓产品可靠度的大小。

所谓可靠度,是指"产品在规定条件下和规定时间内,完成规定功能的概率"。

例如,产品工作 1000h 的可靠度为 98%,这就意味着如果多次抽取 100 个同样的产品在规定的条件下工作 1000h,平均约有 98 个能完成规定的功能。

4.1.2 产品质量与可靠性的关系

产品的可靠性,实际上是产品质量的一个组成部分。由于可靠性问题在产品质量问题中占有十分重要的位置,显得格外突出,因此,很多国家,尤其是经济发达、科技先进的国家专门将其作为一项重大问题加以研究。

产品的质量由产品的功能、产品的可靠性、产品的有效度组成,如图 4.1 所示。

产品的功能是指产品所具有的技术指标。例如计算机,它的指标有周期、字长、容量、指令数、运行速度等;又如移动电台,它的指标有频率范围、通信距离、调制度、信道、工种等。这些是产品的基本指标,没有或达不到这些指标,可靠性也就毫无意义。但是,只有这些指标,没有可靠性指标,产品性能是不完全的,也就谈不上

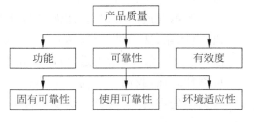

图 4.1 产品的质量与可靠性的关系

产品的使用价值。

　　例如,一部炮瞄雷达,如果其可靠性不高,经常出故障,当敌机凌空时,它不但不能指挥、控制高炮射击,反而暴露了自己的阵地,受到敌人的打击。由此可见,产品的功能能否发挥,很大程度上取决于产品的可靠程度。只有产品的可靠性水平高,才能使产品的功能得到充分发挥。通常,把产品的失效率、可靠度、平均寿命、储存寿命作为产品的可靠性指标。

　　产品的有效度,是指可以修复的产品在某时刻维持其功能的概率。对于可修复的产品,其有效度的高低还与出现故障后修复时间的长短有关。产品的平均修复时间愈短,则有效度就愈高。我们把产品可能工作时间与总时间(可能工作时间加上不能工作时间)之比作为衡量产品质量的又一重要指标,叫做"固有有效度",其定义如下:

$$固有有效度 = \frac{可能工作时间}{可能工作时间 + 不能工作时间} \tag{4-1}$$

　　从图 4.1 还可以看出,产品的可靠性由固有可靠性、使用可靠性和环境适应性三方面组成。

　　所谓固有可靠性,是指产品在设计、制造时内在的可靠性。影响产品固有可靠性的因素主要有电路程式的选择和应用、元器件的选择和应用、元器件的工作参数、机械结构、制造工艺等。

　　所谓使用可靠性,是指使用、维修人员对产品可靠性的影响,具体是指使用、维护的合理性、科学性。这些人为的因素往往会影响产品的正常工作或可靠性。

　　所谓环境适应性,是指产品工作时的外界条件对产品可靠性的影响。这些条件有环境温度、相对湿度、大气压力、振动、冲击、辐射、化学气体烟雾、储存、运输等。

　　以上各因素均为可靠性研究的对象。也就是说,产品的可靠性不仅涉及设计、制造、使用直至寿命终止的全过程,还涉及构成电子产品各种原材料的质量问题。

4.1.3　失效规律

　　产品失效规律的分析和研究是可靠性研究的主要内容之一。对产品的失效规律的分类通常有两种方法:一是按产品的寿命特征分类,一是按产品的失效形式分类。

1. 按寿命特征分类的产品失效规律

　　大量使用、试验结果表明,电子产品失效率 λ 与时间 t 的关系曲线是两端高、中间低的所谓浴盆曲线。产品典型的失效曲线如图 4.2 所示。

　　从曲线上可以看出,产品的失效率随着时间的发展大致可划分为三个阶段,即早期失效期、耗损失效期和偶然失效期。

　　(1) 早期失效期

　　早期失效期是指产品制成后投入工作的较早时期。其特点是失效率高,且产品失效率随时间的增加而迅速下降。这一阶段是产品发生早期失效的阶段,也就是说,由于设计和制造工艺上的缺陷等因素而导致产品失效。尤其是材料缺陷、工艺不良、操作粗心、检验不严等,最容易造成产品的早期失效。例如:电容器的介质中若混入导电粒子,工作时则容易被击穿;薄膜电阻器若刻槽不均匀,在负荷较重时将会烧毁;晶体管、集成电路的引出脚若压焊不牢,将会发生开路。

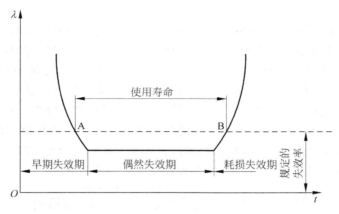

图 4.2　产品典型的失效曲线

减少早期失效的有效办法是：加强原材料的理化检验，严格工艺规程，加强产品的质量管理，对元器件实行筛选措施。

（2）耗损失效期

耗损失效期出现在产品使用的后期，是产品主要的失效时期。其特点是失效率随时间的增加而上升。耗损失效的原因主要是产品的老化、疲劳和损耗。例如：瓷介电容器介质的不可逆变化引起介电常数降低、损耗角正切值增加和绝缘电阻下降；显像管等一类电真空器件在长期使用后，阴极材料的损耗致使发射电子能力下降。

改善耗损失效的方法是不断提高元器件的工作寿命，对寿命短的元器件，在整机设计时就要制定一套预防性检修和更新措施，在它们到达耗损失效期前就及时予以更换。

（3）偶然失效期

偶然失效期出现在早期失效之后，此期间产品的失效纯属偶然事件。其特点是失效率低，工作较稳定；失效率近似为常数，与时间变化关系不大；失效原因均属偶然因素，比如某一时刻元器件的失效只是因为所积累的应力超过本身所能承受的强度。产品的偶然失效期是产品可靠的工作时期，研究这一时期的失效因素，有重要的意义。

以上介绍的三个时期是电子产品的典型情况，也就是说，在一般情况下，电子元器件、系统、子系统等产品的失效率与时间的关系符合图 4.2 所示曲线形式。但是，并不是所有产品都有三个失效期，有的产品只有其中的一个或两个失效期。某些质量低劣的产品其偶然失效期很短，甚至在早期失效期之后，紧接着就进入了耗损失效期。对于这样的产品，进行任何可靠性筛选都是不行的。

然而，半导体元器件具有一个特点，即如果只考虑元器件在工作时的温度因素而不考虑其密封性及外引线的腐蚀等因素，则它的理论寿命是相当长的（可以近似认为无穷大）。例如，一些晶体三极管在高温老化及功率老化试验中失效很少，没有发现耗损失效的现象。

为了提高产品的可靠性水平，掌握产品的失效规律非常重要；也只有对产品的失效规律有了全面的了解，才能采取有效的措施来提高产品的可靠性水平。例如，没有早期失效期的产品就不能用筛选的方法，否则只会引起平均寿命的降低；而没有耗损失效期的产品，则可以加强其筛选条件，使产品的失效率大大降低。

2. 按失效形式分类的产品失效规律

按失效形式,产品的失效可粗略分为三类不同形式:由于产品质量不合格造成的失效、人为因素造成的失效和由于耗损造成的失效。

产品质量不合格造成的失效有两方面的原因:一是产品的设计不能适应实际使用的需要,可能是元器件的选择使用不当,或原材料的选择、使用不当,或电路、工艺选择不当造成的;二是环境应力超过产品负荷能力,可能是产品不适应环境或设计者对使用条件估计错误而造成的。

人为因素造成的失效有三方面的原因:一是对产品没有进行可靠性设计,更未对产品进行可靠性工艺保证措施(即所谓的可靠性工艺设计);二是设计人员或制造人员采用了有缺陷的元器件、材料;三是产品在制造、维修或运输过程中受到了人为的损坏。

耗损失效是指产品由于老化、疲劳、损耗等原因造成的失效,其主要原因:一是某些元器件的使用时间超过耗损期前的寿命,二是某些元器件长时间受环境应力的影响。

这种按失效形式分类的优点在于能尽快找出失效原因,以便从根本上采取措施,提高产品的可靠性水平。实践证明,按照这种方式分析研究产品的可靠性是比较直观、科学的,因为它的目标建立在可靠性与产品材料物理性质的直接关系上。具体地说,是根据产品的物理、化学性质,力学结构以及各种外界因素直接算出产品的可靠性指标。虽然本书未对此部分内容加以论述,但它确实非常重要。

4.1.4　失效分析

随着电子元器件可靠性水平的提高,以寿命试验为基础的传统的失效分析方法已不能完全适应发展的需要。由于微电子学的发展,一种短时间、高应力的加速试验方法及其相应的分析方法逐步形成。对电子器件失效机理、原因的诊断过程叫失效分析。

对批量产品,以一定抽样程序,抽取一定数量的产品对其进行加速试验。失效分析往往采用较精密的仪器设备和分析手段进行物理、化学、金相、显微等分析,并加以深刻的失效机理研究,以尽可能彻底地解决问题。失效分析的任务是确定失效模式和失效机理,提出纠正措施,防止这种失效模式和失效机理的重复出现。因此,失效分析的主要内容包括:明确分析对象,确定失效模式,判断失效原因,研究失效机理,提出预防措施(包括设计改进)。

采用失效机理分析的特点是效率高、成本低、摸清失效原因快;缺点是不能精确地估计产品的失效率。

失效形式分析的过程如下。

(1) 收集失效数据。

(2) 失效形式鉴定　失效形式就是失效状态,如断线、短路、特性恶化等。可以根据形式来判断失效与产品的哪一部分有关,例如半导体管、半导体集成电路的开路现象,往往与内部的金丝或硅铝丝断开、金属膜开路或压点脱开等有关。

(3) 失效特征描述　根据失效部位的形状、大小、位置、颜色及化学组成、物理性质,科学地表达和说明与上述失效形式有关的现象或效应。

(4) 失效机理假设　根据上述有关特征的描述,结合材料的性质、有关制造工艺理论和实践,提出可能导致该失效形式产生的内在原因或规律性。

（5）证实　通过一些有关的单项实验证明上述失效机理的假设是否正确。为了使结论准确、可靠,此种实验必须进行多次且操作无误。

（6）改进措施　根据上述失效机理的判断,提出消除产品失效因素的有关建议与办法。

（7）新的失效因素的探索　由于改进措施的实行,产品可靠性水平提高了,但又可能出现新的失效因素,这就需要进一步探索和解决。

各种产品的失效形式和失效机理不会完全相同的,即使同一种产品,由于原材料来源不同或制造工艺不同,失效形式也不会完全相同。因此,在失效分析中要注意具体情况具体分析。失效机理的分析,通常有两种方法:一种是简单剖析法;一种是特殊仪器探测法。特殊仪器探测法又称非破坏性检验法,如采用红外线扫描仪、红外显微镜、扫描电子显微镜、电子探针、X光仪等进行检验。

4.2　提高产品可靠性水平的意义和途径

无论从理论上还是实践上,提高电子产品可靠性都有巨大意义。美国军方在 20 世纪 60 年代末到 70 年代初采用了以失效分析为中心的元器件质量保证计划,通过在制造和试验中暴露问题,经过失效分析找出失效原因,通过改进设计、工艺和管理,在六七年间使集成电路的失效率从 $7 \times 10^{-5}/h$ 降低到 $3 \times 10^{-9}/h$,从而大大提高了关键系统的可靠性,成功实现了"阿波罗"飞船登月计划。

4.2.1　电子工业发展对可靠性提高的要求

对产品可靠性的要求是随着电子产品的复杂程度的提高而逐步提高的,对产品可靠性的研究也就随着电子工业的发展而逐步向前发展。电子设备或系统的可靠性很大程度上取决于所用元器件的可靠性。电子设备中使用的元器件愈多,对元器件的可靠性要求就愈高。如果以 R 表示一台电子产品的可靠度,以 $R_1, R_2, \cdots, R_n$ 表示用于该产品内诸元器件的可靠度,那么一个串联系统电子产品(即系统中任一元器件的失效都会导致系统设备失效)的可靠度 R 就等于各元器件可靠度的乘积,即

$$R = R_1 R_2 \cdots R_n \tag{4-2}$$

为简便起见,设该电子产品的可靠度完全取决于组成它的元器件的可靠度,另假设各元器件的可靠度也是相同的,则图 4.3 表示了不同数量、不同可靠度的元器件在串联系统电子设备中对产品可靠度的影响。

图 4.3 中每条曲线表示单个元器件的可靠度为不同值时,组成设备的元件数(即串联连接的元件数)不同时所对应的设备可靠度。

当单个元器件的可靠度为 0.99(从上往下数第三条曲线)时,此设备如果是由 10 个元器件组成的,则其可靠度为 90.4%;如果是由 40 个元器件组成的,则其可靠度为 66.9%;如果是由 80 个元器件组成的,则其可靠度只有 44.8%。

假如一台 VCD 影碟机由 100 个元器件组成,当要求其平均无故障工作时间为 1000h 时,那么就需要失效率为 $10^{-5}/h$ 水平的元器件来组装。如果 VCD 用 10 000 个这样水平的元器件组装而成,那么它的平均无故障工作时间就只有 10h 了。这样的 VCD 用起来就不

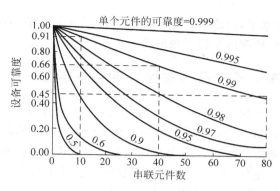

图4.3 设备可靠度影响因素

那么放心了。为了使10 000个元器件组装成的VCD机的平均无故障工作时间保持1000h，那么就要提高元器件的可靠度，使它的失效率达到10^{-7}/h的水平。

由此可知，随着电子产品采用元器件的数量的增加，对元器件的可靠度要求就越高。在尖端产品和大型电子系统中，使用的元器件往往达到几万、几十万乃至几百万个，可想而知，可靠性问题是多么重要。

4.2.2 可靠性与经济的关系

从产品成本的角度来看，要提高可靠性水平，必然会增加成本，因为做好这项工作牵涉到选取品质优良的材料，采取先进的工艺、性能优良的设备，进行严格、周密的管理等。这就要求投入较多的资金和人力、物力。但从使用的角度来讲这是十分必要的。由于产品可靠性水平的提高，使用费用和维修费用大大减少了，设备的更新时间大大延长了，根本不必担心设备运行不好而产生故障带来生产上的经济损失等。尤其在军事上，产品可靠与否显得更为重要，因为它直接影响着战争的胜负。

产品可靠性与费用的关系曲线如图4.4所示。由图可知，可靠性水平的提高，导致生产费用的提高，但使用费用、维修费用随之降低；反之，如果可靠性降低，非但导致使用和维修费用大大增加，甚至会出现产品报废的结果，在经济上的损失就更大了。据估计，一台由十万块半导体集成电路组成的大型电子计算机，在整机装配厂更换一块坏了的集成电路板，花的费用约等于一块集成电路板价格的6000倍（因有时需将机器彻底检查之后才能找出这块板的缘故）。如果在使用现场更换则更困难，所需的费用要增加约50 000倍。

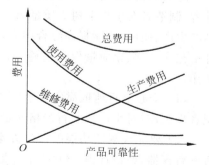

图4.4 产品可靠性与费用的关系曲线

4.2.3 提高产品可靠性水平的意义

从上面的分析中我们清楚地看到，提高产品的可靠性水平在政治上、军事上、经济上都有重要的意义，对发展我国尖端技术、军事工业、推广应用电子技术有着重要的作用，对实现国民经济各领域、各行业以及家庭生活的电气化、自动化、现代化有着不可估量的作用。

提高产品的可靠性水平,就能从整体上降低成本,真正做到节约能源、节约材料、节约资源、节约人力、节约资金,使我国早日实现现代化。

4.2.4 提高汽车电子产品可靠性水平的必要性

据估计,现今所有汽车应用创新中85%与电气和(或)电子相关。由于机电一体化设备正逐渐快速的替代传统机械和液压功能,以及消费者对新附加价值的电子功能的要求,使得一些专家相信,每辆车的电子技术价值含量不久可达到平均40%,而十年前人们还认为这不可能。不幸的是,由于电气/电子故障引起的故障率也呈上升趋势,促使 OEM 和 1 级供应商采用苛刻的可靠性标准,从而使得许多制造商努力寻求改变这一趋势的新材料和新设计。

任何产品都有其缺陷所在,当这些故障发生时产品往往已超过了时效,尤其是配套应用在汽车上的电子产品,如 DVD、汽车音响、多媒体接收系统等。如果不能在早期发现并解决潜藏在这些电子产品中的问题,而等其装配到汽车上,用户使用一段时间后才让问题慢慢显露出来,则会给制造商和用户带来极大的损失。如果不采取不同的方法来解决日益增多的汽车电子产品有关的问题,那么今天看到的可靠性问题注定会变得更严重。以梅塞德斯奔驰为例,在 2005 年第一季度,由于与其 E-Class 和 S-Class 型号有关的质量问题,他们不得不注销 6 亿美元收益。而且问题不仅关系到客户满意度,它也正在变成对行车安全的担忧。收音机不能正常工作不是什么大事,但是如果电动转向系统失灵,汽车需要驶到路边以重启系统,那问题就大得多了!

因此,提高汽车电子产品可靠性,不论对于保证汽车的正常工作还是提高汽车的竞争发展能力都具有重要的经济和社会意义。

4.2.5 提高可靠性水平的基本途径

总的来讲,提高产品可靠性水平要从两大方面入手。一是从人的方面入手,使产品的设计者、制造者在思想上树立质量第一的观念,要深刻认识质量是企业的生命。大量高质量产品的生产、使用,才能提高综合国力,才能使国家富裕强盛。二是从技术方面入手,如优化设计工艺水平、强化质量保证措施等。具体地说,提高产品可靠性水平要做好以下几方面的工作。

(1) 全心全意地依靠每一个生产者,真正让他们做企业的主人,依靠他们搞好可靠性组织管理工作,对生产线实行严格质量控制,从基层、从生产的每一步搞好质量的控制。

(2) 要完成规定功能的设计方案愈简单愈好,组成产品的元器件数量愈少愈好。例如有一台仪器,原设计由 53 000 个元器件组成,用集成电路后由 5550 个元器件组成,焊点由原来的 144 000 个减少到 56 500 个,从而把平均无故障工作时间提高了 26.2 倍。

(3) 对元器件实行减额使用,减轻其负荷量。实验表明:

① 电容器的电压及电阻器的功率降低 1/5,使用时其可靠度就可提高 2～20 倍;

② 半导体管的额定功率降低 1/10～3/10,使用时其可靠度就可提高 3～10 倍。

然而,这并非说减额越多越好,还要兼顾设备的体积、重量、成本等因素。对于性能特殊的元器件,减额使用反而不好,例如,继电器越减额吸合力越小,其触点氧化膜就越不容易磨掉,因此它就越不可靠。

(4) 进行产品的可靠性设计。

(5) 提高电路效率,使各电路损耗最小;采用高稳定电路;注意屏蔽、接地、抑制干扰。

(6) 选用可靠度高、质量优的原材料及元器件,采用标准件、通用件,尽量减少元器件品种。

(7) 对于半导体管及集成电路块等元器件,可进行适当的高温功率老化,这样可筛除大部分的早期失效件。具体筛选条件和筛选时间是随着不同的元器件和不同的生产工艺而定的,不能硬性规定。每种元器件的筛选时间和应力条件要经过摸底试验后才能确定。

(8) 在结构设计上要科学、合理,改善产品的性能。既注意牢固、可靠,又注意散热、通风;既注意防尘、防水,又注意防振动、抗冲击;还要注意耐腐蚀,等等。

(9) 实行可靠性储备。可靠性储备是通过备用系统、备用设备及它们的各种组合来实现的。可靠性储备按储备程度,可分为两倍储备、三倍储备、多倍储备;按储备设备(简称为备件)的使用安排,可分为工作储备和非工作储备。

工作储备是指使几套设备(或电路)同时工作,如其中一套损坏,整个系统仍照常工作。非工作储备是一套设备(或电路)工作,其他设备(或电路)处于待机状态,当工作设备(或电路)损坏时,待机的设备(或电路)能自动接上去工作。显然,储备设计可以提高可靠性水平。

在储备设计上有许多发展,例如在计算机设计中有种所谓"容错计算机"可以大大提高计算机的可靠性水平。所谓容错,是指机器中出现了一个或几个错误是容许的。实现容错的方式有掩蔽(工作)储备制、待机(非工作)储备制两种。

掩蔽(工作)储备制属多数判决制,如图4.5所示,部件Ⅰ、Ⅱ、Ⅲ无论哪一个出错,输出仍是正确的。

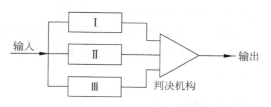

图 4.5 掩蔽(工作)储备制

在待机(非工作)储备制中,储备的部件不参加工作,处于待机状态,一旦工作部件失效,立即接入待机部件,并使失效部件与系统脱离。这种计算机必须有自动检测、诊断、"修理"功能,才能判断部件的工作和进行有效的"修理"。所谓"修理",只是从电器连接上把失效的部件断开,并同时接上待机部件。

提高产品可靠性水平的途径很多,以上只是其中的几个方面。在生产线上,充分培养和提高生产者的质量意识,进行技术革新,尽量提高自动化程度,采用先进工艺,实行科学管理,对提高产品的可靠性水平都大有好处。

4.3 可靠性试验和可靠性分析

可靠性试验是指为分析、评价产品的可靠性而进行的各种试验之总称,广而言之,凡与研究产品故障有关的任何试验都可以认为是可靠性试验。具体来讲,可靠性试验指检验产品可靠性的手段和方法。它的分类有四种不同的方法。

(1) 按试验项目分类,可分为环境试验、寿命试验、特殊试验以及现场使用试验。

（2）按对产品的损坏性质分类，可分为破坏性试验和非破坏性试验。

（3）按试验目的分类，可分为验收试验和鉴定试验。

（4）按产品种类分类，可分为元器件试验和设备试验。

对某一选定的产品进行可靠性试验时，主要是对其进行第一种分类中所规定的环境试验、寿命试验、特殊试验及现场使用试验。

4.3.1　可靠性试验

1. 环境试验

这里所说的环境，是指产品生产出来后所面临的一切可能接触的环境条件，它对产品性能影响的试验，要用模拟的方法进行。

环境条件大致有以下几种。

（1）气候条件，如温度、湿度、气压、风、雨、雪、霜、沙尘、盐雾、腐蚀性气体等。

（2）机械条件，如冲击、振动、离心、碰撞、跌落、摇摆、静力负荷、失重、爆炸音响激励、冲击波等。

（3）辐射条件，如太阳辐射、核辐射、宇宙射线辐射、磁场、电场、电磁波等。

（4）生物条件，如霉菌、昆虫、啮齿类动物等。

（5）电条件，如雷击、电晕放电、静电等。

（6）人为因素，如使用、维护、运输等。

（7）介质因素，如水、油、空气等。

影响产品性能的环境条件很多，但不可能对所有环境条件都进行模拟试验，而只是模拟其中的主要项目。例如元器件环境试验项目有冲击、振动、离心、温度、热冲击、潮热、盐雾、低气压等。

2. 寿命试验

产品的寿命有三种提法，一是全寿命，二是有效寿命，三是平均寿命。

所谓全寿命，是指产品一直用到不能使用的全部时间。

所谓有效寿命，是指某些产品的性能指标下降到额定值 70%（产品并未损坏，只是性能指标下降）的使用时间。比如显像管或示波管的阴极发射率下降造成亮度下降，某些元器件参数变化造成性能变差，某些整机由于使用时间过长而引起机器衰老、性能下降等。

所谓平均寿命，多数是指整机的平均无故障工作时间，通常表示为 MTBF。对于某种可修复产品，它的 MTBF 是指各个产品相邻两次失效之间的工作时间的平均值。

产品寿命的提法还有不少，如储存寿命、可靠寿命、中位寿命、使用寿命等。

寿命试验是可靠性试验的重要内容，通过这种试验可以了解产品的寿命特征、失效规律，计算出产品的失效率和平均寿命等可靠性指标。寿命试验分为长期寿命试验和加速寿命试验两种。

（1）长期寿命试验

长期寿命试验包括长期储存寿命试验和长期工作寿命试验。

长期储存寿命试验，就是将元器件在一定的条件下储存，定期测试其参数，并定期进行必要的例行试验,根据参数的变化和现定的失效标准,来确定产品的储存寿命或失效率。

长期工作寿命试验又分为静态试验和动态试验。

静态试验就是加大直流额定负荷的寿命试验,如电阻器、电位器、半导体管在规定温度下加上额定功率。采用此种方法试验的优点是设备简单,有一定的价值,但耗时、耗资。

动态试验是模拟元器件实际工作情况的试验,其准确度比静态试验好。但由于该项试验要求更多的设备和费用,故只在某些必要的场合下应用。一般以静态试验为主。

(2) 加速寿命试验

由于元器件可靠性水平的迅速提高,长期寿命试验的方法已不能适应需要。

例如,要验证置信度为 90%、失效率为 10^{-8}/h 的元器件,如果采用长寿命试验方法进行试验,则要用 23 万只元器件工作 1000h;或采用 1000 只元器件工作 23 万 h(26 年),且不允许有一只失效。这样试验不仅代价高而且也是不现实的。因此,人们想出了加大应力、缩短时间的试验方法,即加速寿命试验法。其具体方法又有三种。

① 恒定应力加速寿命试验:将一定数量的样品分成几组,每组固定一种应力条件,一直试验到每组有一定数量的产品失效为止。

② 步进应力试验(又称阶梯应力试验):将一定数量的样品分为几组,每组固定一个逐级提高应力的时间,应力按规定时间由低向高逐级增加,一直到样品大量失效时为止。

③ 序进应力试验:一种随时间等速增加应力的方法。这种试验需要有专门的设备。

为了迅速知道产品的寿命分布,分析产品的失效机理,提高产品的可靠性水平,加速寿命试验是一种值得引起重视的方法,在我国已广泛应用于电阻、电容、半导体管、集成电路、接插件、继电器、绝缘材料等产品的寿命试验上。

3. 特殊试验和检查

所谓特殊试验,就是用特殊的仪器进行的试验和检查。它在可靠性筛选工艺和筛选试验中使用较多。以下是几种主要的特殊试验和检查的方法。

(1) 红外线检查

当元器件设计不合理或有缺陷时,就会在局部产生过热点或过热区。用红外线探测和照相原理,可发现这些过热点或过热区。这样可在使用前将不可靠的元器件筛除。

(2) X 射线检查

利用 X 射线照相方法可以检查导线、电缆等内部是否有缺陷,也可以透过半导体管和集成电路的封装外壳发现里面的污物、金属微尘和键合不良的引线等。

(3) 氦质谱检漏

氦质谱检漏主要用来检查元器件的密封程度,其方法是将待检元器件在气压为零点几兆帕的氦气中放置一定时间,然后再放到氦质谱仪的真空中,此时氦气将从漏气孔中漏出,通过计算,即可算出漏气速率。

(4) 放射性示踪检漏

放射性示踪检漏,是将待检漏的元器件在气压为零点几兆帕的放射性示踪气体(如氢85)中放几个小时至几十个小时,取出后吹去剩余气体,放在一个辐射探测器中,根据它的读数可以推算出元器件的漏气率。

此外,还可以应用电子微探针、β 射线仪、超声波、电子显微镜、微波设备等非破坏性仪器进行检查。

4. 现场使用试验

现场使用试验是最符合实际情况的试验,前述几种试验均属人工模拟试验。模拟试验的正确与否,尚有待于实际使用情况的证实,因此,现场使用试验应该作为设计制造过程中的一个环节来加以规定。特别是电子设备和电子系统,不经过现场试验是不允许大量投入生产的。

例如一部通信机,在研制出样机以后,应拿到现场去进行考验,只有当其基本满足使用要求后,才能成批生产。一部雷达、一架飞机、一枚导弹,也只有经过现场使用试验合格后才能正式投产。可见,现场使用试验应该是电子设备研制过程中的一个程序。

一台电子设备从出厂起,就要有一份设备履历表跟随着它,表中记载有此设备的制造厂家、出厂日期、使用单位、工作时间、环境条件、使用和维修情况。这份表相当于设备的档案,人们可以通过对同类设备履历表的统计分析,求得设备的失效率和无故障工作时间,找出失效原因,采取对策来改进产品性能,提高产品的可靠性水平。同时,这些现场统计数据还可以为今后电子设备的可靠性设计和预测提供参考。

4.3.2   可靠性分析

1. 主次图

影响产品可靠性的因素不少,其中有主要因素,也有次要因素。为了提高产品的可靠性水平,必须抓住主要矛盾,解决其主要问题。采用的方法之一就是使用主次图进行分析。

所谓主次图,就是对计数试验(或检查)作相当于累积频数图的曲线,在国外叫做巴列特(Pareto)曲线。图 4.6 是薄膜集成电路主次图。图的横坐标表示影响可靠性的各种因素,按其对可靠性的影响程度大小顺序排列;纵坐标表示各因素对可靠性影响的程度。

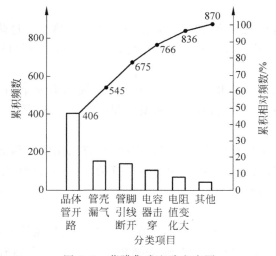

图 4.6   薄膜集成电路主次图

采用主次图的方法,一方面很容易找到主要因素;另一方面也便于分析采取改进措施后的效果。在采取措施提高可靠性水平后,再作主次图;将新作的主次图与原来的主次图进行对比就很容易看出所采取措施的有效程度了。

主次图也可以用在工序的质量管理上,用来比较各批次产品的质量状况(各批次的主次原因),有助于提高产品的稳定性。

下面以某厂初期试制的薄膜集成电路次品为例来说明主次图的作图步骤及分析方法。

第一步　按分类项目收集一定时期内的数据。

如果我们要研究产品的失效原因,则按发生失效的原因分类;如果我们要研究不同操作人员或不同设备的效果,就按不同操作人员或不同设备分类。现在我们要研究薄膜集成电路的次品,那么就按产生次品的原因分类,统计各种原因造成的次品数。

在分析解剖 870 块薄膜集成电路的次品后,发现造成不合格的原因有六个:

(1) 晶体管开路的 406 块;

(2) 电阻值变化大的 70 块;

(3) 电容器击穿的 91 块;

(4) 管脚引线断开的 130 块;

(5) 管壳漏气的 139 块;

(6) 其他 34 块。

第二步　把分类项目按数据大小顺序排列(见表 4.1)。

表 4.1　薄膜集成电路次品的分类及排列顺序

序号	分　类　项　目	数量/块
1	晶体管开路	406
2	管壳漏气	139
3	管脚引线断开	130
4	电容器击穿	91
5	电阻值变化大	70
6	其他	34

第三步　把分类项目的频数累积起来,得累积频数。

分类项目的频数就是表 4.1 中的"数量","累积起来"就是把"数量"累积相加。从第 1 项到第 6 项的累积频数依次为 406、545、675、766、836 和 870。

第四步　求相对频数及累积相对频数。

第五步　用纵坐标表示频数、横坐标表示分类项目作主次图(见图 4.6)。

第六步　各分类项目的频数大小用直方图表示(见图 4.6 中的矩形方框)。

第七步　在分类项目的右端记下累积频数相应的点,并连成一累积频数折线。

第八步　图的右端纵轴表示累积相对频数,以累积频数折线终点为 100%,然后分出适当的刻度。

第九步　记上图的名称、数据来源、目的及作图者。

也可以仿效此法作更进一步的主次图,例如晶体管经解剖后只发现有若干失效原因,于是可作晶体管开路因素的主次图。

由图 4.6 可知,影响薄膜集成电路的因素有六种。其中电容器击穿、电阻值变化大和其他原因只占 22.4%,是次要因素;而晶体管开路、管壳漏气、管脚引线断开占 77.6%,是主要因素。查明这些失效原因后,采取相应的改进措施,产品的合格率将大大提高,可靠性水平也将得到提高。

2. 因果图

把影响可靠性的诸因素之间的关系加以分析整理,画成类似树枝状的图形,使得这些关系能在一张图上反映出来,以便人们按图逐个分析。这样的图叫做可靠性因果图。

下面仍然以薄膜集成电路为例介绍因果图的作法。

图 4.7 是以薄膜电路次品为主干(结果)、六个因素(或原因)为树枝所作的薄膜集成电路次品因果图。

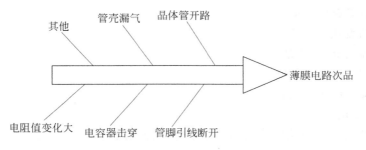

图 4.7　薄膜集成电路次品因果图

再分析每个大因素,它们又由若干小因素造成。例如造成晶体管开路的原因有:①金线断;②金属化层铝膜有缺陷。于是在晶体管开路这个大树枝上,相应地作两个小树枝。

管壳漏气,经分析其原因是采用锡焊工艺造成的。于是在管壳漏气的大树枝上作一个小树枝:锡焊工艺不良。

电阻值变化大的电阻,经解剖分析,是由于原来装成时阻值偏小,进行了稀磷酸处理。

电容器击穿,经分析是由于:①氧化硅有杂质;②用切划法修正电容值时造成击穿。

管脚引线断开是由于:①烧结过程中晶界氧化;②镀层不良;③退火不良。仿前,在各大树枝上相应地作出诸个小树枝。

对每一个小树枝还可以进一步分析,例如,金线断有三个原因:①压焊点虚焊或未焊对位置(虚焊或偏焊);②金线有损伤;③环氧树脂不合格。而环氧树脂不合格又有四种原因:a.配方不合格;b.填充剂不合格,其颗粒大小超过规定;c.未调匀,固化温度不适当。

又如,金属化层铝膜有缺陷有三个原因:①覆盖不均匀;②台阶处断开;③有划伤。这样在小树枝上可作出更小的树枝。整个图的画法如图 4.8 所示。

此图是针对产生次品的物理原因而作出的,未将人为因素,比如检验、检查制度及其执行人员技术水平高低、工作责任的强弱等考虑进去。在作出因果图后,就可针对这些因素,按其轻重缓急采取相应措施。

3. 概率统计应用

谈到可靠性工作,人们常常会产生一个错觉,认为这工作必须与高深的统计理论和繁琐

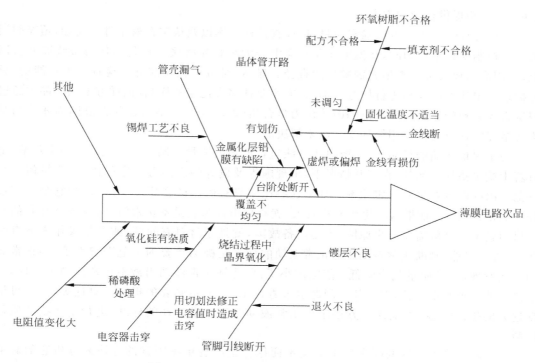

图 4.8　经细化后的薄膜集成电路次品因果图

的计算公式打交道,让人望而却步。其实不然。产品是人做出来的,只有高质量的人才能生产出高质量的产品。工作在生产第一线的工人和技术人员是产品质量的保证。例如,薄膜集成电路产生次品的主次分析方法以及因果分析方法就是生产第一线的同志提出来的,而且通过实践,收到了良好的效果;环氧树脂固化温度不当的问题,就是从事这项工作的工人师傅提出的,经过摸索采取合理升温的办法后,很好地解决了环氧树脂的固化问题。

这些问题,都不是数理统计理论所能解决的。那么,概率统计究竟起什么作用呢?

所谓统计学,就是用统计的方法分析实际数据,找出这些数据的规律,把大家理解的概念公式化、数字化,从而能较为精确地、定量地用数值表达出来。

例如,从一批产品中抽出一些样品进行试验,从试验数据看来,大家觉得可靠性是高的。从事概率统计的工作人员就可以算出可靠性的具体数值,可做出是否达到了原设计可靠性要求的结论。

又如,管壳漏气与锡焊工艺有关,有些人建议改用热压工艺,于是用热压工艺生产一批产品进行质量比较。电容器击穿的原因中有一项是由于氧化硅中有杂质,有些人建议改用杂质少的氧化硅材料,于是也生产一批产品进行质量比较。

试验结果出来以后,就可很容易地看出哪种好,哪种坏。但这只是定性的"好"与"坏"的区别,而概率统计的目的,就是要经过统计分析、比较、计算,得出"好"到什么程度、"坏"到什么程度的结论,且用数值定量地表达出来。

如果试验的数目太少,则很难做出结论,也很难说结论有代表性;如果试验数目太多,又势必造成不必要的浪费。这就需要用统计学知识来算出一个比较经济的试验数目及试验时间,为试验提供科学的方案。

运用统计学知识还可以确定原材料、检查抽样方案以及认定合格条件。比如,填充剂用的环氧树脂颗粒不均匀时,在温度变化时会由于大小颗粒膨胀不均匀而使得金线断开。因此,要用高倍放大镜检查填充剂颗粒的直径。显然,对每个颗粒都进行检查是不可能的,只能抽取一定比率的样品进行检查。那么,究竟要抽多大比率的样品(抽样方案)、样品中超过规定直径颗粒的比率在什么范围内才认为是合格(即填充剂合格),在什么范围内才认为是不合格呢?这也是需要用统计学方法来解决的。

为了保证产品的可靠性,需要对生产线进行严格的质量控制。生产线的每一个环节,都有若干质量指标。例如,在正常情况下,出现虚焊及偏焊的产品有一定的比率,容量值在某一范围内的电容器也有一定比率。如果这些比率只有微小的变化,就可以认为它是生产过程中的正常波动;如果这些比率变化较大,就有理由认为它是不正常波动,应该怀疑有的环节出问题了。这就需要查出原因,不是设备故障,就是原材料有问题,或者是操作人员有问题,等等。显然,判断正常波动或非正常波动的标准是极为重要的。范围定大了,不正常波动不能发现,产品质量就会降低;范围定小了,可能把正常波动当做不正常波动来处理,翻来覆去地检查非常辛苦,但又什么问题也未查出来,造成不必要的损失。对这类问题,可根据过去的生产经验,用统计学方法定出正常波动与不正常波动的标准,进行生产线的质量控制。

在影响产品可靠性的因素较多而又不便用分别改变单项因素的方法来分析它的影响时,统计学就可以提供根据试验数据、找出一主要因素的方法,或者根据要求设计一种既能最节省试验费又能较快找出主要因素的方案。

统计学作为一种工具,在可靠性研究工作中应用面是很宽的,这里只是介绍了一些典型例子。

4.4 恒定应力加速寿命试验

对高可靠性的产品,如果采用在正常的工作条件下做寿命试验的方法来估计产品的可靠性寿命特征,往往需要耗费很长的时间,甚至还来不及做完寿命试验,该产品就会因为性能落后而被淘汰。加速寿命试验就是为了在不改变失效机理的条件下,加大应力(热应力、机械应力等)加快产品失效,缩短试验时间,估计出产品在正常工作应力下的可靠性指标。而恒定应力加速寿命试验是目前最成熟也是最常用的方法。

4.4.1 概述

加速寿命试验也属于在实验室进行的模拟试验。加速寿命试验的工作条件大大不同于实际使用条件。尽管此种试验不可能非常精确地描述产品可靠性的寿命特性,但这种方法可以用来较好地推断、估计产品在使用状态下基本的寿命特征,考核产品的结构、材料、制造质量,而且还可用作验收产品、可靠性筛选和质量鉴定的重要手段。

所谓加速寿命试验,是指采用加强"负荷"(应力)的办法、加快元器件失效、缩短试验时间的试验。这对于寿命特别长的产品来说,是非常必要的。尤其是在电子工业日新月异高速发展的今天,产品的更新换代特别快,倘若按额定使用条件做寿命试验,花费时间偏长,有的产品其至来不及做完寿命试验就被淘汰了。这与当前工业发展是不相适应的。因此,当前的寿命试验大多采用加速寿命试验,以适应形势的要求。

加速寿命试验的方法早先起源于机械产品零件的疲劳试验,后被引进电子元器件领域,到现在已有几十年的历史了。现在,这种方法尚在不断完善、不断改进、发展提高之中。加速寿命试验大致分三种方式。

第一种是恒定应力加速寿命试验。试验中施加应力的水平保持不变,其水平高于正常水平(即高于额定使用条件),在此种情况下分别做几次寿命试验。

第二种是步进式应力试验。试验中施加应力的水平分时间段呈阶梯式上升。

第三种是序进应力试验。试验中施加的应力随时间等速直线上升。

以上三种方法中,以恒定应力加速寿命试验较为成熟。尽管试验时间相对较长,但其结果较接近真实值,可信度较高,故大多采用此种方法。

4.4.2　恒定应力加速寿命试验的基本思路

恒定应力加速寿命试验的设想很容易理解。比如用一支粉笔在黑板上写字,当手对粉笔施加的压力较小且自始至终压力保持恒定时,则这支粉笔写的字数就多。也就是说这支粉笔在较小压力下寿命较长。如果给同样的一支粉笔施加的压力较大也保持压力恒定时,则这支粉笔在写字的过程中与黑板摩擦掉下来的粉末较多,粉笔磨损得快,字数写得少,也就是说它的寿命较短。这就说明粉笔寿命的长短与所受"压力"大小有关,如图 4.9 所示。

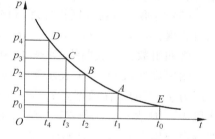

图 4.9　使用寿命与压力的关系

图中表示对粉笔施加了 p_1、p_2、p_3、p_4 四种不同压力的情况,其中 p_1 最小,p_2 比 p_1 大,p_3 比 p_2 大,p_4 最大。使用寿命 t_4 最短,t_3 次之,t_2 比 t_3 长,t_1 最长。此种曲线叫做加速试验寿命曲线,它可由经验公式或理论公式导出。有了该曲线后,便可容易地求出在压力 p_0 条件下的使用寿命 t_0 了。

当然,现实中的粉笔和类似产品的使用寿命是不长的,用不着做加速寿命试验。但对长寿命电子元器件来说,便要使用加速寿命试验的方法,求得其寿命数据。因为提高应力水平,才能促使元器件失效机理加速诱发,缩短其寿命,得到必要的寿命数据,并由此得到加速寿命曲线。这样就可以将其用来推算在正常应力条件下的寿命特征。这就是加速寿命试验的主要目的。

加速寿命试验是在实验室内进行的。虽然试验条件应当尽量模拟实际使用条件,但是,不可能也没有必要将实际使用的全部条件搬进实验室。只要适当地选取试验条件和应力水平就可以得到较理想的试验结果。比如上述有关粉笔使用寿命的例子,严格地讲,它非但与所受压力有关,而且还与环境温度、相对湿度、黑板的粗糙度(或摩擦系数)以及照明的亮度有关。但影响其寿命的主要因素是所受压力、黑板粗糙度、相对湿度。一般地,在保持黑板的粗糙度、相对湿度不变情况下,改变压力 p 便可得出较为理想的试验结果——粉笔的使用寿命。我们还将图 4.9 中 p_1、p_2、p_3、p_4 这些压力称为加速变量,意思是在黑板粗糙度、相对湿度不变时,粉笔加速寿命试验的应力变化物理量是压力 p。加速变量选定后,改变其应力水平,作出 4 个使用寿命坐标点,连接四点形成一条光滑曲线,然后取 p 为正常使用的 p_0,则在曲线上所得到的 t_0 便是实际使用条件下的寿命。

加速变量的选择是非常重要的,它直接影响试验的精确程度和试验的时间长短。比如上述试验也可以选择黑板的粗糙度或相对湿度作为加速变量,但电子产品,尤其是电子元器件通常以温度作为加速变量,有的产品以电压、电流、电功率等作为加速变量,也有的试验同时用两种试验条件作为加速变量。

上述粉笔例子只是一种加速寿命试验的方案设想,很难成为事实,因为一支粉笔做一次试验就全成为粉末了,不可能再拿来做二次、三次、……试验。

实际中类似粉笔的试验是这样进行的:

(1)从一批粉笔中抽一定数量出来做子样,比如抽 100 支。

(2)将子样分成几份,比如分为四份,每份 25 支。

(3)保持实验室内的相对湿度、黑板粗糙度与正常使用时相同。

(4)将第一份 25 支粉笔分别以 p_1 条件下做寿命试验,则可得到 25 个寿命时间的数据,比如:$t_{1.1}$,$t_{1.2}$,…,$t_{1.25}$。

(5)将第二份粉笔同样处理,得到第二组数据:$t_{2.1}$,$t_{2.2}$,…,$t_{2.25}$。同样,可得到第三、第四组数据:$t_{3.1}$,$t_{3.2}$,…,$t_{3.25}$;$t_{4.1}$,$t_{4.2}$,…,$t_{4.25}$。

将四组数据绘成曲线,如图 4.10 所示。

图中虚线段 A'—A 表示第一份 25 支粉笔在压力 p_1 下的寿命数据点 $t_{1.1}$,$t_{1.2}$,…,$t_{1.25}$。虚线段 B'—B 表示第二份 25 支粉笔在压力 p_2 下的寿命数据点 $t_{2.1}$,$t_{2.2}$,…,$t_{2.25}$。

同理,以 C'—C、D'—D 为第三、第四份粉笔的寿命数据点 $t_{3.1}$,$t_{3.2}$…,$t_{3.25}$ 和 $t_{4.1}$,$t_{4.2}$,…,$t_{4.25}$。

由图 4.10 可知,压力越大,分布点位置越向左移,表示其寿命越短;压力越小,分布点位置

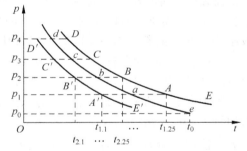

图 4.10　使用寿命与压力关系分组试验

越向右移,表示其寿命越长。如果在试验中能得到这样的规律性关系,则可认为选择压力为加速变量是合适的,能起到"加速"作用;否则,可认为选择不合适,须另行选择。

4.4.3　加速寿命试验步骤

电子产品是由元器件及一些机械零件组装而成的,它们的性能和参数是较为复杂的。为了判断产品的可靠性,必须对其进行寿命试验,为了既节约时间、费用,又确保试验结果比较精确,应注意考虑以下几个问题。

1. 明确试验目的

电子产品使用的范围很广,有上天的,有入地的,有下海的,诸如导弹系统、卫星、飞机、舰艇、地下电缆、雷达等;还有工业用的、农业用的、医疗卫生用的、教育文化用的、家庭用的……它们所受的应力条件不同,故产品的失效机理也不同,相应的寿命分布和可靠性寿命

特征也不相同。所以要根据具体工程对产品的环境条件、工作条件的要求来确定寿命试验的模拟条件。

2. 选择加速变量

电子产品的失效,大多是由组成它的元器件失效而引起的。虽然也有其他影响因素,比如焊接、装配工艺不良、支承、结构件质量不良……但毕竟这些均为次要矛盾,而主要矛盾是元器件的失效。元器件的失效由它本身内在的失效机理所决定,加速变量的作用是使失效过程加速发展。当然,加速的快慢也受环境、工作应力等条件的影响。但是当元器件处于实际使用(额定、正常)状态时,不同的环境条件、工作应力等条件并不能产生相同的失效机理,可能多种失效机理会同时出现,在一定时期内将有起主导作用的失效机理促使失效过程的发展。在选择加速变量时,就要选择那种对失效机理起促进作用的应力条件作为加速变量。

通常,以温度作为电子元器件加速变量的较多。如果推算半导体器件或电容器在正常温度下的储存寿命特征,可以选择环境温度为加速变量;如果推算半导体器件在额定条件下的工作寿命特征,也可以选择温度为加速变量,此温度不仅仅是环境温度,也可以是结温。如果是推算电容器在额定条件下的工作寿命特征,可以选择直流工作电压为加速变量,也可以选择环境温度为加速变量。但是在试验时必须施加额定的直流工作电压,否则得出的结果便不是工作寿命,而是储存寿命了。另外也可以将直流电压与温度都作为加速变量,但此种情况的分析较为复杂。

3. 确定加速变量的应力水平

为了使加速变量起到"加速"作用,促使元器件失效机理加速发展,必须提高加速变量的应力水平。其应力水平提高的程度,要根据元器件的物理性能来确定。

例如选取温度为加速变量,以 S 代表此变量,取 $S_1 = 85\,℃$,$S_2 = 100\,℃$,$S_3 = 120\,℃$,$S_4 = 135\,℃$。上述应力水平等级为四个,记为 $l = 4$。

在这里必须注意以下两点。

(1) 一般加速寿命试验的水平等级 l 不少于 3,最好 $l > 4$,也不宜过多。

(2) S_1 的取值应尽量靠近正常条件的应力水平。越接近正常水平,则根据其试验结果推导出的正常条件下的可靠性寿命特征就越精确。但 S_1 又不能太接近正常条件的应力水平,否则试验时间会过长,起不到加速试验、节省时间的作用。最高应力水平 S_1 应取得尽量高。但有一个前提,就是在这种应力水平下,元器件失效机理与元器件正常应力下的失效机理是相同的,否则不是真正的"加速"。所以,不能过高地提高应力水平,以防失效机理的改变。

4. 实验室内的其他试验条件

加速变量是元器件失效的主要因素,但有些因素往往也是引起失效的重要原因。这些因素一般是指对于产品影响较大但又不是加速变量的应力条件,对于这样的条件,在实验室内必须严格控制,使其应力水平保持在正常条件的水平上不变;影响不大的应力条件可不必保持恒定,在正常条件范围内就可以,或者不予考虑。

5. 确定应当测量的参数

凡是对元器件失效机理的发展能起到指示作用的参数都应当测量。应当避免测量方法对元器件失效机理的发展有促进、减缓甚至破坏作用。有多个参数需要测量时,应避免相互影响。

6. 测试周期

测试周期一般不采用等时间间隔方式,而采用定时方式。定时测量的时间间隔,有的在开始阶段间隔短,然后逐渐加长;有的则反过来,开始阶段间隔长,然后逐渐缩短。时间间隔的设置要与其寿命分布的形状大致相适应。间隔疏密的原则是使各周期内元器件失效数大致接近,不要过多地集中在某个测试周期内,否则对元器件的失效时间的估计将有较大的误差,影响分析精度。

7. 失效分析

对失效的元器件都应该进行解剖分析,以确定其失效形式,分析其失效原因,看其是否有异常物理性质。这样有助于对元器件质量的了解,有助于找出正确的原因,制定改进措施。

8. 元器件失效标准要明确

元器件的失效标准是至关重要的,过松不好,过严也不好。一般使用的元器件,满足国标要求就行;若是专为某项工程使用的元器件,则应满足该工程的专门要求。通常,元器件失效标准应高于实际使用要求,留有充分的余量。

9. 试验样品的选取及数量

整个恒定应力加速寿命试验是由几次寿命试验组成的,而试验次数则由加速变量的应力水平个数 l 决定。如果确定了此应力水平个数 l 是多少,也就确定了寿命试验的次数是多少。这些寿命试验,各自都要有各自的试验样品。比如说在应力水平 S_1 条件下试验有 n_1 个样品,在应力水平 S_2 条件下试验有 n_2 个样品,……在应力水平 S_l 条件下试验有 n_l 个样品,则整个恒定应力加速寿命试验所需要的总样品数就是

$$n = n_1 + n_2 + \cdots + n_l \tag{4-3}$$

另外在选取受试样品时,必须在同一批产品内随机地抽取,不能人为地、有偏向性地抽取,否则它不能反映整批产品客观的质量情况。分别在某一部分产品内抽取,应该先在各部分产品中随机抽样,总共抽够 n 个,然后再将这 n 个样品再随机地分成 $n_1, n_2, \cdots, n_l$ 个最为合理。通常恒定应力加速寿命中安排的每次试验样品个数 $n_i(i=1,2,\cdots,l)$ 可以相等。倘若不相等,至少要保证 n_1 和 n_l 是其中最多的,也就是尽量保证在最低应力水平 S_1 下的寿命试验和最高应力水平 S_l 下的寿命试验是比较精确的。但在一般情况下,任何一次的样品都不应少于 5 个,否则会影响分析精度。如果遇到样品成本或试验费用太高,就要考虑采用较少的样品进行寿命试验,而且在测试周期上予以严格控制,使得在每个测试周期内不超过一个失效元器件或尽量较确切地得到每个受试样品失效的时间。

10. 试验的停止时间

在整个寿命试验过程中,耗费时间最多的是低应力水平 S_1 和 S_2 条件下的试验,在较高应力水平下的试验耗时较少。一般希望试验时间不宜过长,经费不宜过高,因此就引出了何时终止试验、能否中途终止试验、可以在什么时候终止试验等问题。如果是初次做某类元器件的恒力加速寿命试验,对其寿命分布又不了解,最好做到全部失效为止。因为有的元器件失效分布不是单独一种,而是复合分布或混合分布。当确定不可能做到全部失效时,则要求在较高应力水平下的寿命试验都做到失效,在最低应力水平 S_1 或 S_2 下的寿命试验可以终止。如果已知某类元器件是属于某种单一寿命分布,则试验进行到某一程度就可以终止,没有必要进行到产品全部失效。

可以在什么时候终止试验呢? 通常最好是在一次寿命试验中失效的元器件数 r_1 (或 r_2) 与这次寿命试验的全部样品数 n_1 (或 n_2) 之比达到 50% 以上;若达不到 50%,也要达到 30% 以上。如果在较高应力水平下的失效规律性很强并且确实知道在最低应力水平 S_1 的试验是正常的,那么在 S_1 条件下失效比例小于 30% 时也可终止试验,但不能没有一个失效数据就终止试验。若受试元件数 n_i 较少时,如 $n_i < 15$,那么失效个数至少要保证 5 个以上,不宜过早终止试验。

复习思考题

4-1　什么是可靠性? 它对产品有何重要意义?

4-2　产品的可靠性与哪些外部条件有关?

4-3　什么是产品的可靠度?

4-4　产品的质量与可靠性是什么关系? 什么是产品的有效度、固有有效度、固有可靠性、使用可靠性?

4-5　产品典型失效曲线是什么样的? 它有何特点?

4-6　产品的失效形式可分为几类? 每一类型的失效原因是什么?

4-7　失效分析的工作过程有哪些?

4-8　电子设备或电子系统的可靠性主要取决于什么? 一个串联系统电子设备,若由 N 个元件组成,则此设备的可靠度为多少?

4-9　什么是元器件的失效率? $10^{-7}/h$ 的失效率标记的含义是什么?

4-10　提高产品可靠性水平的基本途径是什么?

4-11　可靠性试验的内容有哪些?

4-12　产品寿命的含义是什么?

4-13　何谓主次图、因果图? 它们有何作用?

第 **5** 章 汽车电子产品的电磁兼容性检测

5.1 电磁兼容的基础知识

5.1.1 电磁兼容研究的主要内容及其重要性

1. 电磁干扰对设备的危害

随着科学技术的发展,人们在生产及生活中使用的电器及电子设备的数量越来越多,这些设备在运转的同时,往往要产生一些有用或无用的电磁能量,这些能量会影响其他设备或系统的工作,这就是电磁干扰。有人将电磁干扰的危害程度分为灾难性的、非常危险的、中等危险的、严重的和使人烦恼的 5 个等级。

(1)电磁干扰会破坏或降低电子设备的工作性能

据不完全统计,全世界电子电气设备由于电磁干扰而发生故障,每年都造成数亿美元的经济损失。例如,BP 机发射台等大功率电磁信号的干扰,影响飞机正常的降落;移动电话信号的干扰可使仪表显示错误,甚至可以造成核电站运转失灵。水管中的地流产生的磁场,使医院里高灵敏度的电子仪器受到影响。

曾经有一个案例:美国航空无线电委员会曾在一份文件中提到,由于没有采取对电磁干扰的防护措施,一位旅客在飞机上使用调频收音机,使导航系统的指示偏离 10°以上。这次事故之后,各个国家的航空公司都采取了措施,限制乘客使用移动电话和调频收音机等,以免干扰导航系统。

(2)电磁干扰造成的灾难性后果

1976—1989 年我国南京、茂名和秦皇岛等地的油库及武汉石化厂,均因遭受雷击引爆原油罐,造成惨剧。雷击引起的浪涌电压,属于高能电磁干扰,具有很大的破坏力。1992 年 6 月某日傍晚,雷电击中北京国家气象局,造成一定的破坏和损失。因为雷击有直接雷击和感应雷击两种,而避雷针只能局部地防护直接雷击,对感应雷击则无能为力,故对感应雷击应采用电磁兼容防护措施。据悉,绝大部分的雷灾事故中受损的是电视、电话、监测系统和电脑等高科技产品。灾情有的造成整个计算机网络系统瘫痪,有的造成通信系统不畅,有的还造成辖区内大面积停电。

还有一些电磁干扰造成国外航天系统故障的例子。1962 年某国开始进行的民兵 I

导弹战斗弹状态的飞行试验,前两发均遭到失败。这两发导弹的故障现象相似,都是制导计算机受到脉冲干扰而失灵。经过分析,故障是由于导弹飞行到一定高度时,在相互绝缘的弹头结构与弹体结构之间出现了静电放电,它产生的干扰脉冲破坏了计算机的正常工作而造成。1967 年大力神Ⅲ C 运载火箭的 C-10 火箭在起飞后 95s、飞行高度为 26km 时,制导计算机发生故障;C-14 火箭在起飞后 76s、飞行高度为 17km 时,制导计算机也发生了故障。经过分析,制导计算机中采用的金属网套没有接地的部分与火箭之间产生电压,当火箭飞行高度增加、气压下降到一定值时,此电压产生的火花放电使计算机发生了故障。1964 年在肯尼迪发射场,德尔塔运载火箭的Ⅲ级 X-248 发动机发生意外的点火事故,造成 3 人死亡。在塔尔萨城对德尔塔火箭进行测试时,也发生过一起Ⅲ级 X-248 发动机意外点火事故。分析结果表明,肯尼迪发射场的事故是由于操作罩在第三级轨道观测卫星上的聚乙烯罩衣时,造成静电荷的重新分布,结果使漏电流经过发动机的一个零件到达点火电爆管的壳体而引起误爆。在塔尔萨城发生的事故是由于一个技术员戴着皮手套偶然摩擦发动机吸管的塑料隔板,使发动机点火,电爆管引线上感应静电荷而引起的。

综上所述,可以看到,电磁干扰有可能使设备或系统的工作性能偏离预期的指标或使工作性能出现不希望的偏差,甚至还可以使设备或系统失灵,或导致寿命缩短,或使系统效能发生不允许的永久性下降,严重时,还能摧毁设备或系统。

2. 电磁场对人体的危害

在现代社会,随着电子产品的日益增多,电磁分布也日益复杂,只要有人的地方,就存在着电磁场。而局域电磁场周围的生物和非生物都要受到它的影响。任何事物都有两面性,电磁波也不例外。以前人们由于对电磁场的认识不够全面,没有很好地管理它,使电磁辐射问题日益严重,而且电磁场本身对周围空间的辐射潜移默化地对生物产生副作用,使得它日益影响人类及动物的正常生活。因此电磁波辐射继水源、大气和噪声之后成为第四大环境污染源。现在,世界各国对此都极其关注,在这方面做了大量的研究并制定了防备措施。广大的公众也对此有很大的兴趣,关心电磁辐射对人体的影响。

电磁污染源很广泛,它就在我们生活的周围,几乎包括所有的家电,只是污染程度有强弱之分罢了。计算机首当其冲,是因为人们必须与它面对面地操作,而且长时间接触,不像电视机能远距离接触。据德国慕尼黑大学研究所自 1994 年以来对近万名长期操作电脑的职业女性进行的跟踪调查表明,长时间操作电脑的妇女患乳腺癌的危险性,比其他职业妇女的概率高出 43%。研究人员用雌性白鼠在电磁场中进行模拟实验,不久发现白鼠的乳腺出现肿癌,其成长速度与磁场强度有关。

手机、无绳电话对人体的危害及其防治措施是人们日常生活中最关注,同时也是国际上最热点的问题,因为它们用天线直接对着人的脑部辐射电磁波。更为严重的是,人们都习惯于将手机紧紧贴着耳朵讲话,20% 以上的辐射功率都被脑部吸收了。关于手机辐射对人体的影响,世界各国都在研究。

移动通信器材运行时接收来自基站的无线信号,对波及范围的人影响不大,但当发话时,其顶部的发射天线附近会产生较强的高频电磁波,5～10cm 处范围可达 $100～300\mu W/cm^2$（我国规定卫生标准为 $50\mu W/cm^2$）。当手机收发信号时,头部受到电磁辐射的辐照,头部解剖组织复杂,其分层结构及形状使电磁场偏向不均匀分布,组织的比吸收率(SAR)要增大,时间一长对大脑势必造成危害,严重者可形成癌瘤以致危及生命。一位意大利企业家使用手机,工作效率大增,可3年后他的头部发现癌瘤,计算机X射线断层扫描(CT)确诊癌瘤部位恰好位于手机天线顶端习惯放置的部位。1994年一位美国商人使用移动电话4年后,同样也发现了头部癌肿,经治疗无效死亡。

据《纽约时报》报道,美国研究人员赖·亨利博士曾在布鲁塞尔召开的国际移动电话安全会议上报告说,移动电话发射的微波可导致实验室中的老鼠暂时丧失某些能力。他在一项实验中对老鼠进行了大约45min低能量辐射,大体上相当于一部移动电话发射的能量,结果发现,老鼠在接受辐射后短时间内产生了头脑混乱。他认为,移动电话很可能对哺乳动物的脑细胞造成不良影响,因为这种辐射改变了细胞组织,因此也改变了脑细胞执行任务的方法。欧洲的几位科学家同意此观点。英国政府主管放射研究的国家放射线保护委员会的科学家说,他们接受"移动电话可能改变人类细胞功能"的说法。另外,澳大利亚的研究人员也发现,经常使用移动电话可能会导致淋巴癌。

以上都说明,电磁兼容与我们的日常生活息息相关,研究它,了解它,并对它所产生的危害采取防护措施是非常必要的。

3. 电磁兼容的研究内容及特点

电磁兼容课程的研究对象是电磁干扰。电磁干扰就本质来说虽然并不复杂,但它无所不在、行踪不定、形式各异;而且由于长期以来缺乏对电磁干扰全面的研究和系统的阐述,使许多工程技术人员对此感到困惑:干扰是怎样产生的? 是怎样向外传播的? 是怎样作用的? 作用的后果及危害是什么? 它的形态及性质有哪些? 怎样防止它的产生? 怎样抑制或消除它的作用? 怎样预测和分析它的影响? 怎样测量它的大小以及如何进行合理设计而消除其危害等一系列问题,均要求予以解答。电磁兼容将对上述问题从理论上进行系统的论述,并研究电磁兼容技术的方法和途径,其研究范围包括从静电问题到电磁脉冲,从低频到超高频,用场的方法又用路的方法,有强电(电力)问题又有弱电(电子)问题,有工程技术问题,又有管理工程。其基础知识比较广泛,它将涉及电子、电气、电磁场、计算机、电磁测量、机械结构、自动控制、生物医学、工艺材料等方面的知识。

电磁兼容是研究电磁干扰这一传统问题的扩展与延伸,它要求用一种特定的方法去分析控制系统的整个电磁现象,电磁兼容不仅要考虑系统的工作性能,而且还要考虑系统工作时所产生的副产品。研究系统工作时所产生的非预期效果,并对这些非预期效果进行控制与合理设计。因此电磁兼容工程师与普通的电子工程师所设计的内容和追求的目标是不同的,电子工程师主要关心的是系统工作性能的设计,而电磁兼容工程师除了考虑系统的工作性能之外,还要分析系统的非工作性能,例如,发射机的带外辐射,接收机的乱真响应,以及电磁能的非指定路径的传输等。电子工程师所追求的设计指标是提高信号与噪声之比值,通常称为信噪比,而电磁兼容工程师所追求的是降低干扰与噪声之比值,因为只有外来干扰低于受干扰设备的噪声电平,该设备才不会对干扰有响应,表示处于电磁兼容状态。

电磁兼容研究的重点是系统工作时所产生的非预期效果,一般来说它比研究系统的工作性能往往要复杂得多,需采用特定的方法及程序来对各种干扰进行分析和计算,以便进行合理的设计。为了保证测量结果的可比性,电磁兼容测量不仅要有高精度的测量设备并且要有统一规定的测量方法,因此电磁兼容有其特定的目标及研究内容,它能够解决其他学科无法解决的技术问题。

5.1.2　电磁兼容的发展

1. 电磁兼容发展的直观背景

(1) 电气、电子技术的发展及广泛应用,其设备或系统的数量急剧增多,造成了复杂的电磁环境。

1975 年,日内瓦国际频率登记委员会所登记的无线电发射机有 100 多万台,同年在长波和中波的无线电行政大会上报道,有 10000 多台无线电发射机其总功率超过 540MW,在更高频率上,其情况更复杂。例如,1976 年单在美国就有 200 多万台移动式无线电发射机和基地台在工作,而军用无线电发射机可能还要更多。此外,更多数量的设备在无意地辐射电磁能,也就是说辐射电磁能是这些设备工作时的副产品。例如,超外差式收音机和电视接收机(本地震荡器辐射)、汽车(点火系统的辐射)、各种不同的用电装置及带电动机的装置、照明装置、霓虹灯广告、高压电力线、医疗设备等许多装置都属于这类设备,它们辐射电磁能可能是随机的或呈有规则的,它们占有非常宽的频带或离散谱线,其辐射功率可从微瓦到兆瓦。据 1988 年国际电热联盟的初步统计,世界范围内的工业、科学和医疗设备的数量已达到 12000 万台,并以 5% 的速度逐年递增,这些设备的输出功率多为千瓦(kW)或兆瓦(MW)量级,而且有相当数量的设备工作在国际电信联盟指定的频段之外,或者超过国际无线电干扰特别委员会(CISPR)对设备所规定的辐射干扰极限值的要求,其功率泄漏及高次谐波将造成强烈的干扰。由于电子设备数量增多,密度加大,相互之间干扰问题日益严重。

(2) 频谱资源有限,应用的频谱范围及数量日益扩展,所以工作频道拥挤,干扰日益严重。

虽然在理论上频谱范围可由 0 到无穷大,现代电子技术的工作频段已扩展到光波波段,但经常使用的频率多在 50GHz 以下,尤其集中于 3kHz~15GHz 的频率范围内。近 30 年来,随着电子学的迅速发展,要求增加各种不同的无线电系统和设备,使越来越多的国家成为频谱的积极使用者。对频谱的大量需求使频谱的利用越来越向更高的范围发展,但仍不能缓解频道拥挤情况,某些业务无法从拥挤的较低频率转移到较高的频率范围,因此,大量的电子设备就不得不重复使用某些频段,使其相互干扰严重。

电子设备的性能要求越来越高,这些要求的提高使相互间的干扰越来越严重,而抗干扰能力越来越低。

首先,近年来发射机发射的功率电平有很大提高,雷达的发射功率提高了数十倍,其脉冲功率已达几十至几百兆瓦,一些军用电台的发射功率也提高了 20~30 倍,而接收机的灵敏度也提高很多。发射功率的提高使之对其他设备的干扰加重,灵敏度的提高使其抗干扰的能力下降,可想而知,大功率发射机对不希望接收其信息的高灵敏度接收机无疑将构成灾难性干扰。其次,电子技术正向集成化、数字化、密集化方向发展,要求高速度、高精度、小型化等,使之频谱扩展、宽频带工作,内部线路密度加大,这些因素都会引起系统内外干扰的增强。

由于上述原因,电磁干扰现象日益严重,恶劣的电磁环境往往使电子、电气设备或系统不能正常工作,甚至出现故障。这就促使电磁兼容技术出现并迅速发展。因此,电磁兼容这一新的学科领域是由实践中提出,并在解决干扰的实际问题中不断地丰富和发展起来的,它是一门正在发展的应用性很强的综合性学科。

2. 电磁兼容技术发展概况

电磁兼容是通过控制电磁干扰来实现的,因此该学科是在认识电磁干扰(EMI)、研究电磁干扰和对抗电磁干扰的过程中发展起来的。

电磁干扰是人们早已发现的古老问题,1881 年英国著名科学家希维赛德发表了"论干扰"的文章,这是研究干扰问题最主要的早期文献。1833 年法拉第发现电磁感应定律,指出了变化的磁场在导线中产生感应电动势。1864 年麦克斯韦引入位移电流的概念,指出变化的电场将激发磁场,并由此预言电磁波的存在,这种电磁场的相互激发并在空间传播,正是电磁干扰存在的理论基础。1887 年柏林电气协会成立干扰问题委员会,1888 年赫兹用实验证明了电磁波的存在,同时该实验也指出了各种点火系统将向空间发出电磁干扰,从此开始了对干扰问题的实验研究。1889 年英国邮电部门也研究了通信干扰问题,1934 年英国有关部门对 1000 例干扰问题进行了分析,发现其中 50% 是电气设备引起的。随着广播等无线电事业的发展,使人们逐渐认识到应该对各种干扰进行控制。国际无线电干扰特别委员会(CISPR)以及其他有关学术组织及专业委员会的成立,开始了对电磁干扰问题进行世界性的有组织的研究,这些组织对电磁干扰技术标准的制定和推广,对电磁干扰控制技术的发展和提高起了重大作用。

显而易见,干扰与抗干扰问题贯穿于无线电技术发展的始终。电磁干扰问题虽然由来已久,但电磁兼容这一新的学科却是近代形成的。在干扰问题的长期研究中,人们从理论上认识了电磁干扰产生的原因,明确了干扰的性质及其数学物理模型。逐渐完善了干扰传输及耦合的计算方法,提出了抑制干扰的一系列技术措施,建立了电磁兼容的各种组织及电磁兼容系列标准和规范,解决了电磁兼容分析、预测设计及测量等方面一系列理论问题和技术问题,逐渐在电子学中形成一个新的分支——电磁兼容。

20 世纪 80 年代以来,电磁兼容已成为十分活跃的学科领域,许多国家(美国、德国、日本、法国等)在电磁兼容标准与规范,分析预测、设计、测量及管理等方面均达到很高水平,有高精度的电磁干扰(EMI)及电磁敏感度(EMS)等自动测量系统,可进行各种系统间的电磁兼容性(EMC)试验,研制出系统内及系统间的各种 EMC 计算机分析程序,有的程序已经商品化,形成一套较完整的 EMC 设计体系,在电磁干扰的抑制技术方面,已研制出许多新材料、新工艺及规范的设计方法。一些国家还建立了对军品和民品的 EMC 检验及管理机构,不符合 EMC 质量要求的产品不准投入市场。

随着科学技术的发展,对电磁兼容和标准不断提出新的要求,其研究范围也日益扩大,现在电磁兼容已不只限于电子和电气设备本身,还涉及电磁污染、电磁饥饿等一系列生态效应及其他一些学科领域。所以某些学者已将电磁兼容这一学科扩大,改称为环境电磁学。

在我国,由于过去的工业基础比较薄弱,电磁环境危害尚未充分暴露、对电磁兼容的研究认识不足,使该项工作起步较晚,与国际间的差距较大。第一个干扰标准是 1966 年由原第一机械工业部制定的部级标准 JB-854-66《船用电气设备工业无线电干扰端子电压测量方法与允许值》。近些年来,我国在标准与规范方面取得了很大进展,至今已制定国家标准及军用标准 100 余个,为考核进出口电子、电气产品的干扰特性提供一定条件,使我国在电磁兼容标准与规范方面有了较大的进展。

随着我国经济建设及科学技术的飞跃发展,近年来对电磁兼容的研究出现了热潮。国家有关部门对电磁兼容技术十分重视;有关电磁兼容的学术组织纷纷成立,这些组织成立后,在 EMC 领域频繁地开展学术活动,举办了各种形式的 EMC 技术培训班及研讨班,在国际交往方面,多次派出代表参加国际 EMC 学术会议,了解了国际学术动态,吸取了国外的先进经验。国内不少单位在最近几年建设或改造了 EMC 实验室,在各地区建立了测量中心,引进了较先进的电磁干扰和电磁敏感度自动测试系统和设备,培训了一批能掌握全自动测试的工程技术人员,目前已具备按照国家标准、国家军用标准和国际其他一些标准进行 EMC 测量和试验的能力。

综上所述,电磁兼容已成为国内外瞩目的迅速发展的学科,预计 21 世纪它还将获得更加迅速的发展。一些著名专家曾预言,如果现在对电磁兼容学科还不予以足够的重视,那么 10 年以后将会非常被动。在这方面我国确实应该引起注意,应投入足够的研究力量,加速研究步伐,改善测量设备,完善资料和数据积累,加强 EMC 管理,开展对各种系统的 EMC 预测分析和设计方法的研究,并将此项研究渗透于产品的设计、工艺等生产全过程。可以预料,在我国,电磁兼容这一学科领域的研究工作,将会得到飞跃的发展。

5.1.3　电磁兼容的基本概念

1. 电磁兼容的含义

什么是兼容呢? 一般来说这个术语描述一种共有状态,即能够共存,在这个意义上,它广泛用于各种自然的和人造系统中。例如,一条河中鱼的生态问题,这条河的水若被工厂排出的有毒废物所污染,鱼和工厂两个是不兼容的,如果对工厂排入河中的水采用有效的过滤装置,使水得到净化,鱼的生命便不受威胁,鱼和工厂两者则可兼容。

我国军用标准(GJB 72—1985)中给出电磁兼容性的定义为:"设备(分系统、系统)在共同的电磁环境中能起执行各自功能的共存状态。即:该设备不会由于受到处于同一电磁环境中其他设备的电磁发射导致或遭受不允许的降级;它也不会使同一电磁环境中其他设备(分系统、系统)由于受其电磁发射而导致或遭受不允许的降级。"可见从电磁兼容的观点出发,除了要求设备(分系统、系统)能按设计要求完成其功能外还有两点要求:①有一定的抗干扰的能力;②不产生超过限度的电磁干扰。

某系统与它运行所处的电磁环境或与其他系统之间的电磁兼容性称为系统之间的电磁兼容性,影响系统间电磁兼容性的主要因素是信号及功率传输系统与天线之间的耦合。在给定的系统内部的分系统、设备及部件相互之间的电磁兼容称为系统内部的电磁兼容性,影响系统内的电磁兼容性的主要因素是导线间的电感、电容耦合,还有系统内公共阻抗耦合及天线与天线之间的耦合等。

为了更好地理解电磁兼容的含义,我们引用国际电工技术委员会(IEC)所给出的定义:"电磁兼容是设备的一种能力,它在其电磁环境中能完成它的功能,而不至于在其环境中产生不能容忍的干扰。"

2. 电磁兼容常用名词术语

电磁兼容作为一个新的学科领域必然定义一系列的名词和术语。由于电磁兼容要解决一个地区、一个国家甚至世界范围内的电子系统相容工作的问题,因此在相应的范围内必须有统一的名词术语,才能保证叙述及论证的统一性以及设计与测量结果的可比性。电磁兼容标准的一个重要的内容就是统一规定名词术语,我国国家标准统一规定了《电磁干扰和电磁兼容名词术语》,应注意的是这里定义的某些术语与电子工程中的习惯理解是不完全相同的,而且名词术语的说明和定义也只应用于本学科的范围。为了确切地掌握电磁兼容的基本概念,首先介绍一些常用的简单的名词术语,见表5.1。

表5.1　电磁兼容的一般术语

名词术语	说　　明
设备	作为一个独立单元进行工作,并完成单一功能的任何电气、电子或机电装置
分系统	从电磁兼容性要求的角度,下列任一状况都可认为是分系统: ① 作为单独整体起作用的许多装置或设备的组合,但并不要求其中的装置或设备独立起作用 ② 作为在一个系统内起作用并完成单项或多项功能的许多设备或分系统的组合,以上两类分系统内的装置或设备,在实际工作时可以分开装在几个固定或移动的台站、运载工具及系统中
系统	若干设备、分系统、专职人员及可以执行或保障工作任务的技术的组合,一个完整的系统除包括有关的设施、设备、分系统、器材和辅助设备外,还包括在工作和保障环境中能胜任工作的操作人员

系统、分系统与设备三者之间的关系如图5.1所示。

表5.2列出了关于噪声和干扰的一些术语。

由表5.2可见,电磁噪声与电磁干扰的含义并不相同。所谓电磁噪声是指非要求的无用的电磁能,其内不含任何信息;而电磁干扰是指外加的有损于本系统有用信号的各种电磁能,它可能是另一系统的有用信号,也可能是某种电磁噪声。但在实际中这两个名词往往采取协调混同使用,这在大多数情况下是无妨的。此外,表中的宽带干扰和窄带干扰是相对接收机的通带而言,而不是对工作频率的相对带宽,更不是绝对带宽。

图5.1　系统、分系统与设备之间的关系

表5.2　噪声与干扰术语

名词术语	说　　明
电磁噪声	与任何信号都无关的一种电磁现象。通常是脉动的和随机的,但也可以是周期的
自然噪声	由自然电磁现象产生的电磁噪声
人为噪声	由机电或其他人工装置产生的电磁噪声
无线电噪声	射频频段内的电磁噪声
电磁干扰	任何能中断、阻碍、降低或限制通信电子设备有效性能的电磁能量
干扰源	任何产生电磁干扰的元件、器件、设备、分系统、系统或自然现象
工业干扰	由输电线、电网以及各种电气和电子设备工作时引起的电磁干扰
宇宙干扰	由银河系(包括太阳)的电磁辐射引起的电磁干扰
天电干扰	由大气中发生的各种自然现象所产生的无线电噪声引起的电磁干扰
辐射干扰	由任何部件、天线、电缆或连接线辐射的电磁干扰

续表

名词术语	说　明
传导干扰	沿着导体附近传输的电磁干扰
窄带干扰	一种主要能量频谱落在测量接收机通带之内的不希望有的发射
宽带干扰	一种能量频谱分布相当宽的不希望有的发射,当测量接收机在±2 个脉冲带宽内调谐时,它对接收机输出响应的影响不大于 3dB

表 5.3 列出了一些发射术语。表 5.4 列出了一些电磁兼容的性能术语。

表 5.3　发射术语

名词术语	说　明
发射	以辐射或传导形式从一个源发射的电磁能量
辐射发射	通过空间传播的、有用的或不希望有的电磁能量
传导发射	沿电源或信号线传输的电磁发射
宽带发射	能量频谱分布足够均匀和连续的一种发射。当测量仪表或接收机在接收机带宽几倍的频谱范围内调谐时,它们的响应无明显的变化
窄带发射	带宽比测量接收机带宽小的一种发射
脉冲发射	由重复频率不超出所用接收机脉冲带宽的脉冲所产生的发射
谐波发射	发射机发出频率为载波频率整数倍的但不是信息信号组成部分的一种电磁辐射
寄生发射	发射机发出的由电路中不希望有的振荡引起的一种电磁辐射。它既不是信息信号的组成部分,也不是载波的谐波

表 5.4　电磁兼容的性能术语

名词术语	说　明
抑制	通过滤波、搭接、屏蔽和接地或这些技术的任意组合,以减少或消除不希望有的发射
屏蔽体	为了阻止或减小电磁能传输而对装置进行封闭或遮蔽的一种阻挡层,它可以是导电的、导磁的、介质的或带有非金属吸收填料的
电磁敏感性	设备、分系统或系统暴露在电磁辐射下所呈现的不希望有的响应程度
降级	任何设备、分系统或系统的工作性能偏离预期的指标,使工作性能出现不希望有的偏差
辐射敏感度	对造成设备降级的辐射干扰场的度量
传导敏感度	当引起设备不希望有的响应或造成其性能降级时,对在电源、控制或信号引线上的干扰信号电流或电压的量度
敏感度门限	指使试验样品呈现最小可辨别的不希望有的响应的信号电平
电磁干扰安全系数	敏感度门限与出现在关键试验点或信号线上的干扰之比
电磁易损性	系统在人为的恶劣环境中遭到一定程度的机理性威胁后,在执行任务时经常出现有限程度降级的一种特性

这里应注意的是"发射"与"辐射"的区别。"发射"包括向空间以辐射形式和沿导线以传导形式发出电磁能量,而"辐射"指脱离场源向空间传播的电磁能量,不可将两者混淆。

3. 电磁兼容性的实施

为了实现系统内、外的电磁兼容,需从技术和组织两方面采取措施。所谓技术措施,就是从分析干扰源、耦合途径和敏感设备入手,采取有效的技术手段,抑制干扰源,减少不希望有的发射;消除或减弱干扰耦合;增加敏感设备的抗干扰能力,削弱不希望的响应。这就要利用各种抑制干扰技术,它包括合适的接地,良好的搭接,合理的布线、屏蔽、滤波和限幅等技术以及这些技术的组合使用,还有电磁干扰的分析与预测,电磁兼容设计和电磁干扰测量技术等。除了用技术措施来实现电磁兼容外,还必须采取组织上的措施。事实上,与电磁干扰的对抗从一开始就是国际性的有组织的对抗,为了抑制干扰实现电磁兼容,国际上已成立一系列的组织,还有各国政府及军事部门等,制定了一系列电磁兼容标准、规范与频谱分配,规定了干扰发射的极限值,限制各种设备发射出超过标准的干扰,并使各种系统在指定的频域、时域及空域上工作,以保证电磁兼容的有效实施。

实现电磁兼容的技术措施与组织措施应该相互结合,统筹考虑。如果从组织上规定的标准过于严格,例如,允许的干扰发射的极限值过低,这将在技术上很难实现或花费很高代价;反之,如果组织上规定的极限值过高,许多无线电业务得不到保护,必须花费很高代价提高设备的抗干扰能力,甚至受技术水平所限,达不到理想效果。因此组织措施与技术措施两者必须兼顾,并根据技术水平的提高,而相应修正一些标准与规范。

5.1.4　形成电磁干扰的基本要素

由干扰源发出干扰电磁能量,经过耦合途径将干扰能量传输到敏感设备,使敏感设备的工作受到影响,这一作用过程称为电磁干扰效应。因此形成电磁干扰必须具备下列三个基本要素(见图 5.2)。

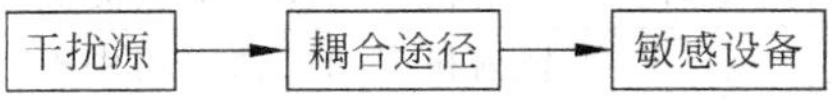

| 干扰源 | → | 耦合途径 | → | 敏感设备 |

图 5.2　电磁干扰所具备的三要素

（1）干扰源:指产生电磁干扰的任何元件、器件、设备、系统或自然现象。

（2）耦合途径:指将电磁干扰能量传输到受干扰设备的通路或媒介。

（3）敏感设备:指受到电磁干扰影响,或者说对电磁干扰发生响应的设备。

例如,在图 5.3 中干扰源为电动机电刷产生的电弧放电,敏感设备为收音机,其干扰耦合途径有两路:一路是通过端子的辐射途径;另一路是通过电源线和地线的传导途径。分析电磁干扰问题,首先要确定形成干扰的三要素,而后通过抑制干扰源、降低敏感设备对干扰的响应、削弱干扰的耦合等措施来抑制干扰效应的形成。

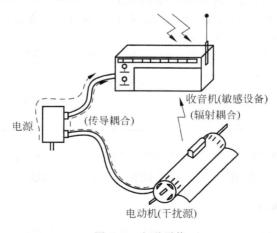

图 5.3　电磁干扰

　　一个大型电子系统内有很多干扰源、敏感设备及耦合途径,它们所构成的干扰组合的数量可达几万次以上,在这些干扰组合中找到起主要作用的干扰组合是非常有价值的。

　　下面将分别介绍干扰源、耦合途径和敏感设备的一般性质。

1. 电磁干扰源

　　干扰源的种类很多,有自然干扰源和人为干扰源。自然干扰源包括大气干扰、雷电干扰和宇宙干扰,人为干扰源包括功能性干扰及非功能性干扰。功能性干扰指系统中某一部分的正常工作所产生的有用能量对其他部分的干扰,例如各种无线电设备发射的电磁能量对其他设备的干扰等;而非功能性干扰是指无用的电磁能量所产生的干扰,它们是某些系统或设备工作时所产生的副产品,例如各种点火系统产生的干扰等。各类干扰源的实际例子如图 5.4 所示。

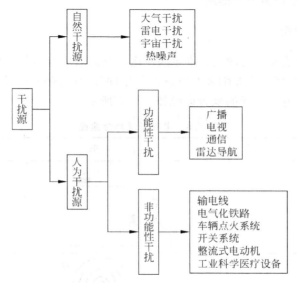

图 5.4　干扰源的分类

　　各种干扰源产生干扰的频率范围是不同的,按干扰的频率范围可将干扰分为各频段的干扰,见表 5.5。

表 5.5　干扰源产生干扰的频率范围

干扰按频段分类	频率范围	典型干扰源
工频及音频干扰	50Hz 及其谐波	输电线 电力牵引系统 有线广播
甚低频干扰	30kHz 以下	雷电等
载频干扰	(10～300)kHz	高压直流输电高次谐波 交流输电及电气铁道高次谐波
射频、视频干扰	300kHz～300MHz	工业科学医疗设备 内燃机、电动机、照明电器
微波干扰	300MHz～100GHz	微波炉 微波接力通信 卫星通信发射机

干扰源的分类方法很多,除了根据干扰源的性质进行分类之外,还可根据干扰的途径、干扰的特性及干扰的方式等予以分类。例如:按干扰的耦合途径可分为传导干扰和辐射干扰,传导干扰是指通过导体传输的干扰,而辐射干扰是指通过介质以电磁场的形式传输的干扰。有的干扰源产生的干扰可用传导方式传输又可用辐射方式传输,那么它既是传导干扰源又是辐射干扰源。此外,按干扰场的性质可分为电场干扰、磁场干扰及电磁场干扰。按干扰波形可分为正弦波干扰、脉冲干扰及准脉冲干扰等。按干扰的频带宽度可分为宽带干扰和窄带干扰。按干扰的幅度特性可分为稳态干扰和暂态干扰。按干扰的方式可将传输线上的干扰分为异模干扰和共模干扰,异模干扰是指两条线上的干扰电流振幅相等而相位相反,共模干扰是指两导线上的干扰电流振幅相差很小而相位相同。根据各类干扰的不同的性质,将采用不同的技术措施予以抑制。

2. 干扰的耦合途径

干扰的耦合途径通常分为两类:传导耦合途径及辐射耦合途径。传导耦合途径又可分为电路性传导耦合、电容性传导耦合及电感性传导耦合,辐射耦合途径又可分为近场感应耦合及远场强射耦合。电磁干扰的耦合途径如表 5.6 所示。

表 5.6　电磁干扰耦合途径

分类		图　形
电磁干扰耦合途径	传导耦合 — 电路性耦合	
	传导耦合 — 电感性耦合	
	传导耦合 — 电容性耦合	
	辐射耦合 — 近场耦合	
	辐射耦合 — 远场耦合	

传导耦合途径要求在干扰源与敏感设备之间有完整的电路连接,该电路可包括导线、供电电源、机架、接地平面、互感或电容等,于是,只要共用一个返回通路将两个电路直接连接起来,就会发生传导耦合,此返回通路可以是另一根导线,也可是公共接地回路、互感或电

容。辐射耦合途径是干扰源的能量以电磁场的形式传播的。根据干扰源与敏感设备的距离可分为近场耦合模式(系统内部)和远场耦合模式(系统之间)。辐射耦合不仅只存在于两天线之间,设备的机壳、机壳的孔洞、传输线及元件之间都可能有辐射耦合。表 5.6 干扰源及敏感设备之间有三类不同的辐射干扰途径:

(1) 发射天线与接收天线间的辐射干扰;

(2) 元件或机壳间的辐射干扰;

(3) 传输线间的辐射干扰。

这三类干扰将产生 9 种不同的组合:天线对天线、天线对机壳、天线对传输线、机壳对天线、机壳对机壳、机壳对传输线、传输线对天线、传输线对机壳、传输线对传输线。每种干扰组合都含有干扰源、耦合途径及敏感设备。

上述各干扰途径的影响是不同的,若设备含有天线且信号以载波输送,则天线对天线之辐射途径为主要干扰途径;若干扰源含有天线而受干扰端无天线,则主要干扰途径为天线对传输线;若设备间距离很近,导线之间距离很小,则主要干扰途径为传输线对传输线。

3. 敏感设备

敏感设备指受干扰影响的系统、设备或电路,其受干扰的程度用敏感度来表示。所谓敏感度指敏感设备对干扰所呈现的不希望有的响应程度,而敏感度门限指敏感设备最小可辨别的不希望有的响应信号电平,也就是敏感电平的最小值。敏感度越高,则其敏感电平越低,抗干扰能力就越差。

如果受干扰的敏感设备不止一个,应该选择敏感度最高的敏感设备为代表。

5.1.5 电磁兼容的组织管理

随着科学技术的发展,人为干扰越来越严重。用人工方法产生的电磁场与自然辐射不同,它可以加以控制和整形,自从有人为产生的电磁场以来,电磁环境日益恶化,使人们不得不进行某些约定,对人为产生电磁场的强度、带宽等进行限制,从而导致了对电磁干扰进行有组织的对抗。这种对抗从一开始就是国际性的,通过国际组织或国际会议,对人为干扰提出规定性的限制,把频谱利用进行合理的分配,以达到电磁兼容的目的。这种组织措施是非常重要的,通过这些组织措施使复杂问题简单化,便于从技术上解决电磁兼容问题,因此国际组织、各国政府、企业集团等对电磁兼容管理是非常重视的,这是解决电磁兼容问题必不可少的手段。

1. 国际组织与合作

由于有用信号与干扰信号都是遵循物理定律和电磁波的传播规律向空间传播的,它所产生的影响不受国界和其他政治区域的限制,因此,为了实现电磁兼容,各种世界性组织和地区性组织进行国际间的协调行动是十分重要的。例如,在世界范围内进行合理的频谱管理,对人为干扰提出规定性限制,对一些固定业务进行合理的保护等,这对于推动电磁兼容技术的发展,实现系统的电磁兼容是很有必要的。目前,最重要的世界性国际组织与合作关系如图 5.5 所示。

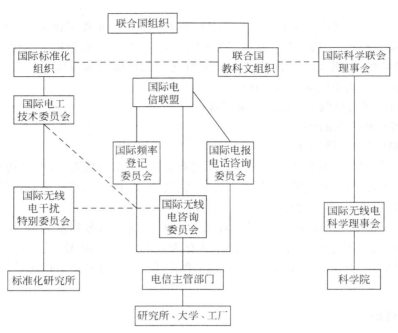

图 5.5　世界性国际组织与合作关系

其中,国际电工技术委员会(IEC)是国际合作中的一个重要组织,该组织是 1906 年于英国伦敦创建的。其宗旨是对电工和电子工程领域内标准化和相关事宜的所有问题进行国际协作,促进国际间的互相了解和信任,通过发行出版物,发表在达成国际协议之前作为中间步骤的报告,为各国家标准化工作奠定基础。

该组织下设 81 个技术委员会,其中有 TC12、TC17~18、TC22~23 等 20 多个技术委员会与电磁干扰问题有关。

特别值得提及的是国际无线电干扰特别委员会(CISPR),它是国际电工委员会的下属组织,是研究对电气、电子设备的干扰进行防护的特设机构,该委员会的产生方法也不同于其他委员会。1933 年,应各有关国际组织的要求在巴黎召开了一次特别会议,组成了国际无线电干扰特别委员会,并于 1934 年举行了第一届全体会议,其宗旨是促进制定有关工业干扰方面国际协商的建议,并鼓励各国共同遵守。CISPR 的组成成员有:IEC 每个成员国委员会,欧洲广播联盟(EBU),国际无线电和电视组织(OIRT),大电系统的国际会议(CIGRE),电力发电者和配电者国际联盟(UNIPEDE),铁路运输国际联盟(UIC),公共运输国际联盟(UITP),电设备批准规则国际委员会(CEE)等。

CISPR 还与国际无线电咨询委员会(CCIR)及国际民航组织进行合作,他们派出的代表以观察员身份参加 CISPR 的各种会议,任何其他国际组织只要对国际无线电干扰消除方面感兴趣都可以被接受成为 CISPR 成员。目前 CISPR 下设 7 个委员会并有多种出版物,其组织机构与工作职责如表 5.7 所示。

国际电信联盟(ITU)也是最早、最大的国际组织之一,拥有 150 多个成员国,此联盟是各独立国家的自愿联合,定期召开政府级会议,在互相协商的基础上,制定通信领域内各种规则和建议。1974 年以来该组织已成为联合国的一个专门机构,这意味着它对实现联合国在通信领域内的决定负有责任。

表 5.7　国际无线电干扰特别委员会(CISPR)的组织机构与工作职责

所属委员会名称	工作职责与范围	出版物编号
SCA	射频干扰与统计方法	16 号、17 号
SCB	工业、科学、医疗射频设备的干扰	11 号、11A 号、19 号
SCC	架空电力线,高压设备与电气牵引系统的干扰	18 号
SCD	汽车,内燃机点火系统的干扰	12 号
SCE	射频接收机的干扰特性	13 号
SCF	马达、家用电器照明设备等的干扰	14 号、15 号
SCG	信息技术设备干扰允许值和测量方法	22 号

该组织主要从事电磁频谱管理通信系统的协调工作,其工作宗旨为:

(1) 维护和扩大国际合作,以改善和合理使用各类电信业务;

(2) 促进技术设施的发展,并着眼于改善通信业务的效率,增加它们的用途并尽可能广泛地为公众所使用,以使它们有效地工作;

(3) 在达成各共同目的的过程中协调各国行动。

此外,国际无线电科学联盟(VRSI)、国际电气电子工程师学会电磁兼容专业委员会(IEEE-EMC)等组织,对电磁干扰、系统与设备的电磁兼容、电磁干扰抑制、电磁兼容标准、电磁兼容测量技术、电磁兼容分析、设计与管理等方面均做了大量的研究工作。

2. 频谱管理与频谱工程

电磁频谱是供人类使用的一种永存在于自然界的不灭的资源,这就是说,如果有朝一日不再使用它了,这种资源的状态与刚发现它可以使用时的状态完全相同。频谱的频率范围虽然从理论上是从零至无限大,但真正在技术上经常应用的是 10kHz~30GHz,而 30GHz 以上的频率范围在技术上正在开发。因此,在有些频段将出现拥挤或频谱过载情况,致使频谱分配要通过国际组织、国家或地区组织进行协调。

(1) 电磁频谱命名

联邦通信委员会(FCC)所规定标准波段的命名如表 5.8 所示。

表 5.8　频谱命名

波段号码 (n)	频率范围 (下限除外,包括上限)	波 段 名 称	频 段 名 称
4	3~30kHz	短长波	VLF(甚低频)
5	30~100kHz	千米波	LF(低频)
6	300kHz~3MHz	百米波	MF(中频)
7	3~30MHz	十米波	HF(高频)
8	30~300MHz	米波	VHF(甚高频)
9	300MHz~3GHz	分米波	UHF(特高频)
10	3~30GHz	厘米波	SHF(超高频)
11	30~300GHz	毫米波	EHF(极高频)

注:波段号"n"的频率范围为 $3\times10^3\sim3\times10^{11}$ Hz。

（2）频谱管理

1959 年在日内瓦世界无线电行政大会所采纳的，以后又经过多次修正、补充及重新修订而形成的国际无线电规则，是全世界频谱利用的基础，用于协调和控制频谱的应用，使在不产生干扰的情况下，有尽可能多的无线电业务投入工作。它规定了频率分配和使用规则，制定了频率分配表，在通信系统中，这个频率分配表是合理利用频谱的基石。

表 5.8 把频谱划成频段，分配给各种业务，可以是专用或者是共用。这种分配可以是全球性的，也可以是限制在某一个区域内，首先把全球分为三个区域，区域 1 包括非洲、欧洲和整个独联体，区域 2 为美洲，区域 3 为亚洲（不包括独联体）和澳洲。此外每个区再进一步分成更小的地区。例如"欧洲广播区"、"欧洲海事区"或者"非洲广播区"。地区性频率分配主要是 0.1～4MHz，因为此范围只适于中等距离的通信，对远距离的干扰很小，所以同一频率可用于不同地区的不同目的。类似的情况也存在于 30MHz 以上的频率范围。除了卫星通信之外，4～27.5MHz 的频率范围，要在全球范围内进行分配，唯一地分配给各种单独的业务，因为这个频段属于电离层反射波，是全球性的。频率分配表篇幅很大，它规定了世界各地区在各频段的业务分配，表 5.9 给出了在 8025～8400MHz 的频率范围内，区域 3（除独联体外的亚洲和澳洲）中的通信业务分配。

表 5.9　区域 3 的频率分配业务举例

频率范围/MHz	区域 3 的分配业务
8025～8175	固定业务 卫星固定业务（地对空） 移动通信 地球资源勘探卫星（空对地）
8176～8215	固定业务 卫星固定业务（地对空） 气象卫星（地对空） 移动通信 地球资源勘探卫星（空对地）
8216～8400	固定业务 卫星固定业务（地对空） 移动通信 地球资源勘探卫星（空对地） （在澳大利亚和英国 8250～8400MHz 频段分配给无线电定位和卫星固定业务）

无线电管理规则中还规定，一个国家想把一个新的无线电台投入使用时，如果此电台可能会对别的国家产生有害干扰，则必须交一个申请书给国际频率登记委员会（IFRH）。国际频率登记委员会对申请进行调查和评审，看看在申请书所述的各种情况下是否会对已经使用着的电台产生有害干扰，然后决定是否接受这个申请。如果拒绝这个申请，通常该国就要修改电台的特性或另外找一个新的频率。如果被接受了，该国即可把电台投入使用并且将此频率登入"国际频率登记簿"。对于高频广播电台，因为需要有与季节传播周期有关的短期规则，还要履行特别手续。

　　由于无线电利用的普遍性,每个国家必须遵守国际电信公约,建立国家级的频谱保护和管理。目前,世界各国设有频谱管理专门机构,采用有力措施,进行推广应用国际电信公约及无线电规则的立法工作,在国家范围内,按照无线电行政大会决定的频段分配为基础来分配频率,而且各国可在不同的波段,提供比无线电规则中更细微的合理分配。

　　在我国设有国家无线电管理委员会及全军无线电管理委员会管理机构,负责分配、协调与频率管理的有关工作。

5.2　汽车电子电磁兼容标准及测试

5.2.1　电磁兼容标准与规范的内容和特点

　　由于电磁干扰已成为系统和设备正常工作的突出障碍,为了保证电磁兼容的实施,一些国际组织,各国政府以及一些企业集团等,在研究电磁兼容的过程中,制定了一系列的标准和规范,其目的在于能防止电磁干扰问题的发生,又不致为不必要的保护而付出太大的代价。标准是一般准则,而规范是一个包括详细数据、必须遵守的合同性文件,由标准可以导出各种规范。执行标准和规范是实现电磁兼容发挥系统效能的重要保证,是电磁兼容设计的基准和指导性文件,因而得到广泛的应用。

　　电磁兼容标准与规范的种类和数目是相当多的,就其涉及的内容而言,主要有以下几个方面。

　　(1) 规定了各种非预期发射的极限值。

　　电磁兼容领域主要讨论的是非预期发射和非预期响应,很自然,电磁兼容标准与规范强调的是系统发射的非预期待性,从而对人为产生的电磁能量予以控制,以保护各种电子系统的正常工作。例如,为了防止汽车点火系统对地面移动通信系统的干扰,有关标准中规定在距汽车 10m 处,在 30～88MHz 频段内,峰值干扰电平不得超过 $-2\mathrm{dB}\mu\mathrm{V}/(\mathrm{m}\cdot\mathrm{kHz})$;在 88～400MHz 频段内,峰值干扰电平不得超过 $8\mathrm{dB}\mu\mathrm{V}/(\mathrm{m}\cdot\mathrm{kHz})$。为了保护电视及其他无线电系统的工作,国际无线电干扰特别委员会(CISPR)对工业、科学、医疗(ISM)设备规定了各种辐射干扰极限值,其中规定在距设备 30m 处,于 30～470MHz 频段中,在电视频带内的辐射干扰极限值为 $30\mathrm{dB}\mu\mathrm{V}/(\mathrm{m}\cdot\mathrm{kHz})$,在电视频带外辐射干扰极限值为 $54\mathrm{dB}\mu\mathrm{V}/(\mathrm{m}\cdot\mathrm{kHz})$。此外,为了保证人体不受电子产品辐射的伤害(人与机器间的兼容),有关部门规定了卫生辐射标准,其中对微波炉的辐射规定了限制,要求在工厂测试时,距其表面 5cm 处,辐射的功率密度不得超过 $1\mathrm{mW/cm^2}$,在使用中,距表面与 5cm 处不得超过 $5\mathrm{mW/cm^2}$。在我国属于这一类的标准有国家标准 GB 4343—1984 和 GB 7236—1987 等,各代号所代表的标准名称见表 5.10。

　　(2) 统一规定了测量方法。

　　由于在一些标准中规定了设备电磁发射及敏感度的极限值,这些极限值往往是一个绝对量值,因此在检查产品是否满足这些极限值要求时,必须有统一的测量方法,才能保证测量数据的可比性。否则由于测量条件不同,测量设备及测量方法不同,所测量的结果也不相同,就无法说明是否满足极限值要求。因此在电磁兼容标准中,有相当数量的标准是规范测量方法。例如我国国家标准 GB 4824.2—1984 对传导发射、辐射发射、传导敏感度及辐射敏感度规定了一系列的测量方法,在我国用于这类标准的还有国军标 GJB 403.7—1987、GJB 476—1988 等(各代号的标准名称见表 5.10)。

表 5.10　部分电磁兼容国家标准及国家军用标准

序号	EMC 标准名称	标准代号
1	军用设备和分系统电磁发射及敏感度要求	GJB 151—1986
2	军用设备和分系统发射及敏感度测试方法	GJB 152—1986
3	电磁干扰和电磁兼容名词术语与单位制	GJB 72—1985
4	微波辐射的安全限值	GJB 7—1984
5	敏感电起爆器通用设计规范	GJB 344—1987
6	敏感度试验用升降方法	GJB 777—1987
7	军工品可靠性评价方法	GJB 376—1986
8	军用飞机电搭接技术要求	GJB 358—1987
9	飞机布线通用要求	GJB 1014—1990
10	飞机供电特性及对用电设备的要求	GJB 181—1986
11	预防电磁场对军械危害的一般要求	GJB 786—1989
12	舰载雷达通用技术条件,电磁兼容性要求和测量	GJB 103.7—1987
13	微波辐射生活区安全限制	GJB 475—1988
14	生活区微波辐射测量方法	GJB 476—1988
15	超短波辐射测量方法	GJB 1001—1990
16	军用眩外机定型试验规程:电磁干扰试验方法	GJB 968.7—1990
17	舰艇搭接、接地、屏蔽、滤波及电缆电磁兼容性要求和方法	GJB 1064—1990
18	飞机设备电磁兼容性要求及测试方法	HB 5662—1981
19	机载火控雷达抗干扰能力试验	GJB 86.4—1986
20	电动工具、家用电器和类似器件的无线电干扰特性测量方法和允许值	GB 4343—1984
21	无线电干扰名词术语	GB 4365—1984
22	工业、科学和医疗射频设备无线电干扰的允许值	GB 4824.1—1984
23	工业、科学和医疗射频设备无线电干扰特性测量方法	GB 4824.2—1984
24	电气设备的抗干扰特性基本测量方法	GB 4859—1984
25	电磁干扰测量仪	GB 6113—1985
26	广播接收机干扰特性测量方法	GB 6114—1985
27	静态继电器及保护装置的电气干扰试验	GB 6162—1985
28	车辆、机动船和火花点火发动机驱动装置无线电干扰特性的测量方法及允许值	GB 6279—1986
29	航空无线电导航台站电磁环境要求	GB 6364—1986
30	电子测量仪器电磁兼容性试验规范	GB 6833—1986
31	广播接收机干扰特性限额值	GB 7236—1987
32	高压架空输电线、变电站无线电干扰测量方法	GB 7349—1987
33	同轴电缆载波通信系统抗无线电广播和通信干扰的指标	GB 7432—1987
34	对称电缆载波通信系统抗无线电广播和通信干扰的指标	GB 7433—1987

（3）统一规定电磁兼容领域内的名词术语。

为了使标准所规定的意义明确，要求使用标准的人员对其中的名词、术语等有关概念有共同的理解，因此有一些标准专门规定了有关名词术语。例如在使用标准和规范时，一个非常重要的参数是电磁干扰安全余量，对该参数必须有明确的定义，它定义为敏感度门限与关键测试点或信号线上干扰的比值。通常设计可取电磁干扰安全余量为 6dB，而军用产品为20dB（不包括仪器误差和测量误差），只有明确电磁干扰安全余量的定义，才能正确理解极限值的规定和正确地进行测量，因此有关名词术语标准、电磁发射与敏感度要求标准及相应的测量标准，是相互配合使用的，例如我国国家军用标准 GJB 72—1985、GJB151—1986 和GJB152—1986 就是一套互相配合和联合使用的三军通用标准。

（4）规定了设备、系统的电磁兼容性要求及控制方法。

根据电磁兼容技术的发展，人们对电磁干扰控制的电磁兼容设计已有许多研究成果，根据这些技术成果和实际经验，在一些标准中概述了对系统电磁兼容性要求，其中包括系统功能性电磁发射和敏感度要求，规定了系统电磁环境控制、雷电保护、防静电干扰等技术准则，以及有关正确接地、搭接和屏蔽指南，此外，还规定了电磁兼容性验证的方法等。这类标准的数量很多，例如国家军用标准 GJB 151—1986、GJB 358—1987、GJB 1014—1990、GJB181—1986、GJB 786—1989 和国家标准 GB 6364—1986、GB 7432—1987 和 GB 7437—1987等（见表 5.10），均属于这类标准。

在系统的电磁兼容设计中，应根据标准所规定的极限值来设计子系统和设备，而后根据规定的测量及试验标准进行检验。由于标准与规范作为一个通用文件，其极限值是根据最坏情况规定的，这就可能导致设计的过于保守，另一方面标准与规范没有定量地考虑各系统的特殊性。根据规定的极限值设计不一定保证不发生不兼容问题，这需要在电磁兼容性分析和预测中予以修正。

5.2.2 汽车电子产品的国际标准与国家标准

汽车工业的快速发展和汽车市场的激烈竞争极大地促进了各类电气、电子和信息设备在汽车上的广泛应用，对于今天的汽车产业，应用电子技术的程度已成为提升汽车技术水平的重要标志之一。电子设备广泛应用于汽车发动机控制系统、自动变速系统、制动系统、调节系统以及行驶系统中，对汽车的安全性、可靠性、舒适性起着决定性作用。

随着汽车电气设备数量和种类的不断增加，工作频率的不断提高，汽车内的电磁环境日益复杂。同时，汽车上的电子设备和器件，特别是半导体逻辑器件对电磁干扰十分敏感，经常发生汽车内部电子设备相互干扰的情况。当电磁干扰发生时，轻则导致受干扰的敏感电子设备功能发生降级，重则导致其功能失效，给汽车的安全行驶造成严重影响。

汽车电子产品电磁兼容问题已经成为国际上一个重要的研究课题和方向，国外对汽车的电磁兼容问题非常重视，很早就开始了电磁兼容性标准的制定工作，目前已经形成了较为完善的汽车电磁兼容性标准体系。

汽车电子产品电磁兼容标准分为国际标准、地区标准、国家标准和企业标准。现国际上制定电磁兼容方面的标准化组织有国际标准化组织（ISO）、国际电工委员会（IEC）、国际电工委员会无线电干扰特别委员会（CISPR）。地区标准主要是欧洲 ECE 法规和 EEC 指令。

国家性标准协会有美国国家标准协会(ANSI),美国联邦通信委员会(FCC),美国汽车工程协会(SAE),德国邮电部(FTZ),德国电气工程师协会(VDE),英国标准协会(BSI)以及日本民间干扰控制委员会(VCCI),上述标准协会的作用是与国际标准协调,并且制定各国家自己的标准。

国际上各大型汽车公司都有自己的企业电磁兼容标准,如美国福特公司、通用公司,德国大众、宝马、梅塞德斯-奔驰公司,法国的标致-雪铁龙公司等,其企业标准比国际上通用的标准要严格很多,例如通常国际标准对于汽车抗扰度的要求通常为 24V/m,而一些汽车公司则规定为 100~200V/m。

1. 国际标准

(1) ISO 系列标准

ISO 7637——《道路车辆——由传导和耦合产生的电气干扰》(Road Vehicles—Electric Disturbances by Conduction and Coupling)

本标准描述的是汽车上电气设备经常产生的一些常见瞬态干扰信号,通过传导和耦合方式对被测设备造成干扰的测试及评价方式。

ISO 11451——《道路车辆——窄带辐射电磁能量引发的电气干扰——整车测试法》(Road Vehicles—Electrical Disturbances by Narrowband Radiated Electromagnetic Energy—Vehicle Test Methods)

本标准为抗窄带电磁辐射源产生的电磁干扰的整车测试方法。

ISO 11452——《道路车辆——窄带辐射电磁能量引发的电气干扰——零部件测试法》(Road ISO Vehicles—Electrical Disturbances by Narrowband Radiated Electromagnetic Energy—Component Test Methods)

本标准为抗窄带电磁辐射源产生的电磁干扰的零部件测试法。

ISO 10605——《道路车辆——静电放电产生的电气干扰》(Road Vehicles—Test Method for Electrical Disturbances from Electrostatic Discharge)

本标准为抗静电干扰引起的电磁干扰的测试方法。

(2) CISPR 系列标准

CISPR 12——《车辆、机动船和内燃发动机驱动装置无线电干扰特性的测试方法和限值》(Vehicles, Motorboats and Spark-ignited Engine Driven Devices—Radio Disturbance Characteristics—Limits and Methods of Measurement)

本标准是保护建筑物内广播电视设备免受来自车辆、船和内燃发动机驱动装置所产生的电磁干扰。

CISPR 25——《用于保护用在车辆、机动船和装置上车辆接受机的无线电干扰特性的限值和测量方法》(Limits and Methods of Measurement of Radio Disturbance Characteristics for the Protection of Receivers Used on Board Vehicles, and on Devices)

本标准是保护用在车上、船上和装置上的接受机免受无线电干扰,规定了限值的测试方法。

(3) SAE 系列标准

SAE 系列标准作为美国标准组织 SAE 制定的标准,随着 SAE 的国际化,早已成为国际权威标准之一。SAE 有关汽车电磁兼容方面的标准主要有 SAE J551 和 SAE J1113，SAE J551 主要针对整车，而 SAE J1113 主要针对零部件。

SAE J551——《电动车辆的磁场和电场强度的测量方法——整车》(Vehicle Electromagnetic Immunity Electrostatic Discharge)

本标准规定了车辆和装置的电磁兼容限值和测试方法。

SAE J1113——《汽车器件电磁敏感性测试程序——零部件》(Electromagnetic Susceptibility Procedures for Vehicle Components(Except Aircraft))

本标准规定了汽车零部件的电磁敏感性的测量和限值。

2. 国家标准

具有代表性的此类标准有美国的 ANSI 标准、德国的 DIN 标准和中国的 GB 标准等。

（1）美国国家标准 ANSI

绝大多数 ANSI 标准来自其他组织制定的标准，并在前面冠以 ANSI，其 EMC 标准也不例外，例如，ANSI 标准《人体受 3kHz～300GHz 射频电磁场辐射的安全等级标准》其标准号为 ANSI/IEEE C95.1—91，表示其标准由 IEEE 组织制定。

（2）中国国家标准 GB

1955 年，中国国家技术委员会成立，设标准局，负责管理全国的标准化工作。由于标准化工作起步晚，我国目前的标准制定工作主要参照国外成熟标准，根据采用国际标准的程度和表示方法分为等同采用、修改采用和非等效采用。

GB 14023—2006——《车辆、船和由内燃机驱动的装置无线电干扰特性限值和测量方法》(2005 年 11 月报批)。本标准等同采用国际无线电干扰特别委员会出版物 CISPR 12—2005 第 5 版，其规定的限值为居住环境中使用的广播接收机在 30～1000MHz 频率范围内提供保护。

GB 17619—1998——《机动车电子电器组建的电磁辐射抗扰性限制的测量方法》。本标准采用欧共体指令 95/54/EC(1995)《机动车电磁兼容性》的相关内容。部分限值和测量方法等效采用该指令，规定了机动车电子电器组件(ESA)对电磁辐射的抗扰性限值和测量方法，使用于机动车电子电器组件。

GB/T 18387—2008——《电动车辆的电磁场辐射强度的限值和测量方法》。本标准等同采用美国汽车工程师协会标准 SAEJ 551—5(2004)《电动车辆的磁场和电场强度的测量方法及执行电平》，规定了来自电动车辆的磁场和电场的场强测量方法和限值，频率范围为 9kHz～30MHz。

GB 18655—2008——《车辆、船和内燃机无线电干扰特性——用于保护接收机的限值和测量方法》(2008 年 3 月报批)。本标准等同采用国际电工委员会/无线电干扰特别委员会 IEC/CISPR 25：2007 第 3 版，规定了 150kHz～2500MHz 频率范围内的无线电干扰限值和测量方法，适用于任何用于车辆和大型装置的电子/电气零部件。

GB/T 21437.2—2008——《道路车辆由传导和耦合引起的电干扰第 2 部分：沿电源线的电瞬变传导》(2008 年 2 月报批)。本标准等同采用 ISO 7637—2004 第 2 部分。

5.2.3　汽车电子产品电磁兼容的测试设备

1. 测试环境

1）屏蔽室

在 EMC 测试中，屏蔽室（见图 5.6）能提供环境电平低而恒定的电磁环境，它为测量精度的提高、测量的可靠性和重复性的改善带来了较大的益处。CISPR 25 中的零部件传导发射试验、ISO 11452 中除第 2 部分以外和 ISO 10605 规定的静电放电抗扰度试验都是在屏蔽室内进行的。

屏蔽室屏蔽壳体的材料一般采用铜板或镀锌钢板，按照建造方式可分为焊接式和组合式两种结构。焊接式是将铜板或钢板焊接成一个紧密的屏蔽体，其屏蔽效能高且稳定、可靠，但这种方式对焊接工艺的要求非常严格，屏蔽体的

图 5.6　屏蔽室

造价较高，早期建造的多为这种结构。组合式是将压制成形的铜板模块通过电磁衬垫接触，用螺栓连接紧固，这种方式造价低、安装简单，但屏蔽效能受墙壁模块的加工及接缝屏蔽处理基数影响，随着屏蔽室制造、安装技术的进步，目前这种方式的屏蔽体用得越来越多。

下面以组合式结构为例介绍屏蔽室的建造。

（1）对施工场地的要求。场地空间应比屏蔽体尺寸每边大 0.5～1m，接地可用普通的水泥地面，但必须做好防湿处理。因为屏蔽体搁置在地面上，地面平整度直接影响到屏蔽体模块的衔接及接缝处的屏蔽处理，为此，地面的高度差应控制在 6mm 之内，使用水平仪进行测量调整。

（2）屏蔽体支架。屏蔽体保持强度需要有一定的支撑，一般用型钢，如工字钢、槽钢等，在壳体周围搭建支撑框架。为保证屏蔽体单点接地，屏蔽体支架与地面之间要做绝缘处理。因为屏蔽体墙壁以支架作为支撑，支架的水平梁和竖直梁应保持水平和竖直要求，可通过调整支架调节拉杆达到设计要求。

（3）屏蔽体安装。支架安装完毕后，可以开始安装屏蔽体。因地面的平整度已控制在要求的范围内，屏蔽体地面部分可直接铺设并拼装，为保证屏蔽体单点接地，水泥地面上应铺设高强度绝缘 PVC 板，屏蔽体铺设在 PVC 板上面。墙壁和天花板的平整靠与支架的固定位置来调整，以保证屏蔽体壳体面的平整及接缝的屏蔽处理效果。屏蔽板模块间通过铜制的金属丝网电磁衬垫衔接，为保证屏蔽板金属丝网的电连接性，板间的金属丝网要通过抽头连接成一个完整的导电体。屏蔽板模块紧固螺栓的间距小于 20cm。

（4）屏蔽完整性的处理。要达到要求的屏蔽效能，需要对门、通风窗、线缆接口提出一定的要求。

门是人员和设备出入的唯一通道，是影响屏蔽室屏蔽效能的重要环节。常见的屏蔽门是用一种凹槽结构，如单刀双簧，门边是单刀结构，门框是凹槽结构，凹槽内有双簧片，通过

其将门和门框压紧保证其导电连续性。通用的是一种旋转门,为保持铰轴的沿垂性,应对门柱做适当的加固。另外,滑动门也是一种选择。

波导窗用于室内通风。它由许多小的截止波导管组成,截面形状多为六角形。通过采用波导结构有效地阻止截止频率以下的电磁波穿越。波导窗的安装应保持窗体与墙壁的紧密结合,避免出现缝隙。

接口板用于转接穿越屏蔽室的各类信号线缆。接口板也是波导结构,用于测量射频接口、被测设备(EUT)信号接口、滤波器接口及光纤入口等,信号传输应使用屏蔽线缆,信号转换使用屏蔽转换器。接口板的安装也应保持与墙壁的紧密结合,避免出现缝隙。

电源线滤波器用于电源滤波,它安装在屏蔽室外、电源入口处。根据测试仪器和被测设备(EUT)的要求需要提供单相、三相等机组滤波器。滤波器前不应安装漏电保护器,但可设置熔断器,漏电保护可设置在室内配电箱上以保护人身安全。

(5) 地板。地板是半电波暗室的重要部分。一部分的 EUT 发射信号通过地板反射被接收天线所接收,为保证测试结果的一致性,应保证地板的导电连续性和地板的平整。一般采用高架地板,即用金属制成的架空地板,各种测控线缆、电源线置于其下,地板的高度与转台面持平(一般为 30~60cm),并保持转台与周围地面的电连续性。地板安装时通过调整地板支撑,控制不平整度在千分之一以内。

(6) 屏蔽室的接地。屏蔽室要求单点接地,使用宽带接地线,接地电阻应小于 1Ω。

屏蔽室安装完成后,要进行屏蔽效能测试,国内通常按 GB 12190—1990《高性能屏蔽室屏蔽性能测量方法》测试。

2) 开阔场(OATS)

由于被测设备在屏蔽室中产生的干扰信号通过屏蔽室的 6 个面产生无规则的漫反射,导致在屏蔽室内形成驻波而产生较大的测量误差。特别是在辐射发射测量和辐射敏感度测量中表现更严重,因此,对一个汽车电子产品或系统进行辐射发射(RE)和辐射敏感度(RS)试验时,早期的 CISPR 标准要求辐射发射测量在开阔场地(OATS)进行。根据标准要求,开阔场通常为一个菲涅尔椭圆,EUT 与接收天线分别位于椭圆的两个焦点处,间距为 L,长轴长是焦距的两倍,为 $2L$,短轴长 $\sqrt{3}L$。在开阔场,接收天线受两种波的照射:直射路径 D 波和地面反射路径 R 波,总的接收信号是它们的矢量和,如图 5.7 所示。菲涅尔椭圆两个焦点的距离即是要求的测量距离,根据现在标准可分为 3m、10m 和 30m。以前可以在开阔试验场上进行,但是近几十年来,随着环境电磁噪声强度和密度的不断增强,很难找到符合标准要求的 OATS。目前电波暗室被广泛地用来模拟 OATS 进行辐射发射和辐射敏感度试验。

3) 电波暗室

对于辐射发射测量和辐射敏感度测量,开阔场是一个理想的测试场地,但在广播、通信迅速发展的今天,要想找到一块符合开阔场要求的场地是非常困难的。因此,一种替代的试验场地——电波暗室显得十分重要。

电波暗室相对开阔场而言,不受气候条件的限制和背景噪声的影响,正是由于它的这些特点,电波暗室作为电磁干扰的替换测试场地得到了广泛应用。但电波暗室也存在一个问题,即由于其周围墙壁对电磁波的反射作用,使得测试结果的准确性受到很大的影响,如果电波暗室设计合理,可使这一影响减小到可以接受的程度。

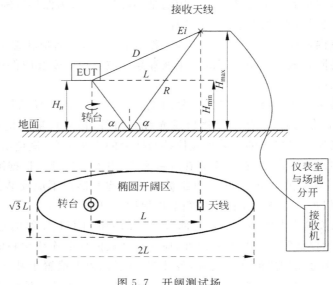

图 5.7　开阔测试场

（1）电波暗室的分类和主要特征

① 按内表面吸波材料粘贴方式分类

按照内表面吸波材料的粘贴方式,可将暗室分为半电波暗室、全电波暗室和改进型半电波暗室。

a. 半电波暗室

半电波暗室是除了地面（接地平板）之外,其余五面都装有吸波材料的屏蔽室。作为室外开阔试验场地的替代场所,半电波暗室已被国内外标准认可,成为应用广泛的 EMC 测试场所。但半电波暗室存在自身缺陷,如天线的升降,地平面电磁波反射等引起的测量值不稳定等。半电波暗室被用于 EMC 辐射发射和电磁辐射敏感度测量。主要性能指标用归一化场地衰减（NSA）和测试面场均匀性（FU）来衡量。

b. 全电波暗室

全电波暗室是内表面全部装有吸波材料的屏蔽室,用来模拟自由空间的传播环境。全电波暗室完全摒弃了平面大地干涉原理,解决了半电波暗室固有的许多缺陷,同时由于模拟自由空间,没有反射的发生,不存在干涉模型,对水平极化、垂直极化的一致性较好,并且不存在 3m 和 10m 之争,只需 3m 即可,为电磁兼容测试提供了一种低造价、低费用、方便高效、灵活准确的测试方法。全电波暗室主要用于微波天线系统的参数测量。通常用静区、反射率电平、交叉极化度、多路径损耗、幅度均匀性和工作频率等六项指标来表示。

c. 改进型半电波暗室

改进型半电波暗室是在接地平板上装有附加吸波材料的半电波暗室。由于电波暗室不仅是辐射发射的测试场地,也是辐射抗扰度测试场地。设备抗扰度（设备敏感度）测试时评估 EUT 对来自空间的辐射电磁场的抗扰性能,该测试应在电波暗室中进行,地面上应铺设吸波材料。因此,对于半电波暗室,测试时必须把吸波材料补上,使之没有反射,这就变成了改进型半电波暗室。在测试辐射发射时将吸波材料移走,又还原成半电波暗室。

② 按电波暗室的尺寸分类

电波暗室按照尺寸大小可分为超紧缩型预测式全波暗室、最小使用尺寸电波暗室、小型电波暗室、3 米法电波暗室、5 米法电波暗室（见图 5.8）、10 米法电波暗室（见图 5.9）。

图 5.8 5 米法全电波暗室

图 5.9 用于整车电磁兼容测试的 10 米法电波暗室

a. 超紧缩型预测式全波暗室

尺寸约为 4.6m×2.5m×2.75m。主要用来进行抗扰度测试，也可以进行辐射发射的预测试。这种暗室占用空间小，造价低，特别是由于它是拼装成的，所以在任何地方都可以拆卸和安装，升级到 733 型暗室和标准 3 米法暗室也很容易。此类暗室很适合中小型企业使用。

b. 最小使用尺寸电波暗室

尺寸约为 7m×3m×3m。主要用于抗扰度测试、发射预估及自由空间发射测试。适合频率为 26MHz～1GHz，价格约为 10 万美元，造价较低，适用于中小型企业进行内部测试。

c. 小型电波暗室

尺寸约为 8m×4m×4m。主要用于抗扰度测试、发射预估及自由空间发射测试。适合频率为 26MHz～1GHz,价格约为 12.7 万美元,比最小使用尺寸电波暗室略高,尺寸也略大。

d. 3 米法电波暗室

尺寸约为 9m×6m×6m。用于抗扰度及发射测试尺寸在 2m 以下的产品。价格约为 30 万美元,是国际上普遍采用的代替开阔场的实验场地。

e. 5 米法电波暗室

尺寸约为 11m×7m×9m。费用约为 40 万美元,价格只比 3 米法电波暗室贵了 15%,但只是 10 米法价格的三分之一,性能在较宽范围内都比 3 米法电波暗室优越,且与 10 米法的换算修正关系较之 3 米法对 10 米法的换算修正关系更优越。可以测试较大体积的 EUT。这种暗室已经逐渐得到推广和应用。

f. 10 米法电波暗室

尺寸为 19m×12m×9m。用于抗扰度及发射测试,适用于体积较大的产品。价格约为 120 万美元,非常昂贵,一般来说,在进行汽车整车电磁兼容测试时才考虑。

(2) 电波暗室构造

一个典型的 10 米法电波暗室(适用于整车电磁兼容测试)的结构如图 5.10 所示。暗室的侧面墙壁(前后两个侧面图中没有显示)都被吸波材料覆盖。

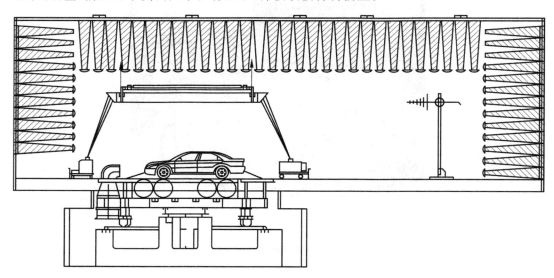

图 5.10　整车电磁兼容测试的 10 米法电波暗室截面图

暗室中主要有以下几种固定设备。

① 转轴系统,包括转鼓和转动台。转鼓分双轮转鼓和单轮转鼓两种。转鼓在汽车纵轴上的位置可以调节,因此可以改变转鼓之间的距离以适应不用轴距汽车的需要。汽车由固定系统固定在转台上。转台可以 360°旋转。

② 汽车冷却系统,安装在转台上正对汽车头部,用以产生空气流动冷却试验中运行着的车辆发动机。

③ 汽车尾气排放系统,用以将实验中运行的汽车产生的尾气,通过抽风机和管道排放到实验室以外,以防尾气泄漏到实验室环境中。汽车尾气排放系统如图 5.11 所示。

④ 低频天线系统,即传输线系统,包括两个固定于天花板、用以产生电场的圆柱体天线及两个干扰信号发生器。

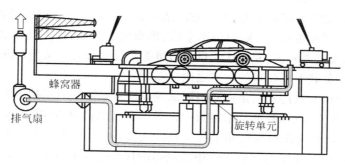

蜂窝器

排气扇

旋转单元

图 5.11　汽车尾气排放系统

（3）评价半电波暗室性能的指标

半电波暗室在电磁兼容测试中使用最为广泛,评价一个半电波暗室是否合格通常有以下几个指标:静区尺寸及静度、屏蔽效能、归一化场地衰减、传输损耗和场均匀性。

① 静区尺寸及静度

暗室静区是指射频吸波室内受反射干扰最弱的区域,尺寸的大小与暗室的形状、大小、结构、工作频率、所用吸波材料的电性能、静区所要求的反射电平、静区的形状等有关。一般暗室尺寸越大,其静区将越大。静区的尺寸不得小于受试件的尺寸。暗室的静区是以转台旋转轴为轴线,一定直径的圆柱体。例如,3 米法测试距离的静区是一个 2m 直径的柱体区域。

静区静度是暗室性能的最重要的指标之一,它定义为在静区各壁反射能量总和与直达波能量之比。一般而言,暗室性能的好坏与作为暗室主体的屏蔽室反射路径损耗、暗室内壁所敷设吸波材料的吸收性能及发射天线波束宽度等因素息息相关。

② 屏蔽效能

它主要用来表示电波暗室对外界信号的屏蔽能力。数值上等于没有屏蔽体时接收到的信号值与在屏蔽体内接收到的信号值的比值,即发射天线与接收天线之间存在屏蔽体以后所造成的插入损耗。对于屏蔽效能较差的电波暗室,外界信号很容易进入室内对测试结果造成影响,而屏蔽效能较好的电波暗室不会出现这样的问题。

暗室的屏蔽效能要求应适当,并非越高越好,要从费效比考虑,最终环境电平只要低于标准限值的 6dB 就可以了。GJB 2926—1997 对暗室的屏蔽效果要求如表 5.11 所示。

表 5.11　暗室的屏蔽效能

频率范围	屏蔽效能	频率范围	屏蔽效能
14kHz～1MHz	>60dB	1～18GHz	>80dB
1～1000MHz	>90dB		

屏蔽效能的测量结果与所用测量方法有关,因此,检测暗室的屏蔽效能必须严格按照标准规定的测试方法进行,可按照 GB 12190—1990《高性能屏蔽室屏蔽效能的测量方法》进行测试,重点对可能造成屏蔽效能降低的接缝、暗室的通风窗、屏蔽门等部位进行检测。

③ 归一化场地衰减(NSA)

它是评价电波暗室性能的核心指标,它的结果直接决定了电波暗室是否可用于 EMI 测试。场地衰减与下列参数有关:地面的不平度、地面的电参数、周围环境、收发天线之间的距离、天线类型和极化方向、收发天线端口的阻抗等。场地衰减定义为:输入到发射天线上的功率与接收天线负载上所获得的功率之比。

半电波暗室场地衰减的测试是在开阔测试场场地衰减测试的基础上进行的。根据 GJB 2926—1997 附录 A 中提供的"电波暗室归一化场地衰减的测试方法"中提供的场地衰减单点测试方法,用一对天线分别垂直和平行于地面放置,通过电缆分别与发射源和接收机连接,发射源天线电压 U_T(dB)与接收天线中所测得的接收电压 U_R(dB)之差即为开阔试验场的场地衰减。

如果水平和垂直测得的 NSA 与 GJB 2926—1997 附录 A 中相应表中的理论值相差在 ±4 dB 之内,则测试场地被认为是可接受的。归一化场地衰减只用来表明测试场地的性能,与天线或测量仪器并没有多大的关系,是衡量测试场地性能的重要指标之一。信号从发射源传输到接收机时,由于场地影响所产生的损耗为 NSA,它反映了场地对电磁波传播的影响。

半电波暗室是为模拟开阔场地而建造的,暗室中的 NSA 应与开阔场一致,CISPR 16-1 和其他相关标准要求:在 30MHz～18GHz 频率范围内,当测量的垂直和水平的 NSA 值在归一化场地衰减理论值的 ±4dB 之内,则测试场地被认为是合格的,可以在暗室中进行电磁辐射干扰的检测。

④ 传输损耗

它是描述电波暗室在高频段特性的主要参数,实际上就是在 1GHz 以上的场地衰减,在测试传输损耗时地面也应铺设吸波材料,这时电波暗室就可以模拟自由空间。与 30～1000MHz 频段类似,如果实测的场地衰减值在理论值的 ±4 dB 范围之内时,则认为此项指标合格。

⑤ 场均匀性

在辐射抗扰度测试时,发射天线必须在 EUT 周围产生充分均匀的场强,场均匀性就是评价一个电波暗室是否能满足上述要求的。在对测试面上的 16 个测试点处得到的场强值中剔除 4 个影响最大的值,保留的一两个场强值若在 0～6dB 范围内,则认为测试面场强是均匀的。测试合格的暗室才可以进行抗扰度测试。

(4) 汽车电磁兼容测试所要求的电波暗室

不同的汽车整车/零部件电磁兼容测试要求使用不同的电波暗室。对于 CISPR 12 和 ISO 11451,要求使用标准的 10 米法电波暗室。CISPR 25 规定使用的电波暗室是特殊尺寸的,称为 CISPR 25 类型电波暗室,暗室尺寸为 7.1m×6.85m×4.3m(长×宽×高)。CISPR 25 类型电波暗室适用于 CISPR 25 规定的汽车电子零部件辐射发射测试和辐射敏感度测试。CISPR 25 中规定,当用于整车辐射发射测试时,暗室的地板上不能放置吸波材料,而在零部件测试时在测试台和天线之间可以放置吸波材料。ISO 11452-2 要求的也是 CISPR 25 类型电波暗室。

4）TEM 小室

由于开阔场、电波暗室的诸多缺点,1974 年美国国家标准局的专家首先系统地描述了横电磁波传输小室,简称 TEM 小室(见图 5.12),其外形为上下两个堆成梯形。横电磁波传输小室的优点是结构简单,主要缺点是可用频率上限与可用空间存在矛盾。标准 TEM 小室的测量尺寸大约限定在设计的最小工作波长的四分之一范围。如果要进行 1GHz(波长 30cm)的测试,测试腔尺寸要限定在 7.5cm。

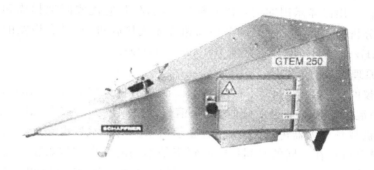

图 5.12　TEM 小室

TEM 小室测试系统如图 5.13 所示。

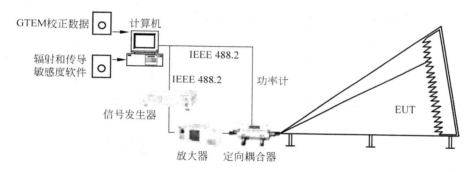

图 5.13　TEM 小室测试系统

5）混响室

混响室测试电磁辐射已发展了约 20 年。因建造周期短,投资小,测试简单快速,目前已被国际标准化组织接受并逐渐投入商业应用。

混响室测试系统由混响室、搅拌桨、发射和接收装置组成。电磁场收发设备与电波暗室类似,可用同样设备,但功率放大器功率较小。混响室为一高电导率屏蔽腔室,实际上是一大尺寸谐振空腔。腔室体积与最低可用频率(LUF)有关,体积越大,最低可用频率越低。混响室内部的搅拌桨由装在轴上的金属反射面构成,通过外部电机步进或连续旋转驱动可改变混响室内部电磁场的边缘条件。

暗室技术正逐步被混响室取代。暗室抗扰度测试要求天线在两极化方向上分别进行大角度扫描来检验 EUT 性能,而实际的扫描角度有限制。由于特定 EUT 的方向模式随频率改变而不同,很可能最大响应的方向模式与 EUT 的表面并不垂直。这样在利用天线扫描时造成检测天线模式极化之间不匹配,有限的扫描角度导致对 EUT 的抗扰度过高。另外,暗室中产生高场强需要很大的功率放大器,投资昂贵。因混响室中的场统计分布均匀且各向同性,故不存在以上暗室测试的问题,而且混响室品质因数很高,可用较小的射频功率在大的测试空间内产生很高场强,故测试方案廉价。

2. 测试设备

1)频谱分析仪

频谱分析仪是用以显示周期信号幅度频率谱的仪器,它能实时地扫描和显示输入信号的频谱。频谱分析仪实际上是一个调谐扫描超外差式接收机,它具有极宽的输入频率范围(典型的为 10kHz～3GHz,但可以宽到 100Hz～22GHz)。

(1)基本原理

频谱分析仪的原理结构图如图 5.14 所示。混频器将天线上接收到的信号与本振产生的信号混频,当混频的频率等于中频时,这个信号经中频放大器放大,然后进行峰值检波。检波后的信号被视频放大器进行放大,然后显示出来。由于本振电路的震荡频率随着时间变化,因此频谱分析仪在不同的时间接收的频率是不同的。当本振震荡器的频率随着时间进行扫描时,屏幕上就显示出了被测信号在不同频率上的幅度,将不同频率上信号的幅度记录下来,就得到了被测信号的频谱。

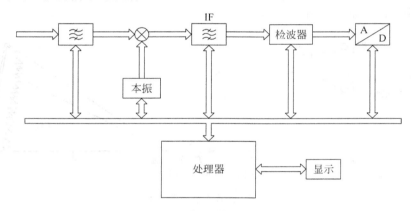

图 5.14　频谱分析仪原理结构图

频谱分析仪的前面板上包括扫描频率宽度、扫描时间、分析率和视频带宽及参考电平的调节按钮。大多数频谱分析仪还可以标记某个感兴趣的频率及这个频率信号的幅值。频率的显示精度是分辨带宽和频率带宽的函数。频率显示精度的一个典型指标是带宽和分带宽的 3%。所以,一个具有 2GHz 带宽的被测频率,可能会有高达 60MHz 的显示误差。为了获得最高精度,应该使用最小宽度和分辨带宽。有些频谱分析仪将一个计数器和标志器的功能结合在一起使用。由此,该计数器就可以进行精确频谱测量。一个或几个扫描的最大值或峰值的保持和存储也是很有用的功能。它能捕捉短周期的发射,并且能对发射前后的分布状态进行比较。频谱分析仪的分辨带宽控制有几个好处。其中一个,就是要降低频谱分析仪的基地噪声。分辨带宽越宽,噪声电平就越低,而且,所显示的信噪比就越好。

(2)频谱分析仪扫描分辨带宽

影响频谱扫描仪在某个频率上扫描得到电平高低的最关键因素是频谱分析仪的扫描分

辨带宽(由操作者选择)。为了理解这一点,可以把频谱分析仪理解为一个实时扫频的带通滤波器。这个滤波器的带宽就是频谱分析仪的扫描分辨带宽。在电磁兼容测试标准中规定是 3dB 带宽(即最大幅值的下降不超过 3dB 的宽度)。

这个带通滤波器的扫描窗口从扫描带宽的最左侧(起始扫描频率)往右侧移动,并将进入这个窗口的电平经过检波后显示。假设某一时刻这个扫描窗口被"冻结"在某一频点上。此时有 3 个谐波落入滤波器的扫频带宽内,则扫描窗口中心频率显示的电平将是在那时落入窗口的频谱电平之和。因此,即使在带宽中心频率 f 处没有谱分量,频谱分析仪也将在频率 f 处显示电平 A+B+C。随着扫描窗口在扫频过程中进一步向右移动,电平 A 将离去,显示的电平变成 B+C。当它再向右移动时,电平 B 将离去,显示的电平是 C。这说明当所选择的扫描分辨带宽过大时,所显示的电平将比实际的电平要大许多,例如会使噪声电平变大。我们在传导发射和辐射发射的测量标准中都可以看到标准对测量的扫描分辨带宽都有规定,这就是为了避免因为带宽的不恰当选择而导致测量结果比实际水平高出许多,从而影响准确性。

在测试标准中定义的窄带和宽带噪声信号是相对测量仪器的分辨带宽而言的。

(3) 检波方式

主要的检波方式为峰值检波、准峰值检波及平均值检波三种,频谱分析仪一般会用到峰值检波和平均值检波两种。峰值检波即显示正弦谐波的最大值(实际上是均方根值)。

假设接收的信号(与准峰值检波器的时间常数 RC 有关)由在时间上进行分隔的脉冲尖峰组成。电容开始充电,直到第一个脉冲尖峰结束,然后它通过电阻 R 放电。如果下一个尖峰是在允许电容完全放电的时间以后来到,将在频谱分析仪的输出端看到第一个波形。然而,如果尖峰的到来时间比时间常数更短,那么在下一个尖峰到来前,电容还没有充分放电。这样,输出信号将继续增加到某一限值。虽然这是对准峰值检波器的作用的一个简单说明,但是也说明了重要的一点,那就是不常出现的信号将导致准峰值测量电平远比峰值检波器的测量值要小。因此,不常发生的事情(和时间常数有关)可能有足够的幅度对设置成峰值检波功能的频谱分析仪造成极大的接收电平,而它们的准峰值电平却可能不会超出限值。在 CISPR 25 中,准峰值检波方法测量的限值要比峰值检波方法测量的限值低 13dB。

使用准峰值检波器功能的理由与限值的含义有关,这个限值是为了保护无线和有线通信接收机不受干扰。罕见的脉冲尖峰和其他时间不会严重阻碍听者获取所需的信息。然而,一个连续的信号调制的结果会导致一个连续的无线检波信号,进而会严重干扰听者获取有用传输信息的能力。

平均值检波器基本上是一个窄带滤波器(立体声滤波器),它仅让检波波形的时变包络中的直流成分通过。这对于显示湮没在宽带频谱中的单频或连续波信号很有用。

2) EMI 功率接收机

功率接收机是进行 EMC 测试的主要工具,以点频法为基础,应用本振调谐的原理测试相应频点的电平值。接收机的扫描模式应当是以步进点频调谐的方式得到的。在原理上频谱仪与接收机类似,但是频谱仪与接收机在以下几方面差别较大:前段预选器、本振信号扫描、中频滤波器、杂散信号和精度。

(1) 输入 RF 信号的前段处理

接收机与频谱仪在输入端对信号进行的处理是不同的。

频谱仪的信号输入端通常有一组较为简单的低通滤波器,而接收机要采用对宽带信号有较强的抗扰能力的预选器。通常包括一组固定带通滤波器和一组跟踪滤波器,完成对信号的预选。

由于 RF 信号的谐波、交调和其他杂散信号的影响,造成频谱仪和接收机测试误差。相对于频谱仪而言,接收机需要更高的精度,这要求在接收机的前端比普通频谱仪多出一个预选器,以提高选择性。

（2）本振信号的调节

现在的 EMC 测量,人们不是只要求能手动调谐搜索频率点,也需要快速直观观察 EUT 的频率电平特性。这就是要求本振信号既能测试规定的频率点,也能够在一定频率范围扫描。

频谱仪是通过扫描信号源实现扫频测量的。通常通过斜波或锯齿波信号控制扫频信号源,在预设的频率跨度内扫描,获得期望的混频输出信号。

接收机的频率扫频是步进的、离散的点频测试。接收机按照操作者预先设定的频率间隔,通过处理器的控制,在每一个频率点进行电平测量,显示的测试结果曲线实际是单个点频测试的结果。

（3）中频滤波器

频谱仪和接收机的中频滤波器的带宽是不同的。

通常定义频谱仪分辨率带宽是幅频特性的 3dB 带宽,而接收机的中频带宽是幅频特性的 6dB 带宽。当频谱仪与接收机设定相同级别的带宽时,它们对信号的实际测试值是不同的。具体的表现如图 5.15 所示。

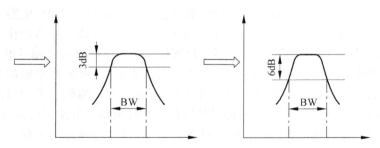

图 5.15   频谱仪 RBW 滤波器与接收机 IFBW 滤波器的带宽比较

从频谱仪和接收机中频滤波器的幅频特性可以看出,当频谱仪 3dB 带宽与接收机 6dB 带宽值设为一样时,实际通过两种滤波器的信号幅频特性是不一样的。依据 EMC 标准,无论是民用还是军用标准,带宽均应为 6dB。

（4）检波器

依据 EMC 标准,要求测试接收机带有峰值、准峰值和平均值检波器,通用频谱分析仪一般带有峰值和平均值检波器,没有准峰值检波器,而 EMC 标准中限值通常包括准峰值限值。

（5）精度

从接收机对信号的处理方式及 EMC 测试要求看,接收机要比频谱仪有更高的精度、更低的乱真响应。

（6）接收机与频谱分析仪在 EMC 测试应用的差异

① 预选器

频段的选择必须依据生产商的说明，如果扫描跨度设置得不合适，预选器中的固定滤波器和跟随滤波器就无法正常工作。

② 点频测试和检波器

当依据 EMC 标准进行测试时，许多情况下需要对某些固定的频率点进行实时测试。例如，许多测试工程师在进行辐射干扰测试时，依据标准要求，需要选择合适的频率点，进行转台的转动和天线的升降，并实时快速观察和记录该点的电平值。在这种情况下，具有点频测试功能的接收机能够方便、准确地完成，而通用频谱分析仪无法准确、实时测试单一频点的电平变化，EMI 测试用频谱分析仪必须有增加的功能，能够在扫描跨度为零时，快速准确地进行测试，不只是峰值显示，同时要有准峰值和平均值。

依据标准 CISPR 16—1，对峰值、准峰值和平均值检波器做脉冲响应测试时，接收机可以对单一频率进行点频监测，判断其是否符合标准，而通用频谱仪完成这种测量是很困难的。脉冲响应测量是判断接收机合适与否的一个重要指标，不符合标准的仅能作为预测试设备。

3. 传导/辐射发射干扰信号接收装置

1）电流探头

电流探头是利用安培定律原理来测量电流的设备。电流探头由一个平均分成两部分的铁氧体芯构成，它们通过合页连接在一起并通过一个夹子来闭合。将夹子打开，把载有待测电流的导线沿铁氧体芯放置，然后关闭夹子。穿过这个环的电流产生一个集中的环绕铁芯的磁场。依据法拉第定律，几匝线圈缠绕在铁芯上，其随时间变化的磁场感应出的电动势与该磁场成正比。因此，这些线圈的感应电压就可以被测量出来，并且与通过电流探头的电流成正比。电流探头如图 5.16 所示。

图 5.16　电流探头

没有必要为了校准电流探头而对得到的场和感应电动势进行精确计算。简单地通过流过电流探头的抑制幅度和频率的电流就可测量出在终端产生的最终电压。这个结果就是与电压和电流的比值有关的校准曲线，为 $Z_T = V/I$。Z_T 以 Ω 为单位，被称为电流探头的传输阻抗。探头制造商提供校准曲线图，它表示了传输阻抗与频率的关系。该校准曲线是将已知幅度和频率的电流流过探头，然后测量出在探头终端产生的电压而得到的。通常以 dB（相当于 1Ω）为单位给出，为

$$|Z_T|\,dB\Omega = |V|\,dB\mu V - |I|\,dB\mu A \tag{5-1}$$

图 5.17 给出了一个典型的电流探头传输阻抗曲线。

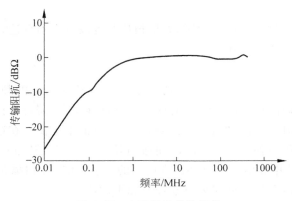

图 5.17　电流探头传输阻抗

在传输阻抗校准曲线中内含一个重要的假设：探头的终端阻抗。例如，如图 5.17 所示在电流探头的校准中使用了电压测量仪器；利用频谱分析仪来测量探头电压以确定探头的传输阻抗。这样，探头终端的负载阻抗就成为测量仪器的输入阻抗，通常为 50Ω。因此，电流探头的校准曲线只有在电流探头终端阻抗也同样为 50Ω 的时候才是有效的。

将一个电流探头夹住所有线缆的时候，探头测量出的是电缆中的总共模电流。这是因为线缆上的差模电流产生的磁通在铁芯中相互抵消，因此探头无法测量出差模电流，除非它单独夹在每根导线上进行测量。测量得到的共模电流可以准确预测设备线缆的辐射发射结果，因为在远场，辐射发射的电磁场主要是由线缆上的共模电流贡献的。因此在进行标准的电磁兼容测试前，可以在实验室中利用电流探头和并不昂贵的频谱分析仪来测量产品线缆上的总共模电流，从而预测辐射发射的严重程度。

2）接收天线

在 EMI 测量中使用的天线与广播天线相比有几个方面的不同。广播天线的高定向性是经常所期望的参数，然而在 EMI 测量中使用的天线如有太高的定向性反而是一个缺点。在辐射发射测量中，辐射源可能位于 2m 或者更远的位置。那么当天线的定向性太高时，天线的移动和随后的多次扫描就变成必要的了。同样，在辐射敏感度测试中，天线应该产生一个覆盖 EUT 和互联电缆的均匀 E 场，而且尽可能将天线安置在靠近 EUT 只有 1m 的地方。这是为了在 E 场敏感度试验中能够覆盖典型的 14kHz～18GHz 频率段的同时又能减少天线的数目，天线应被设计为可以覆盖尽可能宽的频率范围。

EMI 测量天线被设计成既能用于辐射又能用于接收。但有源天线除外，它被设计为只用于接收。因此，天线的增益和天线系数（AF）的校准曲线是由制造商提供的。并以此能够计算出产生规定 E 场和转换所测量到的天线电压为一个 E 场所要求的功率电平。增益和天线系数既可以由远场条件下计算出来，也可以在一个开阔场、自由空间天线范围及在距离为 1m、3m 或 10m 处加以测量。10kHz～30MHz 低频天线往往用远场条件加以计算。因此当距离源仅为 1m 时，AF 可能与计算值有很大的区别。AF 对入射波阻抗也很敏感。使用一个在屏蔽室内的天线，能够明显地改变校准。这是由靠近屏蔽室的地板和天棚的 EUT 所产生的载荷效应所引起的。另外，屏蔽室的室（谐）振和反射改变了天线的标称增益和天线系数。另外一个因素是随频率改变而变化的天线输入阻抗。EMI 测量用的天线规定标准输入阻抗是 50Ω,而天线的实际阻抗可能是非常不同的,这就导致了一个高电压——驻波比(VSWR)。当天线系数的校准是基于所测量的数据时,天线阻抗是计于其中的。图 5.18～图 5.21 所示为一些典型的 EMI 测量天线的照片及它们的天线系数和曲线。

(1) 垂直单极天线

垂直单极天线(见图 5.18)有效的通频带为 30Hz～50MHz。天线可以在 50～100cm 之间伸缩。天线底部是一块 60cm×60cm 的接地平面,以此来满足不同测试标准对天线的要求。由于其电尺寸很小,因此垂直单极天线的效率是很低的。这种天线通常都带有一个前置放大器。

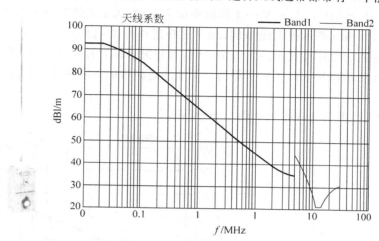

图 5.18　垂直单级天线及其天线系数曲线

(2) 双锥天线

双锥天线(见图 5.19)在电磁兼容测试中被用于低频段的测试。世界上许多电磁兼容测试标准都推荐使用这种天线,包括美国的军用标准。双锥天线的通频带为 20～300MHz,但是一般在标准中都将其用于 30～200MHz 这个频段的测量,原因是在这个频段双锥天线比其他任何天线的效果都要好。

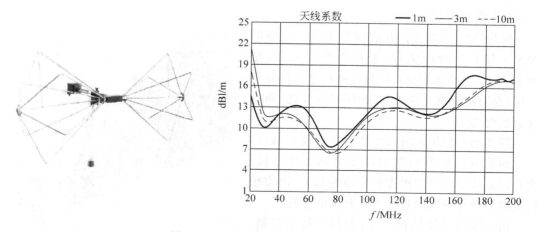

图 5.19　双锥天线及其天线系数曲线

（3）对数周期天线

在 200MHz～1GHz 这个频段，标准推荐使用对数周期天线。对数周期天线典型的通频带为 200MHz～2GHz，有些厂家生产的对数周期天线通频带上限甚至可以达到 3GHz。一些大型的对数周期天线在低至 80MHz 时仍然能够比较好地进行测量。对数周期天线在天线系数这一项性能上要比双锥天线好，所以可以先使用双锥天线测量 100MHz 以下的频段，然后换一个通频带为 80MHz～1GHz 的对数周期天线。但是这种对数周期天线太大，不容易更换。因此在经常需要更换天线的测试中，经常使用双锥天线和一个通频带为 200～2000MHz 的对数周期天线的组合。

当作为发射天线使用时，对某一工作频率而言，对数周期天线只有一小部分结构起主要的辐射作用，以对数周期偶极天线为例，起主要辐射作用的结构是长度约等于 $L/4$ 的那几个振子，因为它们的电流比其余的大得多，这一部分振子称为有效区。当工作频率由低到高变化时，有效区将从长振子向短振子移动。天线的通频带的下限决定于最长的振子，上限决定于最短的振子。

对数周期天线及其天线系数如图 5.20 所示。

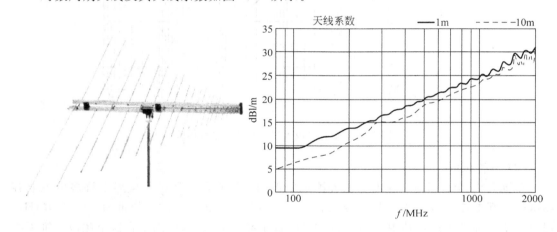

图 5.20　对数周期天线及其天线系数

（4）喇叭天线

波导管终端渐变张开的圆形或矩形截面的微波天线是一种面天线，也称为喇叭天线（见图 5.21）。它的辐射特性由口面的尺寸与场分布决定，而阻抗由喇叭的颈部（始端不连续处）和口面的反射决定。

圆锥喇叭和角锥喇叭传播的是球面波，而在一个面张开的扇形喇叭中传播的则是柱面波。喇叭口面场是具有二次方相位差的场，二次方相位差的大小与喇叭的长度和口面大小有关。

由于喇叭天线结构简单，方向图易于控制，通常用作中等方向性天线，如标准喇叭，最常见

图 5.21　喇叭天线

的是用作反射面的馈源。当它用作独立天线时,一般都加上校正相位的反射面或透镜。喇叭抛物反射面天线具有频带宽、幅瓣低和效率高等特性,常用于微波中继通信。而透镜因其重量较重和结构复杂等原因,已很少用作喇叭的相位校正。

当喇叭长度一定时,若使喇叭张角逐渐增大,则口面尺寸与二次方相位差也同时加大,但增益并不和口面尺寸同步增加,而有一个其增益为最大值的口面尺寸,具有这样尺寸的喇叭就叫做最佳喇叭。

喇叭天线的辐射场可利用惠更斯原理由口面场来计算。口面场则由喇叭的口面尺寸与传播波形所决定。可用几何绕射理论计算喇叭壁对辐射的影响,从而使计算方向图与实测值在直到远旁瓣处都能较好地吻合。

为了扩展喇叭的频带,必须减小喇叭颈处与口面处的反射。口面尺寸加大,则反射减小。此外,把波导与喇叭的过渡段尽量做得平滑些,也可以减小该处的反射。由于该位置附近的喇叭尺寸还很小,因此,不能传播高次模,一般都传输单模。为了控制辐射方向图,有时口面上需要多模场分布,这时应在喇叭内适当位置引入能产生高次模的器件。这种喇叭叫做多模喇叭,可用作单脉冲雷达或高效率天线馈源。由于各模在喇叭内的相速不同,多模喇叭的频带比常规喇叭的频带要窄。

4. 干扰信号发生器

干扰信号发生器主要用于产生 ISO 7637、ISO 11451 和 ISO 11452 中规定的测试干扰波形,许多公司生产的干扰信号发生器还可以产生汽车整车厂商测试标准中规定的测试波形。目前可以见到的干扰信号发生器包括以下几种。

（1）抛负载模拟器（见图 5.22）　用以模拟交流发电机正在向电池充电的过程当中,电池与交流发电机突然断开连接的情况（例如:腐蚀造成的突然断开）。

（2）电快速瞬变脉冲群模拟器　可以产生 ISO 7637 及汽车整车厂商测试标准要求的各种测试波形。用于产生 ISO 7637 测试波形的干扰信号发生器如图 5.23 所示。

图 5.22　抛负载模拟器

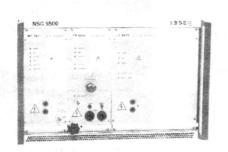

图 5.23　用于产生 ISO 7637 测试波形的干扰信号发生器

（3）电压变化模拟器　用以模拟符合国际及众多汽车厂商标准要求的电池供电系统的复杂电压变化波形。

（4）汽车电源故障模拟器　按照测试标准要求（主要是汽车整车厂商测试标准）模拟电压骤降（短时中断）的情况。有些设备还具有电子开关，以满足一些测试标准中要求的电压快速上升和下降时间小于1ms的情况。

（5）车载供电系统波形记录发生模拟器　可以模拟各种各样的车载电池供电电压变化波形，便于对车载电子元器件进行抗扰度测试；同时它也可以用来检测使用直流电源的汽车电池供电系统自身的电压变化。

5. 干扰信号施加设备

（1）大电流注入钳　电流注入钳的外形和构造原理与电流探头是一样的，但使用方法刚好相反。由快速脉冲群干扰发生器或者连续波模拟器按照标准规定的测试波形在注入钳的环上施加规定强度的电流，从而在注入钳中产生变化的磁场，耦合到测试线缆上，产生共模的干扰电流。

大电流注入钳如图5.24所示。

（2）容性耦合钳　用于ISO 7637-3信号线缆抗干扰测试。通过电磁场耦合的方式将快速瞬变脉冲干扰信号耦合到被测设备线缆上，产生共模干扰电流。耦合钳和插入线缆间的耦合电容值依赖于插入线缆的类型、直径及其他因素。

图5.24　大电流注入钳

容性耦合钳如图5.25所示。

（3）发射天线　用于ISO 11452-2和ISO 11451试验。对于ISO 11452-2，使用前面介绍的对数周期天线、双锥天线和喇叭天线，对于ISO 11451规定的整车抗干扰测试试验，在低频段使用传输线系统（TLS），在高频段使用大功率和对数周期天线。

有几种类型的传输线系统天线可供选择。其中一种天线本身其实就是一块大的金属板，悬挂在距离地面一定高度的地方。天线被干扰信号发生器驱动，与大地之间产生一个垂直的电场，类似于一个电容的效果。天线必须被良好地端接，防止因为阻抗不匹配而在其上产生驻波。另一种传输线系统由两个悬挂在距离地平面一定高度的导体组成，如图5.26所示。

图5.25　容性耦合钳

图5.26　传输线系统（TLS）

从图 5.26 可以看出,组成天线的两个导体被 4 个锚固定在天花板上。两个导体可以同时被干扰信号发生器驱动,从而产生一个垂直的电场。两个导体还可以由干扰信号发生器驱动而相互作用,产生一个水平的电场。

(4) 带状线　用于 ISO 11452-5 试验。干扰信号从带状线(见图 5.27)一段馈入,并在带状线下形成一个变化的电场。被测设备和模拟负载箱之间的线缆被置于带状线下方,干扰信号能量通过电场耦合到设备线缆上。

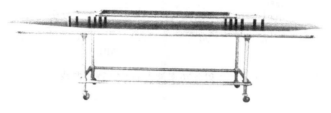

图 5.27　带状线

(5) 静电放电发生器(见图 5.28)　用于 ISO 10605 试验。包括静电放电高压电源和静电放电枪两部分。静电放电电源用于给静电放电枪充电以达到试验标准所要求的测试电压。静电放电枪实际上相当于人体放电模型。静电放电枪的人体放电模型参数是可以调整的,以便适应不同测试标准对放电模型的要求。

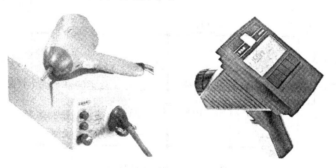

图 5.28　静电放电发生器

6. 其他设备

(1) 射频功率放大器　用于放大干扰信号功率以产生符合测试标准要求的干扰电平或电磁场强度。

射频功率放大器及其特性曲线如图 5.29 所示。

(2) 人工电源网络(LISN)　测试时串接在被测设备电源进线处。它在给定频率范围内(100kHz~100MHz),为干扰电压的测量提供规定的负载阻抗(50Ω),并使被测设备与电源相互隔离。

符合 CISPR 20 规定的人工电源网络如图 5.30 所示。

LISN 的内部结构如图 5.31 所示。LISN 的阻抗特性曲线如图 5.32 所示。

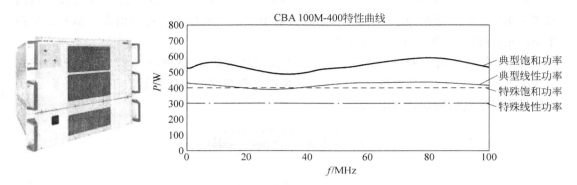

图 5.29　射频功率放大器及其特性曲线

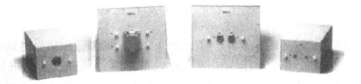

图 5.30　CISPR 20 规定的人工电源网络

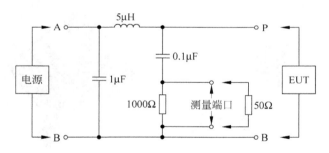

图 5.31　LISN 内部结构

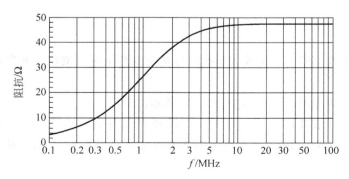

图 5.32　LISN 阻抗特性曲线

5.2.4　汽车电子产品电磁兼容测试

按照国际、地区和国家制定的标准,汽车电子产品不管是整车,还是零部件,电磁兼容测试主要进行的项目如表 5.12 所示。

表 5.12　汽车电子产品电磁兼容测试项目

测 试 项 目		测 试 标 准
发射	传导	CISPR 25(GB/T 18655—2002、SAE J1113—41)、2004/104/EC(GB/T 17619—1998)
	辐射	CISPR 25(GB/T 18655—2002、SAE1113—41)、2004/104/EC(GB/T 17619—1998)
抗扰度	传导	ISO 7637—1,2,3；SAE J1113—11,12；JASO D007；DIN 40839—1,2,3
	辐射	ISO 11451(整车)、ISO 11452(零部件)
静电放电		ISO 10605(GB/T 19951—2005)

1. 传导发射和辐射发射实验

1) 传导发射与辐射发射实验标准简介

目前,国际上经常采用的传导发射和辐射发射实验标准主要有两个。一个是 CISPR(国际无线电干扰特别委员会)颁布的 CISPR 25,目前最新的版本是 2008 年颁布的第 3 版。CISPR 是国际电工委员会(IEC)下属的一个特别委员会,专门负责无线电干扰标准的研究和制定。这是国际上采用最为广泛的有关机动车整车和零部件传导发射和辐射发射的实验标准,我国在 2002 年颁布的国家标准《用于保护车载接收机的无线电干扰特性测量方法和限值》(GB/T 18655—2002)就是直接引用了 CISPR 25(1995)。

另外一个是欧盟制定的欧洲汽车电磁兼容指令,现在最新的版本是 2004 年颁布并执行的 2004/104/EC。此前的版本是 95/54/EEC,现在仍然得到很广泛的应用,我国 1998 年颁布的《机动车电子电器组件的电磁辐射抗干扰度限值和测量方法》(GB/T 17619—1998)就是直接引用了 95/94/EEC 的条文。在 95/94/EEC 指令中规定了以下测试项目:车辆宽带发射、车辆窄带发射、车辆辐射电磁场抗干扰度、零部件宽带发射、零部件窄带发射和零部件辐射电磁场抗扰度。新的 2004/104/EC 指令除保留了以上项目,还增加了零部件传导抗扰度测试。

另外还有美国的机动车电磁兼容标准中的传导发射和辐射发射部分 SAE J1113—41,但是美国机动车协会制定的这些机动车电磁兼容标准上的 CISPR 25 是兼容的,并且将会逐渐直接引用国际标准 CISPR 25 的条文。

世界各大汽车 OEM 厂商的电磁兼容标准中的传导发射和辐射发射实验部分基本上都是引用 CISPR 25 的规定,但在实验频率范围、限制等方面会根据自己的需要作出修改。

2) CISPR 25 的主要内容

CISPR 25 主要规定了 150～1000kHz(最新 2008 年国家标准第 3 版频率范围为 150kHz～2500MHz)频率范围内的无线电干扰限值和测量方法。这里所指的无线电干扰主要指车载电子模块通过电源线传导或者通过空间辐射的方式发射的无线电干扰。保护的对象是车载的接收机,包括声音和电视接收、地面移动通信、无线电话、业余爱好者和民用的无线电设备。

150kHz～2500MHz 这个频率范围已经覆盖了世界各地无线电业务频率。标准将这个频率范围划分为 9 个频段,并为每个频段制定干扰电平的限值,以此来保护这些频率处的无线电接收。

3)传导发射和辐射发射试验的基本要求

(1)干扰源类型

作为干扰源的车载电子/电器设备可以分为宽带干扰源和窄带干扰源两类。宽带干扰源主要包括各种电动机、发电机等。窄带干扰来自微控制器、数字逻辑、震荡器或时钟信号发生器等窄带辐射源。

判断干扰源类型的方法是使用峰值和平均值检波器测量被测物体,假如测量到的发射电平峰值超过其平均值超过 6dB 时,那么可以认定此被测设备为宽带干扰源,否则是窄带干扰源。

对不同类型的干扰源,标准中规定的干扰发射电平的限值是不一样的。对窄带干扰源要求的限值更加严格。因此,如果一个被测设备在测试之前不能肯定是何种类型,就应该先进行判断,然后根据其类型选用相应的限值。实际上,在很多电磁兼容测试机构中,标准测试已经实现了自动化。测试系统在正式测试之前会自动对被测设备进行干扰源类型的判断,方法是选取几个频率点,进行峰值和平均值测量,然后比较两者的差值。

整车厂商的测试标准中对被测设备的分类各不相同,例如宝马公司的测试标准中规定了三种干扰源类型,分别是:非火花产生噪声的干扰源,包括微处理器、时钟、PWM 电路等;由火花产生噪声的干扰源,包括点火线圈、短/长时间持续性有刷电机等;以上两种噪声都具备的干扰源,比如驱动有刷电机的 PWM 电路。标准对每种干扰源测试的限值是不一样的。

(2)被测设备工作状态及外围设备

被测设备在测试过程中的工作状态对测试结果的影响是很显著的,因为电源线上传导发射和信号线上的辐射发射水平直接取决于线缆上电流的变化,特别是从设备内部耦合到线缆上的共模电流的强度。

一般被测设备应该处于在车上实际工作时最典型的状态。所有实际使用的负载、信号源以及通信设备都应该和被测设备连接。这些外部设备应当不会对测试的结果产生影响,即其自身不能产生足以干扰测试结果的影响。标准规定这些设备的干扰水平至少应该低于测试限值 6dB。

在汽车 OEM 厂商的标准中,对这些外围设备有更详细的规定。被测设备的负载应当尽可能地采用实际使用的负载,例如传感器、继电器等。如果实际的负载不能使用,那么可以用分立元件(即电容、电阻和电容)来模拟这部分负载(例如可以用两个电阻、一个电容和一个电感组成的电路模拟一个电动机),前提是模拟负载的阻抗频率特性必须接近实际负载的阻抗频率特性,否则将对信号线上的信号产生影响,从而不能真实反映设备实际工作时信号的干扰发射水平。另外,所有的外围设备放置在一个外部屏蔽的壳中,以尽量减少这些设备对外界的辐射发射。

（3）人工电源网络

人工电源网络(LISN)在汽车电子零部件传导发射测试中是很重要的辅助设备。在传导发射测试中，LISN 用以连接电源（蓄电池）和设备电源线。在测试的频率范围内（0.15～108MHz），LISN 的测量端（设备一侧）可以保持一个特定的阻抗（50Ω），并且可以阻隔从供电电源传入的干扰。

4）整车传导和辐射发射测试

整车测试是模拟车辆自身的通信天线接收到车辆电子/电器设备产生的辐射干扰的情况，通过测量天线收到的干扰从而判断电子/电器设备或系统的辐射发射是否超标。

图 5.33 所示为整车测试的布置示意图。

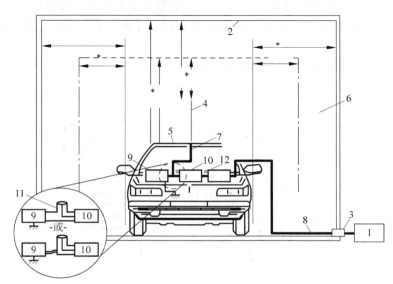

图 5.33　整车测试的布置示意图

1—测量仪器；2—电波暗室（ALSE）；3—Bulkbead 连接器；4—天线；5—汽车；

6—吸波材料；7—天线同轴线缆；8—高质量同轴线缆；9—车载电磁发射源外壳；

10—阻抗匹配设备；11—T 连接头；12—AM 广播频段地隔离网络

（1）测试频段

测试频段分为广播频段和移动通信频段两类，分别对应于车上使用的收音设备和移动通信设备。

广播频段分为调幅（AM）和调频（FM）两段，其中调幅又分为三段：长波（0.15～0.3MHz）、中波（0.53～2MHz）、短波（5.9～6.2MHz）。其中短波频段只是选择了一个汽车上最常用的短波频段，调频频段为 76～108MHz。

移动通信频段为 30～960MHz。

（2）测试方法

测试所用的接收天线可以是汽车本身安装的天线。如果汽车本身没有安装天线，对特定的频段使用特定的天线。例如，在广播频段内使用一米单极天线（1m monopole），对于移动通信频段中的 30～54MHz 使用负载四分之一波长单极天线（loaded quarter-wave monopole）。

为了确定车上每个电子/电器设备或系统的辐射发射特性,每个设备或系统必须在其工作频段内单独地工作并进行测试。

5)零部件/模块传导发射测试

零部件传导发射测试有电压法和电流探头两种方法,分别用于测量电源线上的传导发射和信号/控制线上的传导发射。

(1)电压法测量

① 试验布置

电压测试根据电子设备/系统在车上安装的实际情况分为近端接地与远端接地两种。

近端接地即电子设备/系统的参考地就近采用搭铁的方式与车辆车体(蓄电池负极)相连,在这种情况下只要将电源线的正极通过人工电源网络与电源正极相连。

远端接地时,设备/系统的电源正负极线缆分别通过两个人工电源网络与供电电源的正负极相连。

图 5.34 是远端接地情况的试验布置示意图。

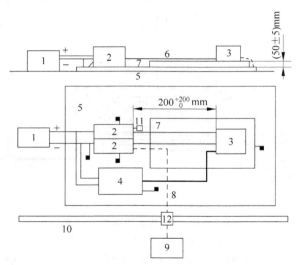

图 5.34 远端接地情况的试验布置示意图

1—电源;2—AN;3—EUT;4—负载;5—地平面;7—绝缘衬垫;
8—同轴电缆;9—接收机;10—屏蔽室;11—负载;12—馈通

被测设备和线缆应当被置于一个 50mm 厚的绝缘体上,电源线缆长度至少应为 200mm。模拟负载箱直接置于接地平面上,并将外壳与之相连。

② 测量方法

被测设备应当工作于一个典型的工况,以保证可以产生最强的传导发射。

对于设备远端接地的情况,需要分别对电源正极以及负极进行测量,测量的参考端为接地平面。

对于设备近端接地的情况,只需要对电源正极进行测量,测量的参考端为接地平面。

③ 横电波小室测量

电压法测量还可以利用横电波小室来进行。

TEM 小室的测量方法和前面的方法是一样的,不过该方法目前已经较少使用。

④ 测量频段

传导发射测试的频段覆盖了 0.15~108MHz 的无线电频率。

对于宽带干扰源测试,测试频段包括长波(0.15~0.3MHz)、中波(0.53~2MHz)、短波(5.9~6.2MHz)、移动通信频段中的超高频段(30~54MHz)及 68~108MHz 频段。

对于窄带干扰源测试,测试频段与宽带基本相同。不同的是其将 68~108MHz 这一段分为两段,分别是移动通信频段中的超高频(68~87MHz)及 76~108MHz 的广播频段。

⑤ 测试限值

CISPR 25 中规定了 5 个严酷度等级。

对于宽带干扰源测试,峰值测量和准峰值测量的限值是不同的,准峰值测量的限值比峰值测量的限值低 13dBV。

窄带干扰源测试只有峰值检测的限值。相同频段、相同严酷度等级的限值,窄带干扰源测试要比宽带干扰源测试低 20~30dBV,因此窄带测试比宽带测试严酷度更高。

(2) 电流探头法测量

① 试验布置

图 5.35 是电流探头法测试试验布置示意图。被测设备应当被放置在一个厚 50mm 的绝缘体上,并且离开接地平面的边缘至少 200mm。设备的接地方式(远端接地还是近端接地)应该和真实情况一致。

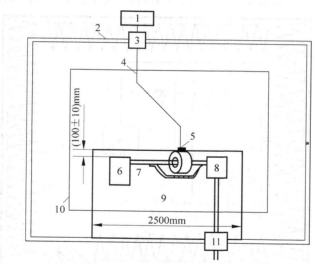

图 5.35 电流探头法测试实验布置示意图

1—测量仪器;2—屏蔽室;3—隔板连接器;4—双层屏蔽同轴电缆;
5—信号/控制线测试用电流探头;6—EUT;7—测试线束;8—人工网络;
9—试验台;10—射频吸收材料;11—电源滤波器

信号/控制线缆长应当至少为 1500mm,并且放置在 50mm 厚的绝缘体上。

电流探头应当放置于距离被测设备 50mm 处。为了保证能够测量到 30MHz 以上的频率的最大发射幅度,还可以将电流探头置于下面的几个位置:距被测设备 500mm 处、距被测设备 1000mm 处及距人工电源网络 50mm 处。在通常情况下,电流探头距离被测设备越近越有可能测量到最大发射幅度。

② 测试频段

电流探头法测试的频段和电压法测试的频段相同。

③ 测试限值

电流探头法的限值在低频段比电压法的限值要低或者相同，而在高频段则比较高。

6）零部件/模块辐射发射

CISPR 25 规定的零部件/模块辐射发射试验包括在电波暗室（ALSE）和横电波小室（TEM）中进行两种，一般是用 ALSE 方法来进行试验。

辐射发射试验的使用范围包括那些在车上没有形成外壳有效接地或者连接有传输干扰电压线缆的电子设备。标准中还举了几个这样的电子设备的例子，比如带微处理器的电子控制设备、靠电源负极切换的双速雨刮器电机、带有支架悬挂式驱动电机的悬挂控制系统、安装在塑料或其他绝缘罩内的发动机冷却电机和暖风电机等。其中，带微处理器的电子控制装置是最为重要的实验对象。

（1）试验布置

图 5.36 是零部件辐射发射测试试验布置图。

试验在 ALSE 中进行，被测设备及其连接线缆、模拟负载等都被放置于一张 0.9m 高的木制实验桌上。被测设备的放置与前面的要求一致。被测设备与模拟负载箱之间的连接线缆平行于试验桌边沿放置，线缆总长度要求为 1.7～2m，其中与试验桌平行的长度至少为 1.5m。

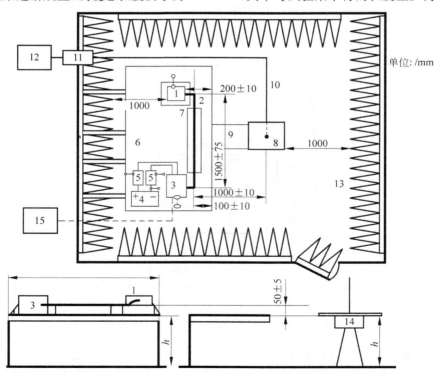

图 5.36　零部件辐射发射测试试验布置图

1—EUT；2—线束；3—负载；4—电源；5—AN；6—地平面；7—绝缘衬垫；
8—拉杆天线；9—地线连接；10—射频电缆；11—馈通；12—接收机；
13—吸波材料；14—拉杆天线；15—模拟或监视设备

测量天线正对线缆的中点,天线前段或中心距离线缆中心 1m,此时天线测量的是辐射发射场的远场。天线的高度为 1m。

（2）测量频带

CISPR 25 第二版(2001 年开始实施)规定的测量频段范围从 0.15MHz 一直到 1GHz,其中共划分了 8 个频段,测量时只对这些频段进行扫描。这些频段包含了现在大部分的无线通信和接收设备的使用频带,包括对讲机、收音机、电视、移动电话等。

在整车厂商的测试标准中,测量的频段扩展到了高达 2.5GHz,这些频段将 GPS(使用频段为 1.5GHz)和蓝牙(使用频段为 2.5GHz)等包含了进来。在 CISPR 25 第三版中,也将测量频带扩展到 2.5GHz。另外,整车厂商的测试标准中对测量频段的划分也是不同的。例如福特公司的测试标准将 0.15MHz～2.5GHz 的频率范围划分为 14 个小的频段,这些频段包含了全球通用的及某些国家和地区使用的特殊的无线电频段。

（3）天线

CISPR 25 中推荐了几种天线用以测量电磁场,每种天线分别适用于不同的测量频段。

① 0.15～30MHz,适用 1m 垂直单极天线。

② 30～200MHz,适用双锥天线。

③ 200MHz～1GHz,使用对数周期天线。

对于双锥天线和对数周期天线(也即在测量大于 30MHz 的频段时),测量的方式分为水平极化和垂直极化两种,即天线需要在水平位置和垂直位置时分别测量一次。

（4）限值

表 5.13 为宽带干扰源辐射发射电平限值表。

表 5.13　宽带干扰源辐射发射电平限值表

级别	水平/dB(μV/m)															
	0.15～0.3MHz		0.53～2.0MHz		5.9～6.2MHz		30～54MHz		68～108MHz		142～175MHz		380～512MHz		820～960MHz	
	P	QP	P	QP	P	QP	P	QP	P	QP	P	QP	P	QP	P	QP
1	96	83	83	70	60	47	60	47	49	36	49	36	56	43	62	49
2	86	73	75	62	54	41	534	41	43	30	43	30	50	37	56	43
3	76	63	67	54	48	35	48	35	37	24	37	24	44	31	50	37
4	66	53	59	46	42	29	42	29	31	18	31	18	38	25	44	31
5	56	43	51	38	36	23	36	23	25	12	25	12	32	19	38	25

注:P 为峰值;QP 为准峰值。

表 5.14 为窄带干扰源辐射发射电平限值表。

表 5.14　窄带干扰源辐射发射电平限值表

级别	水平/dB(μV/m)								
	0.15～0.3MHz	0.53～2.0MHz	5.9～6.2MHz	30MHz	76～108MHz 普通级	68～108MHz 移动级	142～175MHz	380～512MHz	820～960MHz
1	61	50	46	46	42	36	36	43	49
2	51	42	40	40	36	30	30	37	43
3	41	34	34	34	30	24	24	31	37
4	31	26	28	28	24	18	18	25	31
5	21	18	22	22	18	12	12	19	25

注:窄带干扰源测试只有峰值检测的限值。

2. 零部件传导抗扰度测试

1）标准简介

汽车电子零部件在正常工作时会受到来自其他电子设备产生的电磁干扰,这些电磁干扰可能通过传导、容性耦合或感性耦合的方式传到电子设备的电源和控制/信号线上,并对电子设备的正常工作产生影响。这些干扰包括:电机运转带来的感性噪声、抛负载等情况下供电电压的跌落等。为了保证电子设备在汽车内复杂的电磁环境下仍然能够正常工作,需要对其进行电磁抗干扰测试。

目前,国际上车辆电子设备电源线/信号线瞬态脉冲抗干扰测试常用的测试标准为 ISO 7637-1,2,3。其他的诸如 SAE J1113-11,12、JASO D007、SAE J1211、JASO D001 以及 DIN 40839-1,2,3 等标准的测试项目均与 ISO 7637 有相同或相似之处。国家标准 GB/T 21437.2—2008《道路车辆由传导和耦合引起的电干扰第 2 部分:沿电源线的电瞬变传导》(2008 年 2 月报批),等同采用 ISO 7637—2004 第 2 部分。

ISO 7637 规定了电子设备电源线/信号线瞬态脉冲抗干扰试验的方法和性能评判标准。标准共包括三个部分,第一部分 ISO 7637-1 是基本定义和说明,第二部分 ISO 7637-2 规定了适用于使用 12V 或 24V 供电系统的商用车电子设备电源线瞬态脉冲发射和抗干扰试验,第三部分 ISO 7637-3 规定了适用于电子设备控制/信号线的瞬态脉冲抗干扰测试。

2）电子设备电源线瞬态脉冲抗扰度试验

本试验用于测试汽车电子设备在遭受电源线上瞬变干扰时的抗干扰能力。ISO 7637 中关于什么类型的电源线可以作为试验对象并没有说明,参照福特和通用公司的测试标准,本试验所针对的电源线主要是指被测设备连接蓄电池正极的电源线(B+)、点火信号线和由电池供电的感性负载的 I/O 线缆。

（1）试验布置

ISO 7637 规定的电子设备电源线瞬态脉冲抗扰度试验布置如图 5.37(a)所示。

图 5.37(b)用于对试验脉冲的校正(包括脉冲的极性、幅度、持续时间及内阻选择)。然后再将被测设备接至脉冲发生器上。

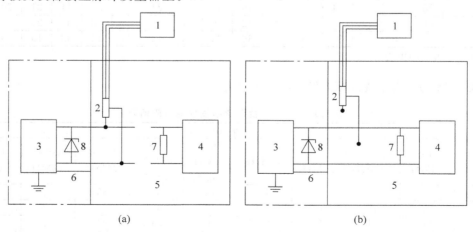

(a)　　　　　　　　　　　　　　　(b)

图 5.37　电源线瞬态脉冲抗扰度试验和校正布置

1—示波器或等效设备;2—电压探头;3—电源内阻为 R_i 的试验脉冲发生器;4—DUT;

5—接地平板;6—接地线;7—电阻;8—二极管桥

这里的脉冲发生器实际上是将被测设备的工作电源与脉冲发生器集成在一个设备中。工作电源的接通与断开受到试验脉冲的控制。

被测设备应按实际使用情况来工作,以便评估在施加干扰脉冲下的设备性能。

图 5.37 中并没有说明不同供电模式的布置和模拟负载箱的放置方式,参照福特公司测试标准,更详细的试验布置图如图 5.38 所示。

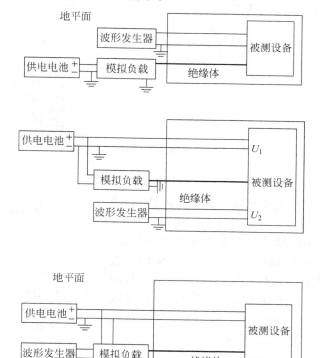

图 5.38　福特公司电源线瞬态脉冲抗扰度试验布置

(2)试验脉冲

① ISO 7637 规定的试验脉冲

电子设备的电源线抗扰度试验的试验脉冲有 5 种,下面分别介绍试验脉冲的产生原理及标准所规定的试验脉冲的波形参数。

a. 试验脉冲 P_1

试验脉冲 P_1 的产生原理如图 5.39 所示,该脉冲模拟感性负载由于电源切断时所产生的瞬态传导现象。例如,关闭雨刮电机时产生的瞬态波。

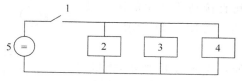

图 5.39　试验脉冲 P_1 的产生原理

1—点火开关;2—感性负载;3—电阻 R_s;4—DUT;5—电源

　　试验脉冲 P_1 的波形和参数如图 5.40 所示。

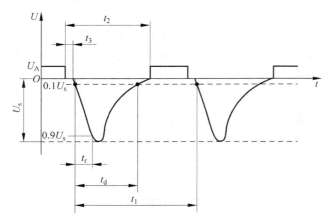

参数	12V系统	24V系统
U_s	−75～−100V	−450～−600V
R_i	10Ω	50Ω
t_d	2ms	1ms
t_r	$1_{-0.5}^{0}$μs	$3_{-0.5}^{0}$μs
t_1^a	0.5～5s	
t_2	200ms	
t_3^b	<100μs	

a. 所选择的 t_1 应保证在施加下一个脉冲前,DUT被正确初始化。
b. t_3 为断开电源与施加脉冲之间所需的最短时间。

图 5.40　试验脉冲 P_1 的波形和参数

　　b. 试验脉冲 P_2

　　试验脉冲 P_2 有 a、b 两个脉冲。试验脉冲 P_2(a)的产生原理如图 5.41 所示。在点火开关 1 闭合的时候,打开负载开关 7,产生此脉冲。试验脉冲 P_2 模拟当感性负载串接待测装置时,电流突然中断所产生的瞬态现象。例如,在点火开关被切断后,与点火开关连接的直流马达会因惯性原理而继续运转,就像是一台发电机,而其电感会在切断电源时产生瞬态波。试验脉冲 P_2(a)的波形与参数如图 5.42 所示。

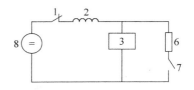

图 5.41　试验脉冲 P_2(a)的产生原理
1—点火开关;2—线束;3—DUT;
6—负载;7—负载开关;8—电源

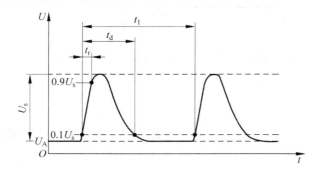

图 5.42　试验脉冲 P_2(a)的波形与参数

参数	12V系统	24V系统
U_s	+37～+50V	
R_i	2Ω	
t_d	0.05ms	
t_r	$1_{-0.5}^{0}$μs	
t_1^a	0.2～5s	

a. 根据开关的情况,重复时间 t_1 可短些。使用短的重复时间可以缩短试验时间。

　　试验脉冲 P_2(b)的产生原理如图 5.43 所示,模拟了当点火开关关闭瞬间直接马达产生的瞬态波。试验脉冲 P_2(b)的波形与参数如图 5.44 所示。

　　c. 试验脉冲 P_3

　　试验脉冲 P_3 的产生原理如图 5.45 所示,模拟因为切换过程而产生的瞬态现象。这些瞬态的特性会受线束的电感及其分布电容所影响。如在继电器吸

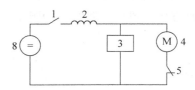

图 5.43　试验脉冲 P_2(b)的产生原理
1—点火开关;2—线束;3—DUT;
4—感性直流电机;5—电机开关;8—电源

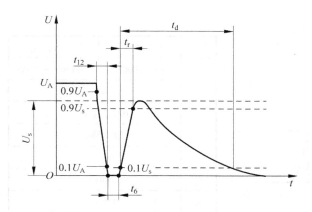

参数	12V系统	24V系统
U_s	10V	20V
R_i	$0\sim0.05\Omega$	
t_d	$0.2\sim2s$	
t_{12}	$(1\pm0.5)ms$	
t_r	$(1\pm0.5)ms$	
t_6	$(1\pm0.5)ms$	

图 5.44　试验脉冲 $P_2(b)$ 的波形与参数

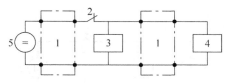

图 5.45　试验脉冲 P3 的产生原理图

1—具有分布电感和分布电容的线束；2—开关；

3—DUT；4—感性负载；5—电源

合瞬间会产生微小的电弧，而该电弧就是产生 P_3 快脉冲群的原因之一。

试验脉冲 P_3 的波形与参数如图 5.46 和图 5.47 所示，有 $P_3(a)$ 和 $P_3(b)$ 两种波形。

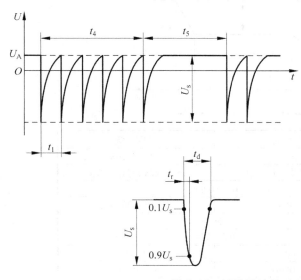

参数	12V系统	24V系统
U_s	$-112\sim-150V$	$-150\sim-200V$
R_i	50Ω	
t_d	$0.1^{+0.1}_{0}\mu s$	
t_r	$(5\pm1.5)ns$	
t_1	$100\mu s$	
t_4	$10ms$	
t_5	$90ms$	

图 5.46　试验脉冲 $P_3(a)$ 的波形与参数

d. 试验脉冲 P_4

试验脉冲 P_4 的产生原理如图 5.48 所示，模拟在发动机启动时所引起的供电电压下降现象。试验脉冲 P_4 的波形和参数如图 5.49 所示。

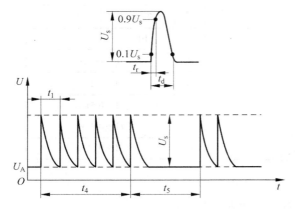

图 5.47　试验脉冲 $P_3(b)$ 的波形与参数

参数	12V系统	24V系统
U_s	+75～+100V	+150～+200V
R_i	50Ω	
t_d	$(0.1^{+0.1}_{0})$μs	
t_r	(5 ± 1.5)ns	
t_1	100μs	
t_4	10ms	
t_5	90ms	

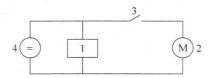

图 5.48　试验脉冲 P_4 的产生原理

1—DUT；2—起动机；3—开关；4—电源

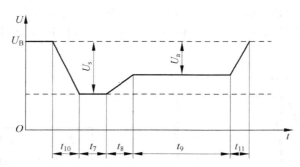

参数	12V系统	24V系统
U_s	−6～−7V	−12～−16V
U_a	−2.5～−6V并且$\|U_a\|\leqslant\|U_s\|$	−5～−12V并且$\|U_a\|\leqslant\|U_s\|$
R_i	0～0.02Ω	
t_7	15～40ms[a]	50～100ms[a]
t_8	≤50ms	
t_9	0.5～20s[a]	
t_{10}	5ms	10ms
t_{11}	5～100ms[b]	10～100ms[c]
a. 车辆制造商和设备供应商应对该值进行协商，以满足所提申请的要求。 b. t_{11}=5ms是曲轴转动后发动机启动时的典型值，而t_{11}=100ms是发动机未启动的典型值。 c. t_{11}=10ms是曲轴转动后发动机启动时的典型值，而t_{11}=100ms是发动机未启动的典型值。		

图 5.49　试验脉冲 P_4 的波形和参数

e. 试验脉冲 P_5

试验脉冲 P_5 的产生原理如图 5.50 所示。模拟抛负载的瞬态现象,此瞬态现象是正在充电的电瓶瞬间脱离交流发电机,且同时交流发电机仍然供应其他负载的瞬间所产生的。抛负载所产生的幅值大小决定于电瓶脱离交流发电机的速度。电瓶突然脱离的原因可能是因电缆腐蚀导致电瓶的断接、不良的接触或故意将电瓶断开。标准给出了两种波形,其中 P_5(b)是对 P_5(a)进行抑制后的波形。试验脉冲 P_5 的波形与参数如图 5.51 所示。

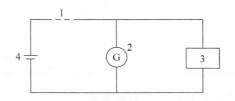

图 5.50　试验脉冲 P_5 的产生原理

1—缺陷连接;2—交流发电机;3—DUT;4—电池

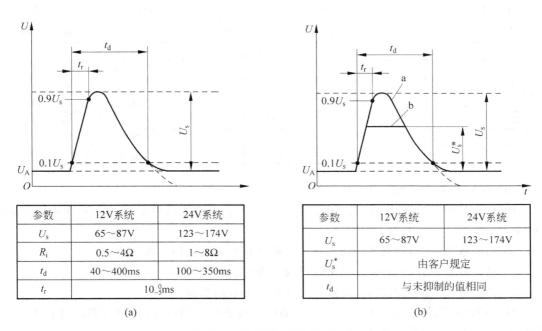

参数	12V系统	24V系统
U_s	65~87V	123~174V
R_i	0.5~4Ω	1~8Ω
t_d	40~400ms	100~350ms
t_r	10_{-5}^{0}ms	

(a)

参数	12V系统	24V系统
U_s	65~87V	123~174V
U_s^*	由客户规定	
t_d	与未抑制的值相同	

(b)

图 5.51　试验脉冲 P_5 的波形与参数

② 整车厂商测试标准规定的测试波形

各个整车厂商除了会引用 ISO 7637-2 中规定的测试波形以外,还会根据各自生产的汽车上电子电器设备的特性来制定自己的测试波形和项目。

(3)试验的严酷度等级

比较早期版本的 ISO 7637 推荐了 4 种严酷度等级,但在新的版本中等级Ⅰ和等级Ⅱ被取消了,因为标准认为这两个等级不足以表征:电子元器件的抗干扰能力能够满足实际汽车上的要求。

表 5.15 所示为 12V 供电系统试验严酷度等级。

表 5.15 12V 供电系统试验严酷度等级

测试波形	选择测试水平	测试水平 U_s^c/V				测试波形数或测试时间	周期	
		Ⅰ	Ⅱ	Ⅲ min	Ⅳ max		min	max
1		—	—	−75	−100	5000 周期	0.5s	5s
2a		—	—	+39	+50	5000 周期	0.2s	5s
2b		—	—	+10	+10	10 周期	0.5s	5s
3a		—	—	−112	−150	1h	90ms	100ms
3b		—	—	+75	+100	1h	90ms	100ms
4		—	—	−6	−7	1 周期		
5		—	—	+65	+87	1 周期		

表 5.16 所示为 24V 供电系统试验严酷度等级。

表 5.16 24V 供电系统试验严酷度等级

测试波形	选择测试水平	测试水平 U_s^c/V				测试波形数或测试时间	周期	
		Ⅰ	Ⅱ	Ⅲ min	Ⅳ max		min	max
1				−450	−600	5000 周期	0.5s	5s
2a				+37	+50	5000 周期	0.2s	5s
2b				+20	+20	10 周期	0.5s	5s
3a				−150	−200	1h	90ms	100ms
3b				+150	+200	1h	90ms	100ms
4				−12	−16	1 周期		
5				+123	+173	1 周期		

（4）试验结果分类与举例

ISO 7637 规定被测设备的抗干扰性能由失效模式分类系统（failure mode classification system）来确定。这个系统包括 3 个元素。

① 功能状态分类，即被测设备在遭受电磁干扰时和之后的工作状态。

② 测试波形和方法，具体实施的测试波形和测试方法。

③ 测试波形严酷度水平，测试波形一些重要参数的数值。

设备功能状态的分类是 ISO 专门为车载电子设备规定的，按照设备在测试过程中其功能的工作状况的不同分为 5 类，列举如下。

A 类：设备或系统在暴露于干扰期间和之后，能执行其预先设计的所有功能。

B 类：设备或系统在暴露于干扰期间，能执行其预先设计的所有功能；然而，有一项或多项指标超出规定偏差。所有功能在移除干扰之后自动回复到正常允许范围内。存储器功能维持 A 类水平。

C 类：设备或系统在暴露于干扰期间，不执行其预先设计的一项或多项功能，但移除干扰之后能自动回复到正常操作状态。

D 类：设备或系统在暴露于干扰期间，不执行其预先设计的一项或多项功能，直到移除干扰及通过简单的复位操作之后才能回复到正常操作状态。

E 类：设备或系统在暴露于干扰期间，不执行其预先设计的一项或多项功能，且如果不修理或不替换设备或系统，则不能恢复操作。

ISO 7637 还提供了两个实例说明试验严酷度等级和失效模式分类的应用。

① 表示设备供应商对所提供产品的性能规定的例子：对某适用于 12V 和 24V 系统的设备性能要求示例如表 5.17 所示。

② 表 5.18 和表 5.19 是用户对某特定设备的最低性能要求的例子。

表 5.17　对某适用于 12V 和 24V 系统的设备性能要求示例

测试波形	设备功能状态			
	Ⅰ	Ⅱ	Ⅲ	Ⅳ
1				
2a				
2b				
3a			A	C
3b			B	C
其他			C	D

表 5.18　在 12V 系统中某特定设备的最低性能要求例子

测试波形	测试水平/V	相关的功能状态	波形或测试时间的最小值	测评
1	−75	C	5000 周期	耐久性测试
2a	+50	A	5000 周期	耐久性测试
2b	+10	A	10 周期	功能性测试
3a	−112	C	1h	耐久性测试
3b	+75	C	3h	耐久性测试
4				不可行
5				不可行

表 5.19　在 24V 系统中某特定设备的最低性能要求例子

测试波形	测试水平/V	相关的功能状态	波形或测试时间的最小值	测评
1	−150～−450	A	5000 周期	耐久性测试
2a	+50	A	5000 周期	耐久性测试
2b	+20	A	10 周期	功能性测试
3a	−35～−150	C	1h	耐久性测试
3b	+35～+150	C	3h	耐久性测试
4				不可行
5				不可行

（5）整车厂商测试标准规定的试验结果分类

北美三大汽车厂商的测试标准中除了定义与 ISO 标准类似的功能状态分类外，还定义了设备功能重要性的分类，即将汽车电子设备的功能对于汽车行驶性、安全的重要性分为三等。

等级 A：任何只是提供汽车乘坐、驾驶方便性的功能。

等级 B：任何用于加强（但非必要的）汽车操作性的功能。

等级 C：任何对汽车的操纵有决定性作用或影响的功能，或者会使其他驾驶者产生混淆的功能。

标准还提到，等级 C 中一些非常重要的功能（例如安全气囊、基础转向、基础制动等）可以归类为更为严格的分类。

设备功能状态分类分为以下 4 种。

状态Ⅰ：设备或系统在暴露于干扰期间和之后，能执行其预先设计的所有功能。

状态Ⅱ：在暴露于干扰期间，设备功能产生一定范围内的失效或者进入失效——安全模式；在干扰移除后此功能应该立即恢复正常；存储器不能受到任何永久的或暂时性的影响。

状态Ⅲ：在暴露于干扰期间，设备功能产生失效，但不能影响到该汽车的安全运行。在移除干扰后通过某些操作（如重新上电、更换保险丝等）设备功能恢复正常。存储器不能受到任何永久的或暂时性的影响。

状态Ⅳ：设备功能在暴露于干扰期间及干扰移除之后失效，但不能造成永久性的损害，不能允许设备 I/O 端口电特性发生变化（如电阻、电容或漏电流等），设备功能不能是永久性的减弱。

对于一项抗干扰测试，评价一个设备的抗干扰水平需要同时定义上述两个方面。不同重要性等级的功能要求的设备状态是不同的，一般越重要的功能要求的功能状态越好。

3）电子零部件控制/信号线瞬态抗扰度测试

ISO 7637 的第三部分规定了 12V、24V 或者 42V 电源系统车载零部件除电源线以外的其他线束瞬态抗扰度测试方法和试验严酷度等级。

ISO 7637-3 标准中的瞬态抗扰度测试采用了三种方法，均通过近场耦合的方式进行。三种方法分别称为容性耦合钳法、直接容性耦合法和感性耦合钳法。瞬态测试波形分为快速瞬态和慢速瞬态两种。三种方法各有其相应的实用性（见表 5.20），实际测试中快速瞬态和慢速瞬态测试各只采用一种适用的方法。

表 5.20　ISO 7637-3 中定义的三种瞬态耦合方法

瞬态类型	容性耦合钳法	直接耦合钳法	感性耦合钳法
慢速瞬变	不适用	适用	适用
快速瞬变	适用	适用	不适用

（1）容性耦合钳法

在实验室里，利用电容耦合钳完成对被测设备（除电源线外）所有连线的抗扰度试验。试验布置如图 5.52 所示。在 ISO 7637-3 中并没有特别说明被测设备电源线是否应该放在电容耦合钳外部，这在试验布置图上也没有体现出来，但是在汽车整车厂商的测试标准中，明确说明了被测设备的电源线不应该包含在耦合钳内。

作为对比，图 5.53 所示为法国标致公司测试标准中容性钳耦合法的试验布置图，可以看到被测设备的电源线单独引出，并不包含在耦合钳中。

被测设备与附属设备之间的连线长度为 2m，统一的线缆长度有助于提高测试的可靠性。如果线缆长度超过 2m，线缆不应该挽成圈，而应该将多余长度的线缆折叠放置。线缆的布局需要在实验报告中详细说明，同时被测设备和耦合钳之间的最大距离为 0.45m。

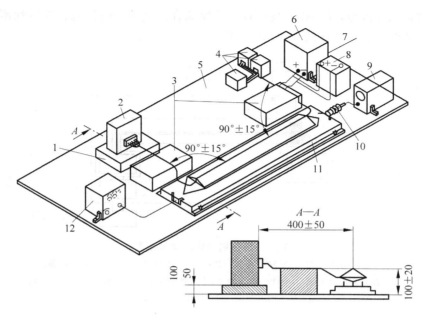

图 5.52 ISO 7637-3 规定的容性耦合钳法试验布置

1—绝缘支架；2—DUT；3—测试线束的绝缘支架；

4—辅助设备；5—地平面；6—电源；7—接地线；8—电池；9—示波器；

10—50Ω 衰减器；11—安装在车辆上的 CCC；12—测试脉冲发生器

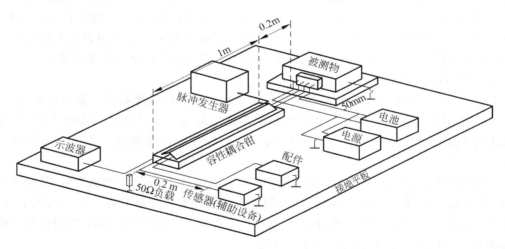

图 5.53 标致公司测试标准规定的容性耦合钳法试验布置图

（2）感性耦合钳法

感性耦合钳法适用于耦合慢速电瞬态试验脉冲，特别适用于带有中等数量或巨大数量待测导线的被测设备。

感性耦合钳法试验布置图如图 5.54 所示。耦合电路由感性耦合钳组成，感性耦合钳内应包含所有的信号线。被测设备供电线（接地线和电源线）不应包括在感性耦合钳中。其他从被测设备到辅助设备（传感器，执行机构）的任何地线或电源线均应包含在感性耦合钳中。

如果辅助设备局部接地,局部接地线应置于感性耦合钳之外。任何包含在感性耦合钳中特殊的接地线和电源线都应在试验计划中指明。

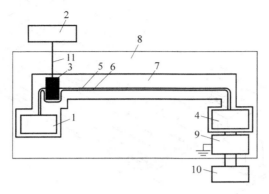

图 5.54　感性耦合钳法试验布置图

1—DUT;2—测试脉冲发生器;3—ICC(距离 DUT150mm);4—外部设备;

5—试验线束(不超过 2.0m);6—接地线;7—绝缘体((50±10)mm);8—接地面;

9—电池;10—直流电源;11—50Ω 同轴电缆(最大 0.5m)

3. 窄带辐射抗干扰测试

窄带辐射抗干扰测试分为整车测试和零部件测试两部分。其中整车部分的测试标准为 ISO 11451,零部件部分测试标准为 ISO 11452。抗扰度测试的主要目的是检验车载电子设备在受到环境中电磁辐射时的抗干扰能力。这些电磁辐射可能会耦合到电子设备线路上产生干扰电压,严重时将影响电子设备的正常工作。干扰辐射的主要来源包括车载电子通信设备、其他车载电子设备及车外电磁辐射设备(例如,路边的无线电发射基站等)。

1) ISO 11452 零部件窄带电磁辐射抗扰度测试

ISO 11452 是针对汽车电子零部件窄带连续波的辐射抗扰度测试的系列标准,涵盖了 10kHz~18GHz 的频率范围。它和针对窄带瞬态电瞬变抗扰度测试的 ISO 7637 及针对静电放电抗扰度测试的 ISO 10605 一起,定义了比较完整的车载电子零部件抗扰度测试方法。

辐射抗扰度以 1m 的测试距离向测试产品施加场强,根据不同的测试等级,其场强要求不同,频率从 10kHz 到 18GHz 不等,而不同等级的场强意味着被测件在紧急情况下,在汽车安全方面所呈现的重要性。换句话说,越是对安全有直接和重大影响的被测件,场强的要求就越高,一般都从 100V/m 或 200V/m 开始。

ISO 11452 的第一版本于 1995 年出版,包括 7 个部分。第一个部分为综述和概念定义,第二部分至第七部分定义了 6 种抗扰度测试方法,分别为暗室法、TEM 小室法、大电流注入法(BCI)、带状线法、平行板天线法和直接射频功率注入法。目前最新的 2005 年出版的第三版本已将第六部分的平行板天线法废除,并且新添加了一个关于磁场抗扰度测试的第八部分,但整部标准仍共为七个部分。另外国际标准委员会还制定了此标准的第十和第十一部分,新增的第十部分为扩展音频传导抗扰度,第十一部分为混响室抗扰度测试方法。混响室法是目前逐渐流行起来的一种抗扰度测试方法,这种方法在北美的 SAE J1113-27 和

SAE J1113-28 中有详细的定义,整车厂商中戴姆勒-克莱斯勒在其测试标准中使用了该方法。

　　单使用这些测试方法中的一种未必能完整地体现被测设备的辐射抗干扰性能,因为每种方法都有其使用的范围(测试频率范围)和局限性(比如对被测设备和实验环境的要求)。在使用中一般是根据被测设备实际可能受到辐射干扰的情况来选择两个或三个测试方法的组合来进行。例如福特公司的测试标准中选择 ISO 11452-4(1~400MHz)和 ISO 11452-2(400~3100MHz)作为其辐射抗扰度的测试方法。表 5.21 列出了 ISO 11452 中规定的 5 种测试方法及各自的使用情况。

表 5.21　ISO 11452 中规定的测试方法的适用范围

ISO 11452 各部分	可行频率范围/MHz	耦合对象	测试严酷度参数及单位	备　注
ISO 11452-2 电波暗室法	80~18000	被测设备和线缆	电场(V/m)	需要电波暗室
ISO 11452-3 TEM 小室法	0.01~200	被测设备和线缆或者只是被测设备	电场(V/m)	被测试备和线缆的尺寸受到限制
ISO 11452-4 大电流注入法	1~400	线缆	电流(mA)	需要屏蔽室
ISO 11452-5 带状线法	0.01~400	被测设备和线缆或者只是被测设备	电场(V/m)	建议使用屏蔽室;被测设备尺寸受到限制
ISO 11452-7 直接注入法	0.25~400	线缆	功率(W)	绝缘体对被测设备传感器信号有影响

　　ISO 11452 的每一个部分都规定以下内容:测试环境要求(测试温度)、被测设备供电电压、干扰信号的调制方式、干扰电平持续时间、干扰电瓶频率步长、测试严酷度等级及测试信号质量。

　　(1) 测试温度

　　ISO 11452 中规定的测试温度均为(23 ± 5)℃。

　　(2) 被测设备供电电压

　　对于 12V 系统,测试时被测设备的供电电压为(13.5 ± 0.5)V。对于 24V 供电系统,测试时被测设备的供电电压为(27 ± 1)V。

　　(3) 干扰信号调制方式

　　电子设备对于调制的干扰信号的敏感程度高于非调制干扰信号,因为设备中的半导体器件会对高频干扰信号进行调制。如果施加一个非调制干扰信号,这样将会在被测设备上产生一个持续的电压漂移。如果施加一个经过调制的信号,则半导体器件对信号的解调制效果将产生一个低频率的干扰电压,从而对被测设备的工作产生相对更严重的干扰。

　　ISO 11452 中规定了两种干扰信号调制方法,分别为调幅(AM)和 PWM 波调制(PM)。图 5.55 是这两种调制方式的示意。AM 调制使用 1kHz 频率的正弦波调制,正弦波的峰值为原始信号峰值的 80%。PWM 调制使用周期为 $4600\mu s$、脉宽为 $577\mu s$ 的 PWM 波进行调制。不同调制方式适用于不同的干扰频率。非调制干扰信号适用于整个干扰频段,AM 调制适用于 10kHz～800MHz,PWM 波调制适用于 800MHz～18GHz,用以模拟数字信号和雷达的干扰。

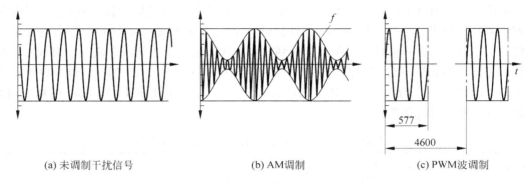

(a) 未调制干扰信号　　　　　　(b) AM调制　　　　　　(c) PWM波调制

图 5.55　干扰信号调制方式

（4）干扰电平持续时间

对于测试频段内的所有频率点,被测设备都应当暴露于规定的测试电平中一定时间,这个时间被称做干扰电平持续时间,其至少为 1s。在整车厂商的测试标准中,这个时间都被延长为 2s,这样实际上增加了实验的严酷度。

（5）频率步长

标准规定了测试可使用的最大频率步长,如表 5.22 所示。如果被测设备在某个频段内最大能抵抗的干扰电平非常接近规定限值,则可以适当降低这个频带的频率步长以找到被测设备最大可承受的干扰电平。

表 5.22　最大频率步长

频带/MHz	线形步长/MHz	对数步长/%	频带/MHz	线形步长/MHz	对数步长/%
0.01～0.1	0.01	10	200～400	10	5
0.1～1	0.1	10	400～1000	20	2
1～10	1	10	1000～18000	40	2
10～200	5	5			

（6）测试严酷度等级

ISO 11452 规定测试严酷度等级由测试者自行协商制定。被测设备失效模式和性能表现划分与 ISO 10605 中的规定相同。

2）测试方法

干扰信号功率的控制有两种方法,一种是替代法或者叫开环法;一种是闭环法。使用替代法时,干扰信号的能量(前向功率)在测试之前必须经过校正,然后直接以此前向功率为参考对被测设备施加干扰信号。闭环法则是在测试中实时将干扰信号发生器产生的干扰信号的能量反馈给信号发生器,根据被测设备测试回路的阻抗的大小,自动调整输出电流值或前向功率值。

前向功率的施加必须遵循一定的步骤。在每一个频率,前向功率都要逐渐(线性或者以对数规律增加)增加至一定的功率值,并保持一定时间以确保被测设备有足够的时间来响应,然后逐渐降低前向功率。改变干扰信号频率,再重复上述步骤。在测试过程中被测设备的工作状态必须进行实时检测,并与评价标准中的性能指标相比较,以判断是否满足要求。

(1) 暗室法(ISO 11452-2)

暗室法(图 5.56)也叫自由场法,是利用内部贴有吸波材料的屏蔽室来模拟开阔场的一种方法。暗室法采用频域电场的方法,使用频率范围为 80MHz~18GHz。测试信号根据被测设备的特性进行 AM 调制或者 PWM 波调制。整车厂商测试标准中暗室法测量的频带有所不同。例如,通用公司的测试标准中要求暗室法测量频带为 400MHz~2GHz,而福特公司测试标准中频带则为 400MHz~3.1GHz。频带的上限主要是个整车厂商对干扰源的范围要求不同。

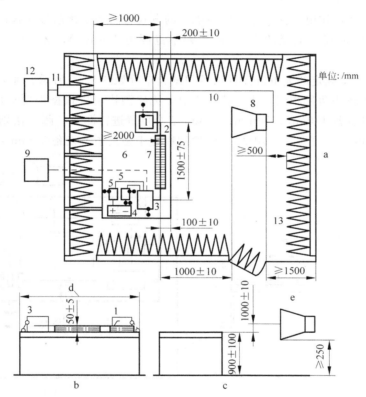

图 5.56　ISO 11452-2 暗室法试验布置图(大于 1GHz)

1—EUT;2—线束;3—负载;4—电源;5—AN;6—接地平面;

7—绝缘衬垫;8—喇叭天线;9—模拟或监视设备;10—射频电缆;

11—馈通;12—接收机;13—吸波材料

暗室法的试验布置与 CISPR 25 中规定的辐射发射试验布置完全相同,只不过接收天线在这里变成了干扰电场发射天线。天线的类型有三种:双锥天线、对数周期天线和喇叭天线。使用哪种天线取决于测量的频带。在 80MHz~1GHz,天线中心正对线束的中点,超过 1GHz 时,天线中心正对被测设备的中心。被测设备的摆放形式在标准中并没有具体说明。

ISO 11452-2 暗室法的严酷等级如表 5.27 所示。其中,最后一个等级为用户自定义等级。

表 5.23　暗室法的严酷度等级

严酷度等级	强度/(V/m)
Ⅰ	25
Ⅱ	50
Ⅲ	75
Ⅳ	100
Ⅴ	用户自定义

（2）大电流注入法（ISO 11452-4）

大电流注入法利用电流注入钳以感性耦合的方式将射频干扰信号注入被测设备的所有线缆中，其采用的是频域电流的方式，使用频率范围为 1～400MHz。干扰信号需要进行AM 调制。

ISO 11452-4 中规定的大电流注入测试的试验布置如图 5.57 所示。大电流注入法可以采取替代法和闭环法两种测试方法。替代法中电流检测钳可以根据需要选用，功率注入钳需要在距离被测设备 150mm、450mm、750mm 三个位置进行测试。闭环法则仅需要在距离被测设备 950mm 一个位置进行测试，电流检测钳位于距离被测设备 50mm 处。

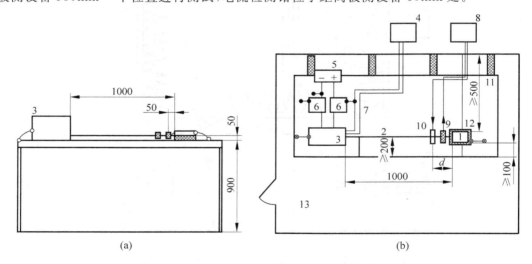

(a)　　　　　　　　　　(b)

图 5.57　大电流注入法抗扰度测试试验布置图

1—DVT；2—测试线束；3—负载；4—模拟式监视设备；5—电源；6—AN；7—同轴电缆；8—干扰模拟器；
9—电流探头；10—大电流注入钳；11—接地平板；12—绝缘垫块；13—屏蔽室

汽车整车厂商的标准中大电流注入测试都是参考 ISO 11452-4 的，但在一些细节上有不同。图 5.58 是福特公司测试标准中规定的大电流注入试验布置图，与 ISO 11452-4 不同的是，试验布置中有两种形式，分别为差模大电流注入（DBCI）和共模大电流注入（CBCI）。标准规定，当测试频率在 30MHz 以下时，被测设备的供电线缆不被钳在电流注入钳内。在30MHz 以上时，全部线缆都要钳在电流注入钳内。

3）ISO 11451 整车窄带电磁辐射抗扰度测试

ISO 11451 整车窄带电磁辐射抗干扰测试标准包括四个部分。第一部分为综述和概念定义，第二至第四部分分别制定了三种测试方法：车外辐射干扰源法、车内辐射发射源模拟

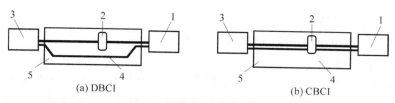

图 5.58　福特公司测试标准大电流注入试验布置图

法及大电流注入法。三种方法产生的干扰信号频段不同,使用的手段也不同,可以根据被测车辆的实际特性选择一种或几种方法的组合来综合评价车辆的抗干扰性能。表 5.24 为 ISO 11451 规定的三种测试方法特性。

表 5.24　ISO 11451 规定的三种测试方法特性

测试方法	频率范围/MHz	耦合部位	试验严酷参数和单位	试验场地
ISO 11451-2 车外辐射干扰源法	0.01~18000	被测设备和线束	电场(V/m)	吸波暗室
ISO 11451-3 车内辐射发射源模拟法	1.8~1300	被测设备和线束	功率(W)	推荐吸波暗室
ISO 11451-4 大电流注入法(BCI)	1~400	线束	电流(mA)	推荐屏蔽室

（1）车外辐射干扰源法

车外辐射干扰源法是在暗室内,利用天线或者天线组模拟车外辐射干扰源向被测车辆发射规定频率和场强的电磁场。被测车辆运行于指定工况,并使用光纤实时记录车辆运行状况。

干扰电磁场的产生按频段采用两种天线,30MHz 以上高频段使用大功率对数周期天线发射,30MHz 以下低频段使用平行板传输线系统。干扰信号由可以产生指定功率的干扰信号发生器产生,并可以根据需要对干扰信号进行调制。图 5.59 是在暗室中使用平行板传输线,系统产生辐射电磁场的试验简单布置图。

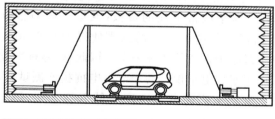

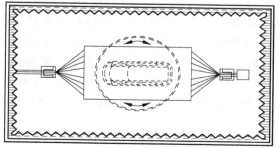

图 5.59　ISO 11451-2 规定的试验布置图

（2）车内辐射发射源模拟法

该方法实际测试中使用很少，这里不作详细介绍。

（3）大电流注入法

大电流注入法是利用电流注入钳直接将干扰信号直接耦合到需要测试的汽车电子系统的线缆上。测试可以使用开环法和闭环法两种方法，测试中汽车的工作状态、性能评价指标等都应该在实验前在试验计划中注明。ISO 11451-4 推荐的试验严酷度等级如表 5.25 所示。

表 5.25　ISO 11451-4 推荐的试验严酷度等级

严酷度等级	强度/mA
Ⅰ	25
Ⅱ	50
Ⅲ	75
Ⅳ	100
Ⅴ	自定义

4. 静电放电抗扰度试验标准和测试方法

1）静电放电抗扰度测试和标准简介

（1）国际标准与整车厂商标准

电气和电子产品静电抗扰度测试的国际标准是由国际电工委员会（IEC）制定的 IEC 61000-4-2。这是一个基础性电磁兼容测试标准，它对不同环境下的电器和电子设备的静电放电抗扰度性能提出了不同的要求，使用范围非常广泛。我国的静电放电抗扰度测试标准就是直接引用自 IEC 61000-4-2，名称为 GB/T 17626.2。

一般意义上的电器和电子设备，其工作电流的公共参考端是电网的负极，也即通常所说的"大地"。汽车是一个与大地相互隔离的孤立系统，安装在汽车上的电子设备的工作电流的公共参考端是车体，也即车载蓄电池的负极（汽车车体与蓄电池负极通过搭铁连接在一起）。正如后面将分析的，公共参考端的区别使得 IEC 61000-4-2 中规定的人体放电模型及实验配置不符合车载电子设备的实际情况。因此，国际标准委员会在 IEC 61000-4-2 的基础上专门制定了适用于车载电子设备的静电放电抗扰度测试标准 ISO 10605。我国将此标准引用为国家标准《道路车辆静电放电产生的电器干扰试验方法》（GB/T 19951—2005）。

世界各大汽车制造厂商各自的零部件静电放电抗扰度测试标准基本上都是直接引用 ISO 10605 的条文，只是在个别条款上根据自己的需要进行了修改。也有个别的汽车厂商会引用 IEC 61000-4-2 的条文或者同时引用以上两个标准。戴姆勒-克莱斯勒公司在其标准中引用的是美国汽车工程协会制定的 SAE J1113-13，但这个标准在很大程度上与 ISO 10605 是等同的。表 5.26 列举了几个汽车整车厂商各自的静电放电测试标准和各自引用的国际/地区性的标准。

表 5.26　世界各大整车厂商静电放电测试标准

整车厂商	雪铁龙	福特	通用	宝马
测试标准	B21 7110	ES-XW7T-1A278-AC	GWM3097	GS 95002
引用标准	ISO 10605/IEC 61000-4-2	ISO 10605	ISO 10605	ISO 10605
整车厂商	日产	戴姆勒-克莱斯勒	大众	马自达
测试标准	E-28401 NDS02	PF-10540	TL 82466-2000	MES PW 67600
引用标准	ISO 10605/IEC 61000-4-2	SAE J1113-13	IEC 61000-4-2	ISO 10605/SAE J1113-13

（2）ISO 10605 内容简介

ISO 10605 描述的是在低湿度环境下，通过摩擦等因素，人体积累了静电电荷，与设备接触的过程中对设备放电。

静电放电抗扰度试验模拟了两种情况。

① 车载电子设备在制造、包装、安装等过程中受到人体的静电放电。

② 车载电子设备安装到汽车上之后在工作过程中受到人体的静电放电。这种情况标准中制定了两种测试方法，分别是在实验室环境中的型式测试和在真实环境中的实车测试。

标准中分别给出了这几种情况下的试验配置、测试方法和步骤。

最后标准给出了校准静电放电发生器的方法和步骤，另外，还给出了建议的测试严酷度及设备功能状态分类。

2）测试环境的要求

IEC 61000-4-2 规定的试验环境温度为 15～30℃，相对湿度保持在 30%～60% 之间。ISO 10605 规定试验环境温度为 18～28℃，相对湿度要求同前，但推荐采用 20℃ 的环境和 30% 的相对湿度。各整车厂商的标准中对环境湿度和相对湿度基本上都是采用各自引用标准的规定，只有个别对相对湿度作出修改。例如，尼桑的测试标准规定相对湿度要低于 40%，戴姆勒-克莱斯勒则把相对湿度的允许范围扩大到 20%～60%。

3）静电放电的模拟

图 5.60 为静电放电发生器的实物图和结构简图。其中 R_d 和 C_s 组成的电路即为人体放电模型。

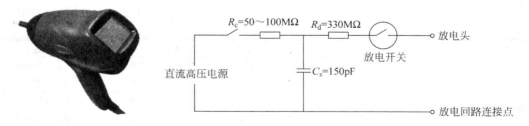

图 5.60　静电放电发生器的实物图和结构简图

（1）人体放电模型

IEC 61000-4-2 中规定的人体放电模型是由一个 150pF 的电容 C_s 和一个 330Ω 的电阻 R_d 组成的。电容 C_s 代表站立于大地上的人体的体电容，现公认 150pF 比较合适。这个电容包括了人体在自由空间的电容（约 50pF）及脚底和大地之间的电容（100pF）。如果人体周围还有物体，例如墙壁等，那么 C_s 还会增加。

电阻 R_d 代表人体电阻，其跟人体用什么方式放电有很大关系。若通过手指尖放电，R_d 可高达 10kΩ；若通过手掌放电，R_d 约为 1kΩ；若通过手持的金属物（如钥匙）放电，R_d 约为 500Ω。IEC 61000-4-2 规定 R_d=330Ω，并且认为这样的人体放电模型对于描述静电放电是足够严酷的。

对于车载电子设备而言，静电放电源（人体）通常是坐在汽车内部的，而且人体接触设备通常不经过金属物体。ISO 10605 针对实际的情况制定了两种人体模型。

① 坐在车内的乘客并与设备接触放电，C_s=330pF，R_d=2kΩ；

② 站在车外的人将手伸进车厢内接触设备放电，C_s=150pF，R_d=2kΩ。

IEC 61000-4-2 规定的人体放电模型相对于 ISO 10605 中规定的静电放电的严酷度要高很多。因为在同样的严酷度等级（即相同静电放电电压）下，对于相同的负载，前者规定的模型所释放的能量比后者要大出几十倍。

整车厂商测试标准所采用的人体放电模式许多并不完全采用国际标准中的规定，而是根据自己对模型参数的理解及测试严酷的需求对模型的参数进行调整，如表 5.27 所示。

例如，戴姆勒-克莱斯勒公司的标准中规定，在做模块试验时，采用 ISO 10605 规定的 330pF 作为人体电容，同时采用 IEC 61000-4-2 规定的 330Ω 作为人体电阻。这样一方面是人体放电模型更接近人体在车辆内部的状态，同时又可以保证足够的测试严酷度。宝马公司则在直接引用 ISO 10605 作为其经典放电测试标准的前提下特别规定采用 IEC 61000-4-2 中的人体放电模型，这可能纯粹是为了提高产品测试的严酷度以保证设备的可靠性。

表 5.27　整车厂商采用人体放电模型参数

整车厂商	雪铁龙	福特	通用	宝马
模块试验	C_s=330 pF R_d=2000Ω	C_s=330pF/150pF R_d=2000Ω	C_s=330pF/150pF R_d=2000Ω	C_s=150pF R_d=330Ω
敏感度分类试验	C_s=150pF R_d=330Ω	C_s=150pF R_d=2000Ω	C_s=150pF R_d=2000Ω	C_s=150pF R_d=330Ω
整车试验	—	—	—	—
整车厂商	日产	戴姆勒-克莱斯勒	大众	马自达
模块试验	C_s=150pF R_d=2000Ω	C_s=330pF/150pF R_d=330Ω	C_s=150pF R_d=330Ω	C_s=330pF R_d=2000Ω
敏感度分类试验	C_s=150pF R_d=330Ω	C_s=150pF R_d=2000Ω	C_s=150pF R_d=330Ω	C_s=330pF R_d=2000Ω
整车试验	—	—	C_s=330pF/150pF R_d=330Ω	—

注："—"表示该整车厂商测试标准中没有此项试验要求。

（2）静电放电发生器输出电流波形

图 5.66 是静电放电发生器放电电流的波形示意图。从图 5.61 中的放电电流波形可以看到，它具有一个极其陡峭的上升沿。这意味着静电放电电流将在极短的时间内将能量释放到设备上，并且其包含的丰富的高频分量将产生很强的电磁场，并对设备电路产生干扰。

ISO 10605 附录 A 对静电放电发生器的校正中要求直接放电方式的电流波形上升沿时间应小于 1ns，空气放电方式的上升沿时间应该小于 5ns。大部分整车厂商的测试标准中将空气放电方式的电流上升时间要求调整为小于 20ns，这样做的目的是为了使校准具有可操作性。空气放电的电流波形受静

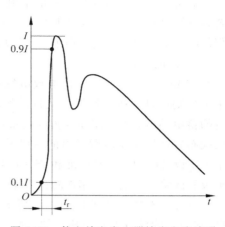

图 5.61　静电放电发生器输出电流波形

电枪枪头接近速度和放电电压等影响，其放电电流的上升时间可在 1～20ns 之间变化，比较难把握。

（3）放电方式

IEC 61000-4-2 中规定了两种放电方式：直接放电和空气放电。

直接放电即直接将静电放电发生器的探头与被测设备上的测试点接触并放点。空气放电即静电放电发生器的探头不与被测设备测试点直接接触，而是相隔一定距离（15mm），将发生器探头与设备表面放成垂直，并缓慢接近（小于 5mm/s）直到一次静电放电发生。

IEC 61000-4-2 中规定应当优先采用接触放电方式，只有对于那些不能采用直接接触放电的测试点才能使用空气放电方式进行。汽车厂商的电磁兼容测试标准中通常都要求对同一个测试点同时采用两种放电方式。

4）试验布置和试验方法

ISO 10605 标准模拟了几种典型的情况：电子设备台架试验（通电进行）、整车静电放电试验、为包装搬运而规定的电子模块静电放电敏感度试验（不通电进行）。整车厂商的测试标准中都包含电子模块通电和不通电试验这两项，只有德国大众公司要求进行整车试验。

（1）电子设备台架试验（通电进行）

① 试验布置

图 5.62 是 ISO 10605 中规定的台架试验布置示意图。

试验设备主要包括：静电放电发生器、被测设备、负载箱、被测设备电源（蓄电池）。

被测设备应该处于上电工作状态，并且连接所有必需的负载以使设备处于正常工作状态。被测设备应当根据在车上安装的实际情况（电源地就近搭铁或者通过线缆与蓄电池负极连接），选择直接与接地平面相连或者放在一块 50mm 厚的绝缘体上。

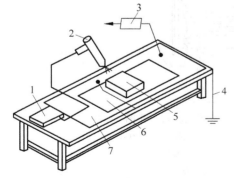

图 5.62　电子模块试验（通电进行）
布置示意图

1—ESD 电源；2—ESD 模拟器；
3—1MΩ 静电消耗电阻；4—接地线；
5—EUT；6—绝缘块；7—接地平板

　　大部分整车厂商的测试标准中电子模块试验这一项都是参考 ISO 10605 规定的试验布置，不过，很多公司也在参考 IEC 61000-4-2 的基础上增加了许多细节，使其适用于汽车电子零部件的测试。整车厂商标准中电子模块试验的试验布置与 ISO 10605 的主要区别如下。

　　a. 接地方式

　　在 ISO 10605 中要求静电放电发生器的高压电负极与测试桌上的地平平板相连，而地平平板则通过一块接地带与试验设备地相连。标准并没有要求接地平板要和给被测设备供电的蓄电池的负极相连接，从试验布置图上看，这两者是不相连的。IEC 61000-4-2 规定的试验布置适用于从电网供电的一般设备，整车厂商在此基础上增加了若干细节使其适用于汽车电子设备的测试。其标准和 ISO 10605 在接地方式上的区别有两点。一是测试桌上的接地平板和试验设备地是不相连的；二是接地平板与给被测设备供电的蓄电池的负极相连接。

　　这样的布置是为了使测试环境更加接近实际情况。接地平板相当于汽车的车身和底盘，它与试验设备地是不相连的，因为汽车本身是孤立于大地的系统。接地平板与供电的蓄电池负极相连，为电子设备的工作电流及静电放电电压提供参考端。静电放电发生器的高压接地端也与接地平面相连，从而模拟人体在车内对设备放电的情况。

　　b. 测试点的选择

　　ISO 10605 规定测试点应选择在车厢内可能被人接触到的设备的表面或者设备上突出的按钮、开关等。整车厂商的测试标准对测试点的选择要求更加详细，除了上述这些设备本身的测试点，还应将连接在设备上的能被接触到的远端端口选择为测试点。这些可能的测试点包括与被测设备通过线缆连接的能被人体接触到的开关、通信端口。马自达公司的测试标准还要求包括可能遭受轮胎、传动皮带引起的静电放电的传感器等。所有连接这些测试点的线缆都要从总的线束中分离出来单独连接到一个金属针或者接头上，并将这个金属针或接头的针脚选为测试点（如图 5.63 中局部放大的 2）。

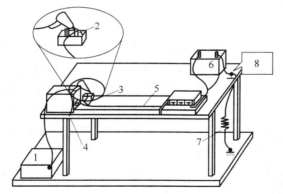

图 5.63　福特公司静电放电测试电子设备试验布置简图

1—静电放电发生器；2—远端测试点；3—通信总线或者远端 I/O；

4—静电放电发生器高压接地点；5—线缆；6—蓄电池；

7—泄放电阻；8—泄放电阻默认连接点

　　连接被测设备与这些远端测试点所使用的线缆也是有要求的，规定长度必须大于 1700mm 而小于 2000mm，线缆应该是实际汽车上使用的线缆。长度的要求是为了尽可能地接近实际的情况，而统一的线缆长度则使不同的测试机构所做的测试结果具有可比较性。

c. 静电泄放电阻

福特、大众和通用公司的测试标准中规定要使用静电消耗电阻将每次放电后积累在被测设备上的静电电荷泄放到试验设备地上。这个电阻阻值为 $1M\Omega$，在大众的标准里泄放电阻为两个 $470k\Omega$ 的电阻串联组成。

这一点在 ISO 10605 中并没有要求，试验布置中也没有显示有静电泄放电阻，但很明显，这是很重要的一步。因为积累在被测设备上的电荷很可能会对下次放电的结果产生影响，并且这也不符合电子设备安装在汽车上时的实际情况。

② 试验方法

整车厂商的测试标准对同一个测试点要求同时采用直接放电和间接放电两种方式。当然两种方式的放电电压有可能是不一样的，所采用的人体放电模型也有可能不一样。

例如，在福特公司的测试标准中，对电子设备试验（通电进行）的一个测试点，需要用直接放电和空气放电两种方式作 $\pm4kV$、$\pm6kV$、$\pm8kV$ 三个电压等级的测试，然后还要作 $\pm15kV$、$\pm25kV$ 两个电压等级的空气放电测试。最后一个 $\pm25kV$ 的试验只适用于人站在车外就可以直接接触到的车内的设备，此时人体放电模型中的 C_s 由 300pF 改为 150pF。

③ 试验严酷度等级

ISO 10605 规定了 4 个严酷度等级及一个自选等级，由设备供应商和整车厂商协商决定。整车厂商基本上都会根据自己对设备可靠性的要求从这个表中来选择试验的严酷度等级。作为示例，表 5.28 中列出日产公司和大众公司电子模块试验严酷度等级。

表 5.28　ISO 10605 规定的电子模块试验（通电进行）严酷度等级

放电方式	严酷度等级/kV		
	ISO 10605	大　众	日　产
直接放电	$\pm4,\pm6,\pm7,\pm8$	$\pm2,\pm4,\pm6,\pm8$	$\pm4,\pm8$
空气放电	$\pm4,\pm8,\pm14,\pm15$	$\pm4,\pm8,\pm15$	$\pm4,\pm8,\pm15,\pm25$

当然，只是从严酷度等级来比较并不能说明某家整车厂商的测试标准比其他的要严格，因为还要考虑人体放电模型的因素。例如，同样是 $\pm4kV$ 的直接放电测试，日产公司的测试标准采用的是 ISO 10605 的人体模型，而大众公司采用的则是 IEC 61000-6-2 的人体模型，显然后者要比前者的严酷度大很多。

④ 性能评判

电子设备抗静电放电干扰能力的评判标准是 ISO 制定的功能失效模式严重程度分类系统。在每一个电压等级的测试完成后，都要对设备的状态进行一次评估，并根据以上分类给设备评级。整车生产厂商的测试标准都会给出需要达到的性能级别。作为示例，表 5.29 中列出德国宝马公司测试标准中的要求。

表 5.29　宝马公司静电放电电子设备试验（通电进行）性能要求

测试电压/kV	功能状态要求	
	一般要求的设备	需要更严格要求的设备
±8	A	A
±15	B	A

（2）整车试验

① 试验布置

图 5.64 是 ISO 10605 中整车试验布置示意图。ESD 模拟器的高压接地端与汽车底盘或者金属座椅调节轨道相连接。大众公司的测试标准中整车试验部分采用 ISO 10605 的规定。

② 试验方法

ISO 10605 规定整车试验只采用空气放电方式进行。对于人在车内可以接触到的设备采用 330pF、2000Ω 的放电端，对于人站在车外可以直接接触到的设备采用 150pF、2000Ω 的放电端。

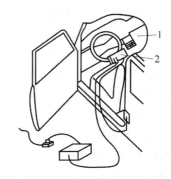

图 5.64　整车试验布置示意图
1—被测设备；2—静电放电发生器

大众公司在参照 ISO 10605 的基础上进行了修改，规定对前一种情况采用 300pF、330Ω 的放电端，对后一种情况采用 150pF、330Ω 的放电端。对于所有能接触到的金属表面和金属材质的涂层，均须使用直接放电方式进行测试，除此之外的测试点则采用空气放电方式进行。

试验中车辆应该处于某种工况（例如怠速、主动驾驶、定速巡航等）下，期间运行车上各系统，如加热器控制、空调控制、收音机控制、数码显示等，以确认其在遭受静电放电干扰后的相应状态。

③ 试验严酷度等级

表 5.30 所示为 ISO 10605 推荐的试验严酷度等级，其中的自选等级由供应商和整车厂商协商决定。

表 5.30　整车试验严酷度等级

试验放电点	严酷度等级/kV				
	自选等级	试验等级			
		Ⅰ	Ⅱ	Ⅲ	Ⅳ
仅车内可触及	Xb	±4	±8	±14	±15
仅车外可触及	Xb	±4	±8	±15	±25

注：b 由设备供应商和整车厂商协商决定。

（3）为包装运输而规定的产品敏感度分类试验（不通电进行）

① 实验布置

图 5.65 是 ISO 10605 规定的敏感度分类试验试验布置。从图中可以看到，EUT 不供电，且不外接任何负载。EUT 被放置于一块 50mm 厚的绝缘材料上面，与接地平面没有任何电器连接。图 5.65 中的 3 是阻值为 1MΩ 的静电消耗电阻。

各整车厂的测试标准中敏感度分类测试的试验布置基本是直接引用 ISO 10605 的规定。德国大众公司的测试标准引用的是 IEC 61000-4-2，不同的地方在于静电放电发生器的接地端直接连接到试验设备地，另外静电消耗电阻由两个 470kΩ 的电阻串联组成。

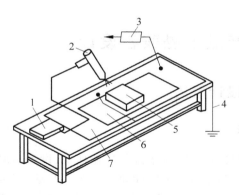

图 5.65　敏感度分类试验试验布置示意图
1—ESD 电源；2—ESD 模拟器；3—1MΩ 静电消耗电阻；
4—接地电缆；5—EUT；6—绝缘块；7—接地平板

从试验布置合理性来讲，大众公司的试验布置更接近实际情况。当电子设备在生产、搬运和安装过程中遭受静电放电时，释放静电的人体大多数情况下是在大地上的，因此静电放电发生器的高压接地端应该与试验设备地相连。另外，此时人体放电模型应该选择 IEC 61000-4-2 中的规定，以保证测试有足够的严酷度。

② 试验方法

此项测试试验方法与通电进行的试验方法基本相同。每次放电结束后，使用静电消耗电阻将 EUT 上残留电荷泄放到接地平面。首先接触测试点，然后接触 EUT 的地管脚。放电方式可以选择直接放电或者空气放电。

③ 试验等级

表 5.31 是 ISO 10605 推荐的试验等级及日产、福特汽车公司测试标准规定的试验等级的对比。

表 5.31　电子模块（不通电）敏感度分类试验等级

放电类型	试验等级/kV		
	ISO 10605	福　特	日　产
直接放电	±4,±6,±8	±4,±6	±4,±8
空气放电	±4,±15,±25	±6	±15,±30

④ 性能评价

ISO 10605 中建议，设备应当至少能够承受 ±4kV 级别的直接放电测试而不会损坏。否则，设备在搬运过程中很难避免因静电放电而造成损坏。

另外，在对所有的测试点进行完规定的电压等级和极性测试之后，设备应当进行全部可用的功能试验。日产和通用公司的测试标准中都规定设备进行完敏感度分类试验之后，所有性能都应当达到 A 类水平。

5.3 汽车电子产品电磁兼容设计

5.3.1 电磁兼容设计概述

1. 电磁兼容设计方法

由于电子技术应用的日益广泛、频谱占用日益拥挤、设备布局更加密集、大功率设备和对干扰敏感的精密设备增多,使电磁兼容性问题越来越重要。实践证明,电磁兼容性是靠周密有效的设计实现的。试验测试作为检验和发现问题的技术手段是不可缺少的,然而没有合理周全的电磁兼容性设计,试验测试发现了干扰问题也只能是亡羊补牢。因此电磁兼容性必须从设计抓起,重视设计工作是十分必要的。

电磁兼容设计的基本方法一般有三种:问题解决法、规范法和系统法。

问题解决法是过去应用较多的方法。它是在发现产品在检测中出现问题后进行改进,是一种"出现什么问题,解决什么问题"的经验方法。系统或设备设计研制过程中不作电磁兼容性设计,等到安装完工试验定型时,发现电磁干扰问题,采取"头痛医头,脚痛医脚"的思维方式予以解决,往往需对设备以至系统进行拆卸、修补甚至重新加工,既费时又费钱。因此"问题解决法"是一种比较落后的方法,它是在电磁兼容性理论不够完善、电磁兼容性设计方法不够系统及电磁兼容性分析预测尚未形成的历史条件下产生的,曾普遍被采用。由于其针对性比较强,目前它还被部分工程人员采用。

规范法是在产品开发阶段就按照有关电磁兼容标准规范的要求进行设计,使产品可能出现的问题得到早期解决的方法。该方法以系统和设备遵循的标准所规定的极限值为计算基础,由于各种标准和规范中的极限是以同类系统或设备中最严重情况制订的,因此可能导致具体设备设计得过分保守。由于电磁兼容性标准和规范在一定程度上反映了系统和设备中存在的共性问题以及解决问题的规则,因此该方法对系统电磁兼容性设计提供了预见性和综合性,故它比"问题解决法"较为合理和进步。

系统法是近些年兴起的一种设计方法,它在产品的初始设计阶段对产品的每一个可能影响产品电磁兼容性的元器件、模块及线路建立数学模型,利用辅助设计工具对其电磁兼容性进行分析预测和控制分配,从而为整机产品满足要求打下良好基础。它在系统或设备设计的全过程中贯彻始终,全面综合考虑电磁耦合因素,不断地对各阶段设计进行评估检验和修改,由于运算量较大,因此这种方法常需要借用先进的计算机辅助分析和预测手段。它是近代电磁兼容学科研究和发展成就的体现,是现代科技综合运用的最佳工程设计技术。

当然,无论是规范法还是系统法设计,其有效性都应是以最后产品或系统的实际运行情况或检验结果为准则,必要时还需要结合问题解决法才能完成设计目标。

2. 电磁兼容设计的费效比

总结多年来电磁兼容技术与工业的发展,可得出解决电磁兼容措施、成本与产品的开发、生产过程之间的关系,如图 5.66 所示。

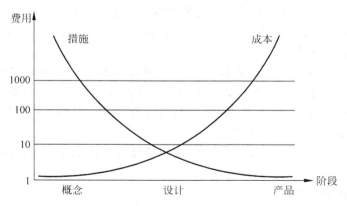

图 5.66　电磁兼容措施、成本与产品的开发、生产过程之间的关系

　　该图横轴为产品推出过程的各个阶段；纵轴为对该产品解决电磁兼容问题所需的费用及措施。由该图可见，如果在产品开发早期阶段（概念阶段）解决电磁兼容问题所需费用为1；如到型号研制阶段（设计阶段），可能需要 10；再到批量生产（产品阶段）时解决需要的费用可能达到 100，因为在量产阶段模具及工艺流程等都需要改变。而如果批量生产时尚未发现或尚未能解决电磁兼容问题，则到现场安装调试阶段（市场阶段）再解决，费用将可能高达千倍。同样地，越早期发现电磁兼容问题，解决问题的方法就越多，而等到产品投产后若发现还有问题，解决的措施就大大减少了，解决的困难也会大得多。由此可见，对于一个产品或一个系统，尽早解决电磁兼容问题是十分必要的。

3. 电磁兼容设计途径

　　形成电磁干扰必然具备三个基本要素（见图 5.67），即：①电磁干扰源；②耦合途径或传播通道；③敏感设备。电磁兼容设计即是从这三个基本要素出发，概括起来就是：抑制干扰源；切断耦合通道；提高敏感设备抗扰度。

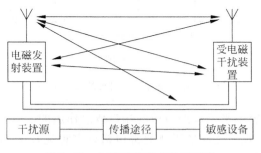

图 5.67　电磁干扰形成的三要素

（1）电磁干扰源

电磁干扰源包括自然干扰源和人为干扰源。

（2）电磁干扰的传播途径

电磁干扰的传播途径包括传导耦合和辐射耦合。

传导耦合必须在干扰源和敏感设备之间有完整的电路连接,干扰信号沿着这个连接电路传递到敏感设备,发生干扰现象。这个传输电路可包括导线、设备的导电部件、供电电源、公共阻抗、接地平面、电阻、电感、电容和互感元件等。

辐射耦合是通过介质以电磁波形式传播,干扰能量按电磁波的规律向周围空间发射。常见的辐射耦合有三种:①干扰源天线发射的电磁波被敏感设备天线意外接收,称为天线对天线耦合;②空间电磁场经导线感应而耦合,称为场对线的耦合;③两根平行导线之间的高频信号感应,称为线对线感应耦合。

总之,传导耦合包括互传导耦合和导线间的感性与容性耦合。辐射耦合包括近场耦合和远场耦合。

(3)电磁干扰敏感设备

所有的低压小信号的设备都是对电磁干扰敏感的设备。

电磁干扰以辐射和传导方式侵害敏感设备。端口就如传输的"界面",通过这些端口,电磁干扰进入(或出自)敏感设备。干扰现象的性质和干扰程度与端口的类型有关。比如干扰如果是在敏感设备壳体以外耦合到与设备相连的导线上,那么对设备来说,就变成了从电源或信号端口进入的传导干扰;而真正的辐射干扰是通过设备外壳端口直接进入设备内部的(这里的外壳既可以是像屏蔽室、金属层等那样的实际屏蔽,也可以是像塑料外壳那样没有电磁作用的遮蔽物)。

辐射干扰出现在设备周围的媒体中,而传导干扰出现在各种金属性媒体中。利用端口的概念可以对各种媒体加以区分,一般将端口分为以下五类(如图 5.68 所示):①外壳端口;②交流电源端口;③直流电源端口;④控制线/信号线端口;⑤接地端口,即系统和地或参考地之间的连接。

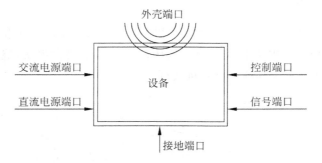

图 5.68　辐射干扰出现的设备端口

各种位置类别的兼容电平是按照对应的端口概念作出的。

在实际工作中,两个设备之间的干扰通常包括许多种途径的耦合,既有传导耦合,也有辐射耦合。同时电磁发射设备内部也可能会包含敏感部分,而电磁敏感设备内部也会包含电磁发射源。各种电磁发射不但可能会在设备内部形成相互干扰,而且也会形成设备间的相互干扰,从而使干扰现象变得更为复杂。

根据形成电磁干扰的三要素可知,电磁兼容设计实际上可概括为三个方面的内容:抑制电磁干扰源;切断电磁干扰耦合途径;提高电磁敏感设备的抗干扰能力。

5.3.2　电磁兼容设计

1. 电磁兼容设计要点

电磁兼容设计的内容包括：①分析设备或系统所处的电磁环境和要求，正确选择设计的主攻方向；②精心选择产品所使用的频率；③制定电磁兼容性要求和控制计划；④对元器件、模块、电路采取合理的干扰抑制和防护技术。电磁兼容设计的主要参数有：限额值、安全度和费效比。

针对形成电磁干扰的三要素，我们可以从以下几个方面去努力。

（1）抑制电磁干扰源

尽量去掉对设备（或系统）工作用处不大的潜在电磁干扰源，以减少干扰源的个数；恰当选择元器件和线路的工作模式，尽量使设备工作在特性曲线的线性区域，以使谐波成分降低；对有用的电磁发射或信号输出也要进行功率限制和频带控制；合理选择电磁波发射天线的类型和高度，不盲目追求覆盖面积和信号强度；合理选择电磁脉冲形状，不盲目追求上升时间和幅度；控制产生电弧放电和电火花，宜选用工作电平低的或有触点保护的开关或继电器，宜选用加工精密的直流电机；应用良好的线路设计包括接地技术来抑制接地干扰、地环路干扰并抑制高频噪声。

（2）抑制干扰耦合

把携带电磁噪声的元件和导线与连接敏感元件隔离；缩短干扰耦合路径的长度，宜使导线尽量短，必要时使用屏蔽线或加屏蔽套；注意 PCB 布线和结构件的天线效应，对通过电场耦合的辐射，尽量减少电路的阻抗，而对通过磁场耦合的辐射，则尽量增加电路的阻抗；应用屏蔽等技术隔离或减少辐射途径的电磁干扰；应用滤波器、脉冲吸收器、隔离变压器和光电耦合器等滤除或减少传导途径的电磁干扰。

（3）提高敏感设备的抗扰能力

对于干扰源的各种电磁发射抑制措施，一般也同样适用于敏感设备的保护，即可以采用滤波、脉冲吸收、内部屏蔽、隔离技术、内部去耦电路及线路和结构的合理布局等来抑制电磁干扰。此外，在设计中尽量少用低电平器件，不盲目选择高速器件，去掉那些不十分需要的敏感部件，适当控制输入灵敏度，等等。

（4）一般原则

一般保证设备电磁兼容的技术方法可分两类：其一是在设备或系统设计时就注意选用相互干扰小的元件、器件和电路，并在结构上合理布局，以保证元器件等级上的兼容性；其二是采用接地、屏蔽、滤波等技术，降低所产生的干扰电平，增加干扰在传播途径上的衰减。

接地属于线路设计的范畴，对产品电磁兼容性有着至关重要的意义。可以说，合理的接地是最经济有效的电磁兼容设计技术。滤波是抑制传导干扰最直接有效的办法。另外，由于良好的滤波抑制了干扰源的泄漏，所以也利于解决辐射干扰方面的问题。对于瞬态脉冲干扰，最有效的办法则是使用脉冲吸收技术。屏蔽是抑制辐射干扰的有效办法。应用时应注意，屏蔽措施经常要与滤波和接地共同使用才能发挥作用。屏蔽可理解为隔离的一种方法，但隔离所包含的内容不止于此，它还包括位置的远离和传导干扰路径的切断（如使用光电耦合器切断地环路干扰）等。目前，市场上有大量的电磁干扰对策元器件可供选择，使用很方便,但也会增加产品成本。

一个产品若在设计阶段注意选择合理的元器件,并优化线路和结构布局,必要时再加上适当的屏蔽和滤波等措施,那么其电磁兼容性能便不会存在大的问题。电磁兼容设计一般可依以下顺序进行。

首先进行功能性设计,在方案已经确定的功能电路中,检验电磁兼容指标能否满足标准要求,此时若不满足要求的主要依靠修改参数来达到要求,包括修改发射功率、工作频率、接收机灵敏度,重新选择元器件等手段。其次进行防护性设计,包括滤波、屏蔽、接地与搭接的设计,还包括时间、空间隔离和频率回避等技术措施。第三是进行布局性设计,包括对整体布局的检验,电缆布线和分配,孔缝的位置检验和调整,组件和印制板布局方位的检验和调整等。具体设计过程可参见图 5.69 所示电磁兼容设计框图。

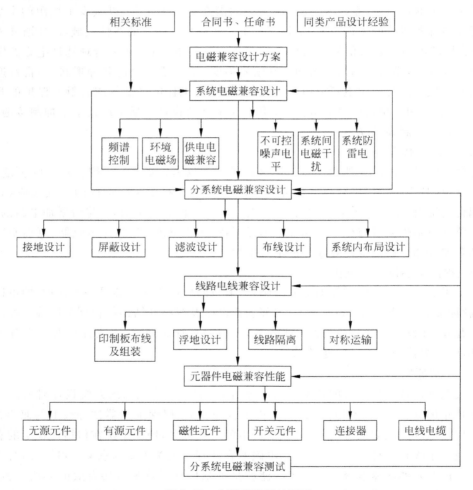

图 5.69　电磁兼容设计框图

通常电路和设备的电磁兼容性设计具体包括:①元器件的选择;②电路的选择;③印制板的设计;④接地和搭接设计;⑤屏蔽技术应用;⑥滤波技术的应用;⑦电路布局和设备布局;⑧导线的分类和敷设。

5.3.3　电磁兼容设计主要技术

1. 屏蔽技术

屏蔽是防止辐射干扰的主要手段,所谓屏蔽就是采用一定的技术手段,把电磁场限制在一定的空间范围之内,可以分为主动屏蔽和被动屏蔽。

（1）主动屏蔽：把干扰源置于屏蔽体之内,防止电磁能量和干扰信号泄漏到外部空间。

（2）被动屏蔽：把敏感设备置于屏蔽体内,使其不受外部干扰的影响。

2. 滤波技术

（1）低通滤波器

低通滤波器使低频信号通过,高频信号衰减；用于电源电路时,使市电(50Hz)通过,高频干扰信号衰减；用于放大器电路或发射机输出电路时,使基波通过,谐波和其他干扰信号衰减。

（2）高通滤波器

高通滤波器抑制低频干扰信号,例如从信号通道上滤除交流声干扰。由于高通滤波器与低通滤波器具有对偶性,设计高通滤波器时可采用倒转方法,凡满足倒转原则的低通滤波器可以很方便地变成所需要的高通滤波器。倒转原则就是将低通滤波器的每一个电感器换成一个电容器,而每一个电容器换成一个电感器。

（3）带通滤波器

带通滤波器只允许某一频率范围内的信号通过。

（4）带阻滤波器

带阻滤波器只抑制某一频率范围内的干扰信号通过。带阻滤波器和带通滤波器的结构具有对称性,LC 串联支路与 LC 并联支路正好调换了位置。因此带阻滤波的设计方法与带通滤波器相似：利用低通滤波器原型电路,按照频率和阻抗换算公式得到一个中心频率、带宽及衰减率完全一样的带通滤波器,然后按对称结构画出带阻滤波器的电路和参数值。

（5）损耗滤波器

损耗滤波器选用具有高损耗系数或高损耗角正切的材料,把高频电磁能量通过涡流转换成热能。例如铁氧体管、铁氧体磁环、铁环扼流圈等。

（6）有源滤波器

有源滤波器使用晶体管等有源器件,以较小的体积和重量可以提供较大值的等效 L 和 C 值。有源电感滤波器用晶体管模拟电感线圈的频率特性(f 越高,阻抗越大)；有源电容滤波器用晶体管模拟电容器的频率特性(f 越高,阻抗越小)；对消滤波器(陷波器)能产生与干扰信号幅度相同,相位相反(差 $180°$)的电流,把干扰信号抵消。

3. 接地和搭接技术

（1）接地技术的几个概念

① 在一般情况下,接地就是要保证电路和设备与大地良好连接。

② 广义的接地并非要与大地直接连接,一般是指连接到一个作为电位参考点(面)的良

好导体上。理想的接地导体是一个零电位面,任何干扰信号都不产生电压降。

③ 任何导体都具有一定的阻抗,高频时其电抗值远大于电阻值,在 EMC 设计中不应忽略。

④ 安全接地。安全接地包括设备安全接地和防雷接地。

设备安全接地是指由于线路故障,设备机壳带电,可能造成触电事故。在皮肤干燥,无破损的情况下,人体电阻可达 $40\sim100k\Omega$;人体出汗、潮湿时,降至 $1k\Omega$ 左右。若设备接地,接地电阻小于 10Ω,则通过人体的电流很小,是安全的。对于交流电,人体的安全电流为 $15\sim20mA$,对于直流电,为 $50mA$。以人体电流小于 $40mA$ 计算,人体的安全电压为 $36V$。

防雷接地是指将雷电电流由避雷针经地线引入大地,可保护建筑物、设备和人身安全。

⑤ 信号接地。信号接地包括电路接地、电源接地、屏蔽接地及静电接地。

电路接地可分为四类:敏感信号和小信号接地,不敏感信号和大信号接地,干扰设备接地,金属构件接地(例如机壳、地板等接地)。

屏蔽接地包括屏蔽体接地、电缆和屏蔽层接地。

静电接地可防止静电积累。判断导体是否需要静电接地,一般规定为:对地的泄漏电阻值在 100Ω 以上的导体必须有静电接地,接地电阻应在 10Ω 以下。

⑥ 几种常用的接地方法:浮点接地、单点接地、多点接地、混合接地。

浮点接地接地面不与大地相连,低频时可采用此接地方法。浮点接地的优点是抗干扰性能好;缺点是设备不与公共地直接连接,容易产生静电积累,引起静电放电。解决的办法是在设备与公共地之间接一个阻值很大的电阻,以便泄放积累的电荷。

单点接地在低频时采用,一般是 $30kHz$ 以下,$3MHz$ 以下也可以用;接地线长度较小时,又分为:a.独立地线并联一点接地,这时各设备的电位仅与各自的电流和地线电阻有关,不受其他设备的影响,可防止各设备之间相互干扰和地回路的干扰。但若设备很多时,需要很多根地线,使接地导线加长,阻抗增大,还会出现各接地导线间的互相耦合,不适用于高频。b.公用地线串联一点接地,这种接地方法中,各点的电位不仅不为 0,而且会受其他电路影响,从防止和抑制干扰的角度,这种接地方法不好。但是这种接地方法的结构比较简单,各电路的接地线短,电阻较小,在设备机柜中是常用的一种接地方式。

多点接地。每一个设备、电路各自用接地线分别就近接地,高频电路(设备间距较大)一般都采用多点接地。为了降低地电位,接地线应尽可能短,以便降低接地线的阻抗。多点接地的优点是电路简单,接地线短;缺点是地线回路增多,会出现一些共阻抗耦合。

混合接地。在有些设备中,既有高频电路又有低频电路,可采用混合接地。高频电路、中频电路部分用多点接地,低频部分用单点接地。

⑦ 接地电极和接地电阻。

常用的接地电极有以下两种:a.自然接地体。例如自来水管,自流井插入管等,可用于设备接地。b.人体接地体。信号接地和防雷接地必须用人工接地体,常见的有棒状电极,如圆钢、钢管、角钢等;带状电极,如铜带、扁钢等水平埋放;板状电极,如 $1m\times1m$ 的铜板,水平埋放或垂直埋放。

以半球形接地电极为例,接地电阻等于无限多个薄半球壳电阻串联,半径越大,半球壳的电阻越小,所以接地电阻附近区域对接地电阻的贡献大。定义以接地电极为中心,包括大部分接地的电阻的区域称为电阻区域。

（2）接地技术的应用

① 信号接地与安全接地的两种处理方法

安全接地可以与信号接地分开，也可以与信号接地公用。

② 信号电路屏蔽盒接地方法

把电路单元放在一个屏蔽盒子内，可以减小辐射干扰的影响，电路的接地方法对屏蔽效果有很大的影响。

③ 印制电路板上射频变压器屏蔽罩的接地方法

印制电路板上的射频变压器是主要的辐射干扰源之一，屏蔽罩应直接与机壳相连，不能与印制电路板上的任何接地线相连，否则干扰信号将被引入到印制板的电路中去。

④ 电缆屏蔽层接地

屏蔽电缆包括信号和电力电缆。电缆屏蔽可减小辐射干扰的影响，减小导线之间电容耦合的影响。电缆屏蔽层是否正确接地直接影响屏蔽效果。

⑤ 微机接地

微机需要接地的部分包括电源接地，机箱和地线接地，信号基准用接地，过电压吸收器接地，避雷器接地，屏蔽接地等。

（3）搭接技术

搭接是指使两个金属部件之间实现低阻抗的电流通路。导线的连接及接地是一个物理概念，而搭接则是实现这个物理概念的具体手段。在任何电器、电子系统中，从一个小元器件到系统、子系统之间都需要进行搭接，以便提供电源和信号的回路。

① 搭接的作用

搭接主要应用在系统的以下部位：设备的金属外壳之间；设备与地之间；信号回路与地之间；屏蔽体与接地平面之间；滤波器与机箱之间；电源回路与地之间；接地平面与连接大地的地网之间等。

搭接的作用主要是：建立信号电流稳定的通路，避免金属连接点之间产生电位差，这个电位差会导致电磁干扰；实现屏蔽、滤波、接地等技术的设计目标；保证电源、信号的良好连接回路；减小装置之间的电位差，避免电磁干扰；控制装置表面流动的射频电流；建立安全保护、雷电保护、静电放电保护的可靠回路。

搭接是控制电磁干扰的重要措施，搭接质量的优劣成为衡量系统电磁兼容性能的重要指标。

② 搭接方法

a. 直接搭接

直接搭接，即将欲连接的两个金属导体直接接触。严格的直接搭接结构可以具有一个非常低的直接电阻和取决于搭接件形状的尽可能低的射频阻抗。一般尽量采用直接搭接的方式，但这种方式只能用于两搭件可以连接在一起并且没有相对移动的情况。直接搭接的方法包括：焊接，有高温焊接、钎焊、低温焊接；压力搭接，例如利用螺旋、螺钉、铆钉等；导电粘结胶粘结，导电粘结胶是一种掺银粉的环氧树脂，导电性能很好，可以填充在焊接件之间以建立低的搭接阻抗。

b. 间接搭接

间接搭接是指在搭接件之间采用中间导体实现连接，这对于电性能会有影响，因此从搭接质量角度一般不希望这样做。但在实际情况中有时需要连接的设备和设备之间、设备和接地装置之间距离比较远,有的还需要移动,因此不得不采用间接搭接的方法。常用的间接搭接元件有搭接片、跨接片等。

③ 搭接面的处理

无论是直接搭接还是间接搭接,对搭接面的处理都是十分重要的,这将直接影响搭接的质量。对搭接面的处理是为了保证良好的电接触,因此要仔细清除搭接面上的污垢、油漆、残屑灰尘以及绝缘的氧化薄膜等,有时还需要覆盖一层导电层,例如镀银或镀金。此外还应考虑搭接面的物理特性、电器特性和电化学特性。

复习思考题

5-1 电磁干扰对人类的危害有哪些? 电磁兼容研究的主要内容是什么?

5-2 电磁兼容的含义是怎样的? 电磁兼容的缩写是什么?

5-3 电磁噪声和电磁干扰的区别是什么?

5-4 电磁干扰的基本要素有哪些? 电磁干扰的途径有哪些?

5-5 电磁兼容的管理组织有哪些? 它们对电磁兼容的管理有何具体的作用?

5-6 标准和规范有何不同? 电磁兼容标准和规范的内容和特点有哪些?

5-7 有关汽车电子产品电磁兼容的国际标准有哪些? 中国的国家标准如何?

5-8 开阔场、屏蔽室、电波暗室各有什么不同? 它们的作用分别是什么?

5-9 评价屏蔽室和电波暗室的指标各有哪些?

5-10 简单比较一下频谱分析仪与功率接收机的异同。

5-11 简单比较分析各类天线的特性。

5-12 简单了解分析汽车电子产品电磁兼容试验。

5-13 汽车电子产品兼容性设计的基本方法有哪些?

5-14 电磁兼容性设计技术主要有哪些?

附录 A 强制性产品认证目录

A.1 第一批实施强制性产品认证的产品目录

一、电线电缆(共 5 种)

电线组件、矿用像套软电缆、交流额定电压 3 kV 及以下铁路机车车辆用电线电缆、额定电压 450/750V 及以下橡皮绝缘电线电缆、额定电压 450/750V 及以下聚氯乙烯绝缘电线电缆

二、电路开关及保护或连接用电器装置(共 6 种)

耦合器(家用、工业用和类似用途器具)、插头插座(家用、工业用和类似用途)、热熔断体、小型熔断器的管状熔断体、家用和类似用途固定式电气装置的开关、家用和类似用途固定式电气装置电器附件外壳

三、低压电器(共 9 种)

漏电保护器、断路器(含 RCCB,RCBO,MCB)、熔断器、体压开关(隔离器、隔离开关)、熔断器组合电器电路保护装置(保护器类:限流器、电路保护装置、过流保护器、热保护器、过载继电器、低压机电式接触器、电动机启动器)、继电器(36V＜电压≤1000V)、其他开关(电器开关、真空开关、压力开关、接近开关、脚踏开关、热敏开关、液位开关、按钮开关、限位开关、微动开关、倒顺开关、温度开关、行程开关、转换开关、自动转换开关、刀开关)、其他装置(接触器、电动机起动器、信号灯、输助触头组件、主令控制器、交流半导体电动机控制器和起动器)、低压成套开关设备

四、小功率电动机(共 1 种)

小功率电动机

五、电动工具(共 16 种)

电钻(含冲击电钻)、电动螺丝刀和冲击扳手、电动砂轮机、砂光机、圆锯、电锤(含电镐)、不易燃液体电喷枪、电剪刀(含双刃电剪刀、电冲剪)、攻螺纹机、往复锯(含曲线

锯、刀锯)、插入式混凝土振动器、电链锯、电刨、电动修枝剪和电动草剪、电木铣和修边机、电动石材切割机(含大理石切割机)

六、电焊机(共 15 种)

小型交流弧焊机、交流弧焊机、直流弧焊机、TIG 弧焊机、MIG/MAG 弧焊机、埋弧焊机、等离子弧切割机、等离子弧焊机、弧焊变压器防触电装置、焊接电缆耦合装置、电阻焊机、焊机送丝装置、TIG 焊焊锯、MIG/MAG 焊焊枪、电焊钳

七、家用和类似用途设备(共 18 种)

1. 家用电冰箱和食品冷冻箱:有效容积在 50 立升以下,家用或类似用途的有或无冷冻食品储藏室的电冰箱、冷冻食品储藏箱和食品冷冻箱及它们的组合

2. 电风扇:单相交流和直流家用和类似用途的电风扇

3. 空调器:制冷量不超过 21 000 大卡/小时的家用及类似用途的空调器

4. 电动机-压缩机:输入功率在 5000 W 以下的家用和类似用途空调和制冷装置所用密闭式(全封闭型、半封闭型)电动机-压缩机

5. 家用电动洗衣机:带或不带水加热装置、脱水装置或干衣装置的洗涤衣物的电动洗衣机

6. 电热水器:把水加热至沸点以下的固定的储水式和快热式电热水器

7. 室内加热器:家用和类似用途的辐射式加热器、板状加热器、充液式加热器、风扇式加热器、对流式加热器、管状加热器

8. 真空吸尘器:具有吸除干燥灰尘或液体的作用,有串激整流子电动机或直流电动机的真空吸尘器

9. 皮肤和毛发护理器具:用作人或动物皮肤或毛发护理并带有电热元件的电器

10. 电熨斗:家用和类似用途的干式电熨斗和湿式(蒸汽)电熨斗

11. 电磁灶:家用和类似用途的采用电磁能加热的灶具,它可以包含一个或多个电磁加热元件

12. 电烤箱:包括额定容积不超过 10 升的家用和类似用途的电烤箱、面包烘烤箱、华夫烙饼模和类似器具

13. 电动食品加工器具:家用电动食品加工器和类似用途的多功能食品加工器

14. 微波炉:频率在 300MHz 以上的一个或多个 I. S. M. 波段的电磁能量来加热食物和饮料的家用器具,它可带有着色功能和蒸汽功能

15. 电灶、灶台、烤炉和类似器具:包括家用电灶、分离式固定烤炉、灶台、后式电灶、电灶的灶头、烤架和烤盘及内装式烤炉、烤架

16. 吸油烟机:安装在家用烹调器具和炉灶的上部,带有风扇、电灯和控制调节器之类用于抽吸排除厨房中油烟的家用电器

17. 液体加热器和冷热饮水机

18. 电饭锅:采用电热元件加热的自动保温式或定时式电饭锅

八、音视频设备类(不包括广播级音响设备和汽车音响设备)(共 16 种)

总输出功率在 500 W(有效值)以下的单扬声器和多扬声器有源音箱,音频功率放大器,

调谐器,各种广播波段的收音机,各类载体形式的音视频录制,播放及处理设备(包括各类光盘磁带等载体形式)及以上设备的组合,为音视频设备配套的电源适配器,各种成像方式的彩色电视接收机,监视器(不包括汽车用电视接收机),黑白电视接收机及其他单色的电视接收机,显像(示)管,录像机,卫星电视广播接收机,电子琴,天线放大器,声音和电视信号的电缆分配系统设备与部件

九、信息技术设备(共 12 种)

微型计算机、便携式计算机、与计算机连用的显示设备、与计算机相连的打印设备、多用途打印复印机、扫描仪、计算机内置电源及电源适配器充电器、电脑游戏机、学习机、复印机、服务器、金融及贸易结算电子设备

十、照明设备(共 2 种)(不包括电压低于 36 V 的照明设备)

灯具、镇流器

十一、电信终端设备(共 9 种)

调制解调器、传真机、固定电话终端(普通电话机、主叫号码显示电话机、卡式管理电话机、录音电话机、投币电话机、智能卡式电话机、IC 卡公用电话机、免提电话机、数字电话机、电话机附加装置)、无绳电话终端(模拟无绳电话机、数字无绳电话机)、集团电话(集团电话、电话会议总机)、移动用户终端(模拟移动电话机、GSM 数字蜂窝移动台(手持机和其他终端设备),CDMA 数字蜂窝移动台(手持机和其他终端设备))、ISDN 终端(网络终端设备(NT$_1$,NT$_{1+}$)、终端适配器(卡)TA)、数据终端(存储转发传真/语音卡、POS 终端、接口转换器、网络集线器、其他数据终端)、多媒体终端(可视电话、会议电视终端、信息点播终端、其他多媒体终端)

十二、机动车辆及安全附件(共 4 种)

(一)汽车:在公路及城市道路上行驶的 M、N、O 类车辆
(二)摩托车:摩托车
(三)汽车摩托车零部件:汽车安全带、摩托车发动机

十三、机动车辆轮胎(共 3 种)

(一)汽车轮胎:轿车轮胎(轿车子午线轮胎、轿车斜交轮胎)、载重汽车轮胎(微型载重汽车轮胎、轻型载重汽车轮胎、中型/重型载重汽车轮胎)
(二)摩托车轮胎:摩托车轮胎(代号表示系列、公制系列、轻便型系列、小轮径系列)

十四、安全玻璃(共 3 种)

汽车安全玻璃(A 类夹层玻璃、B 类夹层玻璃、区域钢化玻璃、钢化玻璃)、建筑安全玻璃(夹层玻璃、钢化玻璃)、铁道车辆用安全玻璃(夹层玻璃、钢化玻璃、安全中空玻璃)

十五、农机产品(共 1 种)

植物保护机械(背负式喷雾机(器)、背负式喷雾粉机)

十六、乳胶制品(共 1 种)

橡胶避孕套

十七、医疗器械产品(共 7 种)

医用 X 射线诊断设备、血液透析装置、空心纤维透析器、血液净化装置的体外循环管道、心电图机、植入式心脏起搏器、人工心肺机

十八、消防产品(共 3 种)

火灾报警设备(点型感烟火灾报警探测器、点型感温火灾报警探测器、火灾报警控制器、消防联动控制设备、手动火灾报警按钮)、消防水带、喷水灭火设备(洒水喷头、湿式报警阀、水流指示器、消防用压力开关)

十九、安全技术防范产品(共 1 种)

入侵探测器(室内用微波多普勒探测器、主动红外入侵探测器、室内用被动红外探测器、微波与被动红外复合入侵探测器)

(中华人民共和国国家质量监督检验检疫总局、中国国家认证认可监督管理委员会发布)

A.2 强制性产品认证管理规定

第一章 总 则

第一条 为规范强制性产品认证工作,提高认证有效性,维护国家、社会和公共利益,根据《中华人民共和国认证认可条例》(以下简称认证认可条例)等法律、行政法规以及国家有关规定,制定本规定。

第二条 为保护国家安全、防止欺诈行为、保护人体健康或者安全、保护动植物生命或者健康、保护环境,国家规定的相关产品必须经过认证(以下简称强制性产品认证),并标注认证标志后,方可出厂、销售、进口或者在其他经营活动中使用。

第三条 国家质量监督检验检疫总局(以下简称国家质检总局)主管全国强制性产品认证工作。

国家认证认可监督管理委员会(以下简称国家认监委)负责全国强制性产品认证工作的组织实施、监督管理和综合协调。

地方各级质量技术监督部门和各地出入境检验检疫机构(以下简称地方质检两局)按照各自职责,依法负责所辖区域内强制性产品认证活动的监督管理和执法查处工作。

第四条 国家对实施强制性产品认证的产品,统一产品目录(以下简称目录),统一技术规范的强制性要求、标准和合格评定程序,统一认证标志,统一收费标准。

国家质检总局、国家认监委会同国务院有关部门制定和调整目录,目录由国家质检总局、国家认监委联合发布,并会同有关方面共同实施。

第五条　国家鼓励开展平等互利的强制性产品认证国际互认活动,互认活动应当在国家质检总局、国家认监委或者其授权的有关部门对外签署的国际互认协议框架内进行。

第六条　从事强制性产品认证活动的机构及其人员,对其从业活动中所知悉的商业秘密及生产技术、工艺等技术秘密和信息负有保密义务。

第二章　认证实施

第七条　强制性产品认证基本规范由国家质检总局、国家认监委制定、发布,强制性产品认证规则(以下简称认证规则)由国家认监委制定、发布。

第八条　强制性产品认证应当适用以下单一认证模式或者多项认证模式的组合,具体模式包括:

(一)设计鉴定;

(二)型式试验;

(三)生产现场抽取样品检测或者检查;

(四)市场抽样检测或者检查;

(五)企业质量保证能力和产品一致性检查;

(六)获证后的跟踪检查。

产品认证模式应当依据产品的性能,对涉及公共安全、人体健康和环境等方面可能产生的危害程度、产品的生命周期、生产、进口产品的风险状况等综合因素,按照科学、便利等原则予以确定。

第九条　认证规则应当包括以下内容:

(一)适用的产品范围;

(二)适用的产品所对应的国家标准、行业标准和国家技术规范的强制性要求;

(三)认证模式;

(四)申请单元划分原则或者规定;

(五)抽样和送样要求;

(六)关键元器件或者原材料的确认要求(需要时);

(七)检测标准的要求(需要时);

(八)工厂检查的要求;

(九)获证后跟踪检查的要求;

(十)认证证书有效期的要求;

(十一)获证产品标注认证标志的要求;

(十二)其他规定。

第十条　列入目录产品的生产者或者销售者、进口商(以下统称认证委托人)应当委托经国家认监委指定的认证机构(以下简称认证机构)对其生产、销售或者进口的产品进行认证。

委托其他企业生产列入目录产品的,委托企业或者被委托企业均可以向认证机构进行认证委托。

第十一条　认证委托人应当按照具体产品认证规则的规定,向认证机构提供相关技术材料。

销售者、进口商作为认证委托人时，还应当向认证机构提供销售者与生产者或者进口商与生产者订立的相关合同副本。

委托其他企业生产列入目录产品的，认证委托人还应当向认证机构提供委托企业与被委托企业订立的相关合同副本。

第十二条　认证机构受理认证委托后，应当按照具体产品认证规则的规定，安排产品型式试验和工厂检查。

第十三条　认证委托人应当保证其提供的样品与实际生产的产品一致，认证机构应当对认证委托人提供样品的真实性进行审查。

认证机构应当按照认证规则的要求，根据产品特点和实际情况，采取认证委托人送样、现场抽样或者现场封样后由认证委托人送样等抽样方式，委托经国家认监委指定的实验室（以下简称实验室）对样品进行产品型式试验。

第十四条　实验室对样品进行产品型式试验，应当确保检测结论的真实、准确，并对检测全过程作出完整记录，归档留存，保证检测过程和结果的记录具有可追溯性，配合认证机构对获证产品进行有效的跟踪检查。

实验室及其有关人员应当对其作出的检测报告内容以及检测结论负责，对样品真实性有疑义的，应当向认证机构说明情况，并作出相应处理。

第十五条　需要进行工厂检查的，认证机构应当委派具有国家注册资格的强制性产品认证检查员，对产品生产企业的质量保证能力、生产产品与型式试验样品的一致性等情况，依照具体产品认证规则进行检查。

认证机构及其强制性产品认证检查员应当对检查结论负责。

第十六条　认证机构完成产品型式试验和工厂检查后，对符合认证要求的，一般情况下自受理认证委托起 90 天内向认证委托人出具认证证书。

对不符合认证要求的，应当书面通知认证委托人，并说明理由。

认证机构及其有关人员应当对其作出的认证结论负责。

第十七条　认证机构应当通过现场产品检测或者检查、市场产品抽样检测或者检查、质量保证能力检查等方式，对获证产品及其生产企业实施分类管理和有效的跟踪检查，控制并验证获证产品与型式试验样品的一致性、生产企业的质量保证能力持续符合认证要求。

第十八条　认证机构应当对跟踪检查全过程作出完整记录，归档留存，保证认证过程和结果具有可追溯性。

对于不能持续符合认证要求的，认证机构应当根据相应情形作出予以暂停或者撤销认证证书的处理，并予公布。

第十九条　认证机构应当按照认证规则的规定，根据获证产品的安全等级、产品质量稳定性以及产品生产企业的良好记录和不良记录情况等因素，对获证产品及其生产企业进行跟踪检查的分类管理，确定合理的跟踪检查频次。

第三章　认证证书和认证标志

第二十条　国家认监委统一规定强制性产品认证证书（以下简称认证证书）的格式、内容和强制性产品认证标志（以下简称认证标志）的式样、种类。

第二十一条　认证证书应当包括以下基本内容：

（一）认证委托人名称、地址；

（二）产品生产者（制造商）名称、地址；

（三）被委托生产企业名称、地址（需要时）；

（四）产品名称和产品系列、规格、型号；

（五）认证依据；

（六）认证模式（需要时）；

（七）发证日期和有效期限；

（八）发证机构；

（九）证书编号；

（十）其他需要标注的内容。

第二十二条 认证证书有效期为5年。

认证机构应当根据其对获证产品及其生产企业的跟踪检查的情况，在认证证书上注明年度检查有效状态的查询网址和电话。

认证证书有效期届满，需要延续使用的，认证委托人应当在认证证书有效期届满前90天内申请办理。

第二十三条 获证产品及其销售包装上标注认证证书所含内容的，应当与认证证书的内容相一致，并符合国家有关产品标识标注管理规定。

第二十四条 有下列情形之一的，认证委托人应当向认证机构申请认证证书的变更，由认证机构根据不同情况作出相应处理：

（一）获证产品命名方式改变导致产品名称、型号变化或者获证产品的生产者、生产企业名称、地址名称发生变更的，经认证机构核实后，变更认证证书；

（二）获证产品型号变更，但不涉及安全性能和电磁兼容内部结构变化；或者获证产品减少同种产品型号的，经认证机构确认后，变更认证证书；

（三）获证产品的关键元器件、规格和型号，以及涉及整机安全或者电磁兼容的设计、结构、工艺和材料或者原材料生产企业等发生变更的，经认证机构重新检测合格后，变更认证证书；

（四）获证产品生产企业地点或者其质量保证体系、生产条件等发生变更的，经认证机构重新工厂检查合格后，变更认证证书；

（五）其他应当变更的情形。

第二十五条 认证委托人需要扩展其获证产品覆盖范围的，应当向认证机构申请认证证书的扩展，认证机构应当核查扩展产品与原获证产品的一致性，确认原认证结果对扩展产品的有效性。经确认合格后，可以根据认证委托人的要求单独出具认证证书或者重新出具认证证书。

认证机构可以按照认证规则的要求，针对差异性补充进行产品型式试验或者工厂检查。

第二十六条 有下列情形之一的，认证机构应当注销认证证书，并对外公布：

（一）认证证书有效期届满，认证委托人未申请延续使用的；

（二）获证产品不再生产的；

（三）获证产品型号已列入国家明令淘汰或者禁止生产的产品目录的；

（四）认证委托人申请注销的；

（五）其他依法应当注销的情形。

第二十七条　有下列情形之一的,认证机构应当按照认证规则规定的期限暂停认证证书,并对外公布:

（一）产品适用的认证依据或者认证规则发生变更,规定期限内产品未符合变更要求的;

（二）跟踪检查中发现认证委托人违反认证规则等规定的;

（三）无正当理由拒绝接受跟踪检查或者跟踪检查发现产品不能持续符合认证要求的;

（四）认证委托人申请暂停的;

（五）其他依法应当暂停的情形。

第二十八条　有下列情形之一的,认证机构应当撤销认证证书,并对外公布:

（一）获证产品存在缺陷,导致质量安全事故的;

（二）跟踪检查中发现获证产品与认证委托人提供的样品不一致的;

（三）认证证书暂停期间,认证委托人未采取整改措施或者整改后仍不合格的;

（四）认证委托人以欺骗、贿赂等不正当手段获得认证证书的;

（五）其他依法应当撤销的情形。

第二十九条　获证产品被注销、暂停或者撤销认证证书的,认证机构应当确定不符合认证要求的产品类别和范围。

自认证证书注销、撤销之日起或者认证证书暂停期间,不符合认证要求的产品,不得继续出厂、销售、进口或者在其他经营活动中使用。

第三十条　认证标志的式样由基本图案、认证种类标注组成,基本图案如下图:

基本图案中"CCC"为"中国强制性认证"的英文名称"China Compulsory Certification"的英文缩写。

第三十一条　在认证标志基本图案的右侧标注认证种类,由代表该产品认证种类的英文单词的缩写字母组成。

国家认监委根据强制性产品认证工作的需要,制定有关认证种类标注的具体要求。

第三十二条　认证委托人应当建立认证标志使用管理制度,对认证标志的使用情况如实记录和存档,按照认证规则规定在产品及其包装、广告、产品介绍等宣传材料中正确使用和标注认证标志。

第三十三条　任何单位和个人不得伪造、变造、冒用、买卖和转让认证证书和认证标志。

第四章　监督管理

第三十四条　国家认监委对认证机构、检查机构和实验室的认证、检查和检测活动实施年度监督检查和不定期的专项监督检查。

　　第三十五条　认证机构应当将获证产品的认证委托人、获证产品及其生产企业,以及认证证书被注销、暂停或者撤销的信息向国家认监委和省级地方质检两局进行通报。

　　第三十六条　国家质检总局统一计划,国家认监委采取定期或者不定期的方式对获证产品进行监督检查。

　　获证产品生产者、销售者、进口商和经营活动使用者不得拒绝监督检查。

　　国家认监委建立获证产品及其生产者公布制度,向社会公布监督检查结果。

　　第三十七条　地方质检两局依法按照各自职责,对所辖区域内强制性产品认证活动实施监督检查,对违法行为进行查处。

　　列入目录内的产品未经认证,但尚未出厂、销售的,地方质检两局应当告诫其产品生产企业及时进行强制性产品认证。

　　第三十八条　地方质检两局进行强制性产品认证监督检查时,可以依法进入生产经营场所实施现场检查,查阅、复制有关合同、票据、账簿以及其他资料,查封、扣押未经认证的产品或者不符合认证要求的产品。

　　第三十九条　列入目录产品的生产者、销售商发现其生产、销售的产品存在安全隐患,可能对人体健康和生命安全造成损害的,应当向社会公布有关信息,主动采取召回产品等补救措施,并依照有关规定向相关监督管理部门报告。

　　列入目录产品的生产者、销售商未履行前款规定义务的,国家质检总局应当启动产品召回程序,责令生产者召回产品,销售者停止销售产品。

　　第四十条　出入境检验检疫机构应当对列入目录的进口产品实施入境验证管理,查验认证证书、认证标志等证明文件,核对货证是否相符。验证不合格的,依照相关法律法规予以处理,对列入目录的进口产品实施后续监管。

　　第四十一条　列入目录的进境物品符合下列情形之一的,入境时无需办理强制性产品认证:

　　(一)外国驻华使馆、领事馆或者国际组织驻华机构及其外交人员的自用物品;

　　(二)香港、澳门特别行政区政府驻大陆官方机构及其工作人员的自用物品;

　　(三)入境人员随身从境外带入境内的自用物品;

　　(四)外国政府援助、赠送的物品;

　　(五)其他依法无需办理强制性产品认证的情形。

　　第四十二条　有下列情形之一的,列入目录产品的生产者、进口商、销售商或者其代理人可以向所在地出入境检验检疫机构提出免予办理强制性产品认证申请,提交相关证明材料、责任担保书、产品符合性声明(包括型式试验报告)等资料,并根据需要进行产品检测,经批准取得《免予办理强制性产品认证证明》后,方可进口,并按照申报用途使用:

　　(一)为科研、测试所需的产品;

　　(二)为考核技术引进生产线所需的零部件;

　　(三)直接为最终用户维修目的所需的产品;

　　(四)工厂生产线/成套生产线配套所需的设备/部件(不包含办公用品);

　　(五)仅用于商业展示,但不销售的产品;

　　(六)暂时进口后需退运出关的产品(含展览品);

　　(七)以整机全数出口为目的而用一般贸易方式进口的零部件;

（八）以整机全数出口为目的而用进料或者来料加工方式进口的零部件；

（九）其他因特殊用途免予办理强制性产品认证的情形。

第四十三条 认证机构、检查机构、实验室有下列情形之一的，国家认监委应当责令其停业整顿，停业整顿期间不得从事指定范围内的强制性产品认证、检查、检测活动：

（一）增加、减少、遗漏或者变更认证基本规范、认证规则规定的程序的；

（二）未对其认证的产品实施有效的跟踪调查，或者发现其认证的产品不能持续符合认证要求，不及时暂停或者撤销认证证书并予以公布的；

（三）未对认证、检查、检测过程作出完整记录，归档留存，情节严重的；

（四）使用未取得相应资质的人员从事认证、检查、检测活动的，情节严重的；

（五）未对认证委托人提供样品的真实性进行有效审查的；

（六）阻挠、干扰监管部门认证执法检查的；

（七）对不属于目录内产品进行强制性产品认证的；

（八）其他违反法律法规规定的。

第四十四条 有下列情形之一的，国家认监委根据利害关系人的请求或者依据职权，可以撤销对认证机构、检查机构、实验室的指定：

（一）工作人员滥用职权、玩忽职守作出指定决定的；

（二）超越法定职权作出指定决定的；

（三）违反法定程序作出指定决定的；

（四）对不具备指定资格的认证机构、检查机构、实验室准予指定的；

（五）依法可以撤销指定决定的其他情形。

第四十五条 认证机构、检查机构或者实验室以欺骗、贿赂等不正当手段获得指定的，由国家认监委撤销指定，并予以公布。

认证机构、检查机构或者实验室自被撤销指定之日起3年内不得再次申请指定。

第四十六条 从事强制性产品认证活动的人员出具虚假或者不实结论，编造虚假或者不实文件、记录的，予以撤销执业资格；自撤销之日起5年内，中国认证认可协会认证人员注册机构不再受理其注册申请。

第四十七条 认证委托人对认证机构的认证决定有异议的，可以向认证机构提出申诉，对认证机构处理结果仍有异议的，可以向国家认监委申诉。

第四十八条 任何单位和个人对强制性产品认证活动中的违法违规行为，有权向国家质检总局、国家认监委或者地方质检两局举报，国家质检总局、国家认监委或者地方质检两局应当及时调查处理，并为举报人保密。

第五章 罚 则

第四十九条 列入目录的产品未经认证，擅自出厂、销售、进口或者在其他经营活动中使用的，由地方质检两局依照认证认可条例第六十七条规定予以处罚。

第五十条 列入目录的产品经过认证后，不按照法定条件、要求从事生产经营活动或者生产、销售不符合法定要求的产品的，由地方质检两局依照《国务院关于加强食品等产品安全监督管理的特别规定》第二条、第三条第二款规定予以处理。

第五十一条 违反本规定第二十九条第二款规定，认证证书注销、撤销或者暂停期间，不符合认证要求的产品,继续出厂、销售、进口或者在其他经营活动中使用的,由地方质检两局依照认证认可条例第六十七条规定予以处罚。

第五十二条　违反本规定第四十二条规定,编造虚假材料骗取《免予办理强制性产品认证证明》或者获得《免予办理强制性产品认证证明》后产品未按照原申报用途使用的,由出入境检验检疫机构责令其改正,撤销《免予办理强制性产品认证证明》,并依照认证认可条例第六十七条规定予以处罚。

第五十三条　伪造、变造、出租、出借、冒用、买卖或者转让认证证书的,由地方质检两局责令其改正,处3万元罚款。

转让或者倒卖认证标志的,由地方质检两局责令其改正,处3万元以下罚款。

第五十四条　有下列情形之一的,由地方质检两局责令其改正,处3万元以下的罚款:

(一)违反本规定第十三条第一款规定,认证委托人提供的样品与实际生产的产品不一致的;

(二)违反本规定第二十四条规定,未按照规定向认证机构申请认证证书变更,擅自出厂、销售、进口或者在其他经营活动中使用列入目录产品的;

(三)违反本规定第二十五条规定,未按照规定向认证机构申请认证证书扩展,擅自出厂、销售、进口或者在其他经营活动中使用列入目录产品的。

第五十五条　有下列情形之一的,由地方质检两局责令其限期改正,逾期未改正的,处2万元以下罚款。

(一)违反本规定第二十三条规定,获证产品及其销售包装上标注的认证证书所含内容与认证证书内容不一致的;

(二)违反本规定第三十二条规定,未按照规定使用认证标志的。

第五十六条　认证机构、检查机构、实验室出具虚假结论或者出具的结论严重失实的,国家认监委应当撤销对其指定;对直接负责的主管人员和负有直接责任的人员,撤销相应从业资格;构成犯罪的,依法追究刑事责任;造成损失的,承担相应的赔偿责任。

第五十七条　认证机构、检查机构、实验室有下列情形之一的,国家认监委应当责令其改正,情节严重的,撤销对其指定直至撤销认证机构批准文件。

(一)超出指定的业务范围从事列入目录产品的认证以及与认证有关的检测、检查活动的;

(二)转让指定认证业务的;

(三)停业整顿期间继续从事指定范围内的强制性产品认证、检查、检测活动的;

(四)停业整顿期满后,经检查仍不符合整改要求的。

第五十八条　国家认监委和地方质检两局及其工作人员,滥用职权、徇私舞弊、玩忽职守的,依法给予行政处分;构成犯罪的,依法追究刑事责任。

第五十九条　对于强制性产品认证活动中的其他违法行为,依照有关法律、行政法规的规定予以处罚。

第六章　附　　则

第六十条　强制性产品认证应当依照国家有关规定收取费用。

第六十一条　本规定由国家质检总局负责解释。

第六十二条 本规定自 2009 年 9 月 1 日起施行。国家质检总局 2001 年 12 月 3 日公布的《强制性产品认证管理规定》同时废止。

（中华人民共和国国家质量监督检验检疫总局发布）

A.3 强制性产品认证标志管理办法

第一章 总 则

第一条 为加强对国家强制性产品认证标志（以下简称认证标志）的统一监督管理，维护消费者合法权益，根据国家有关法律、法规的规定，制定本办法。

第二条 本办法适用于《中华人民共和国实施强制性产品认证的产品目录》（以下简称《目录》）中产品的认证标志的制定、发布、使用和管理。

第三条 国家认证认可监督管理委员会统一制定、发布认证标志，对认证标志实施监督管理。

第四条 列入《目录》的产品，必须获得国家认证认可监督管理委员会指定的认证机构（以下简称指定认证机构）颁发的认证证书，并在认证有效期内，符合认证要求，方可使用认证标志。

第五条 列入《目录》的产品必须经认证合格、加施认证标志后，方可出厂、进口、销售和在经营活动中使用。

第二章 认证标志的式样

第六条 认证标志的名称为"中国强制认证"（英文缩写 CCC）。

第七条 认证标志的图案由基本图案、认证种类标志组成。

（一）基本图案

基本图案如图一所示。

（二）认证种类标注

在认证标志基本图案的右部印制认证种类标注，证明产品所获得的认证种类。认证种类标注由代表认证种类的英文单词的缩写字母组成，如图二中的"S"代表安全认证。

图一 认证标志基本图案   图二 认证标志图案

国家认证认可监督管理委员会根据认证工作需要制定和发布有关认证种类标注。

第八条 在认证合格的特殊产品（如电线、电缆）上适用"中国强制认证"标志的特殊式样："中国强制认证"的英文缩写 CCC 字样。

第九条 认证标志的规格

认证标志分为标准规格认证标志和非标准规格认证标志。

（一）标准规格认证标志分为五种。

（二）非标准规格认证标志的规格与表一的规定不同，但必须与标准规格认证标志的尺寸成线性比例。

第十条 认证标志的颜色

（一）国家认证认可监督管理委员会统一印制的标准规格认证标志（以下简称统一印制的标准规格认证标志）的颜色为白色底版、黑色图案；

（二）如采用印刷、模压、模制、丝印、喷漆、蚀刻、雕刻、烙印、打戳等方式（以上各种方式在以下简称印刷、模压）在产品或产品铭牌上加施认证标志，其底版和图案颜色可根据产品外观或铭牌总体设计情况合理选用。

表一 标准规格认证标志的尺寸
mm

规格尺寸	1 号	2 号	3 号	4 号	5 号
A	8	15	30	45	60
A1	7.5	14	28	42	56
B	6.3	11.8	23.5	35.3	47
B1	5.8	10.8	21.5	32.3	43

第三章 认证标志的使用

第十一条 获得认证的产品使用认证标志的方式可以根据产品特点按以下规定选取：

（一）统一印制的标准规格认证标志，必须加施在获得认证产品外体规定的位置上；

（二）印刷、模压认证标志的，该认证标志应当被印刷、模压在铭牌或产品外体的明显位置上；

（三）在相关获得认证产品的本体上不能加施认证标志的，其认证标志必须加施在产品的最小包装上及随附文件中；

（四）获得认证的特殊产品不能按以上各款规定加施认证标志的，必须在产品本体上印刷或者模压"中国强制认证"标志的特殊式样。

第十二条 获得认证的产品可以在产品外包装上加施认证标志。

第十三条 在境外生产，并获得认证的产品必须在进口前加施认证标志；在境内生产，并获得认证的产品必须在出厂前加施认证标志。

第四章 认证标志的制作、申请和发放

第十四条 统一印制的标准规格认证标志的制作由国家认证认可监督管理委员会指定的印制机构承担。

第十五条 本办法第十一条第二款、第四款规定的认证标志的印刷、模压设计方案应当由认证标志的申请人（以下简称申请人）向国家认证认可监督管理委员会指定的机构

（以下简称指定的机构）提出申请，经国家认证认可监督管理委员会审批后，方可自行制作。

第十六条 认证标志的申请使用

（一）申请人必须持申请书和认证证书的副本向指定的机构申请使用认证标志；

（二）申请人委托他人申请使用认证标志的，受委托人必须持申请人的委托书、申请书和认证证书的副本向指定的机构申请使用认证标志；

（三）申请人以函件或者电讯方式申请使用认证标志的，必须向指定的机构提供申请书、认证证书副本的书面或者电子文本，申请使用认证标志。

第十七条 申请人申请使用认证标志，应当按照国家规定缴纳统一印制的标准规格认证标志的工本费或者模压、印刷认证标志的监督管理费。

第十八条 统一印制的标准规格认证标志由指定的机构发放。

第五章 认证标志的监督管理

第十九条 国家认证认可监督管理委员会负责对认证标志的制作、发放和监督、管理。各地质检行政部门根据职责负责对所辖地区认证标志的使用实施监督检查。指定认证机构对其发证产品的认证标志的使用实施监督检查。受委托的国外检查机构对受委托的获得认证产品上的认证标志的使用实施监督检查。

第二十条 指定认证机构和指定的机构有义务向申请人告知认证标志的管理规定，指导申请人按规定使用认证标志。

第二十一条 申请人应当遵守以下规定：

（一）建立认证标志的使用和管理制度，对认证标志的使用情况如实记录和存档；

（二）保证使用认证标志的产品符合认证要求；

（三）对超过认证有效期的产品，不得使用认证标志；

（四）在广告、产品介绍等宣传材料中正确地使用认证标志，不得利用认证标志误导、欺诈消费者；

（五）接受国家认证认可监督委员会、各地质检行政部门和指定认证机构对认证标志使用情况的监督检查。

第二十二条 经国家认证认可监督管理委员会指定的认证机构、检测机构及检查机构可以在其业务及广告宣传中正确地使用认证标志，不得利用认证标志误导、欺诈消费者。

第二十三条 承担统一印制的标准规格认证标志制作工作的企业必须对认证标志的印制技术和防伪技术承担保密义务，未经国家认证认可监督管理委员会的授权，不得向任何机构或个人提供统一印制的标准规格认证标志和印制工具。

第二十四条 认证有效期内的产品不符合认证要求，指定认证机构应当责令申请人限期纠正，在纠正期限内不得使用认证标志。

第二十五条 伪造、变造、盗用、冒用、买卖和转让认证标志以及其他违反认证标志管理规定的，按照国家有关法律法规的规定，予以行政处罚；触犯刑律的，依法追究其刑事责任。

第二十六条 指定认证机构和指定的机构及其工作人员不履行职责或者滥用职权的，按有关规定予以处理。

第六章　附　则

第二十七条　本办法所称的认证标志的申请人为认证证书的持有人。

第二十八条　本办法由国家认证认可监督管理委员会负责解释。

第二十九条　本办法自 2002 年 5 月 1 日起实施。

附录 B 汽车电子产品检测标准目录

B.1 安全性标准

1. GB 8898—2001《音频、视频及类似电子设备—— 安全要求》(eqv IEC 60065)

2. GB 4943—2001《信息技术设备的安全》(eqv IEC 60950)

3. 汽车产品 CCC 认证《机动车辆类(汽车产品)强制性认证实施规则》(CNCA-02C-023,2008)

4. 当前国际、国内知名的认证标志

① 欧盟的 CE 标志：欧洲合格认证标志——CE

② 德国的 TÜV(Technischer Üeberwachungs-Verein,技术监督协会)、VDE、GS(Geprüfe Sicherheit,安全性已认证)

③ 美国的 UL(Underwriters Laboratories Inc.,美国安全检测实验室公司)、FCC、FDA

④ 加拿大的 CSA

⑤ 日本的 PSE：日本电气安全用电法(电安法)

⑥ 澳大利亚的 SAA

⑦ 瑞典的 TCO：瑞典专业雇员联盟

⑧ 新加坡 PSB

⑨ 中国 CCC

B.2 可靠性标准

1. QC/T 413—2002《汽车电器设备基本技术条件》

2. GB/T 2423.1—2001《电工电子产品基本环境试验规程 试验 A：低温试验方法》(eqv IEC 68-2-1)

GB/T 2423.2—2001《电工电子产品基本环境试验规程——试验 B：高温试验方

法》(eqc IEC 68-2-2)

GB/T 2423.10—2001《电工电子产品基本环境试验——第2部分：试验方法：振动（正弦）》(idt IEC68-2-6)

GB/T 2423.17—2001《电工电子产品基本环境试验规程——试验 Ka：盐雾试验方法》(eqv IEC 68-2-11)

GB/T 2423.22—2001《电工电子产品基本环境试验规程 试验 N：温度变化试验方法》(eqv IEC 68-2-14)

GB/T 2423.34—2001《电工电子产品基本环境试验规程 试验 Z/AD；温度/湿度组合循环试验方法》(eqv IEC 68-2-38)

GB/T 2423.37—2001《电工电子产品基本环境试验规程——试验 L：砂尘试验方法》

GB/T 2423.38—2001《电工电子产品基本环境试验规程——试验 R：水试验方法》

B.3 电磁兼容性标准

国内主要汽车电磁兼容性标准：

1. GB/T 17619—1998《机动车电子电器组件的电磁兼容抗扰性限值和测量方法》

采用了欧共体指令 95/54/EC(1995)《机动车电磁兼容性》的相关内容。部分限值和测量方法等效采用该指令，规定了机动车电子电器组件（ESA）对电磁辐射的抗扰性限值和测量方法。

本标准适用于机动车电子电器组件。

本标准适用的频率范围为 20～1000MHz。

2. GB 18655—2008《用于保护车载接收机的无线电干扰特性的限值和测量方法》

等同采用国际电工委员会/无线电干扰特别委员会出版物 IEC/CISPR 25：2007《用于保护车载接收机的无线电干扰特性的测量方法及限值》。

本标准规定了从 150kHz 到 2500MHz 频率范围内的无线电干扰的限值和测量方法。

本标准适用于任何用于车辆和大型装置的电子/电气组件。

3. GB 14023—2006《车辆、机动船和由火花点火发动机驱动的装置的无线电干扰特性的限值和测量方法》

本标准等同采用国际电工委员会/无线电干扰特别委员会出版 IEC/CISPR 12：2005《车辆、机动船和由火花点火发动机驱动的装置的无线电干扰特性的限值和测量方法》。

本标准的限值将为居住环境中使用的广播接收机在 30～1000MHz 频率范围内提供保护。

本标准对距离车辆或装置10m内的居住环境中使用的新型无线电发射和接收机不提供足够的保护。

本标准适用于可能对无线电接收造成干扰的宽带和窄带电磁能量发射源。

4. GB/T 18387—2001《电动车辆的电磁场辐射强度的限值和测量方法宽带 9kHz～30MHz》

本标准等同采用美国机动工程师协会标准 SAE J551/5JUN95《电动车辆的磁场和电场

强度的测量方法及执行电平》。

本标准规定了来自电动车辆的磁场和电场强度的测量方法及限值。

本标准适用的频率范围为 9kHz～30MHz。

本标准与 GB 14032—2000《车辆、机动船和由火花点火发动机驱动的装置的无线电干扰特性的限制和测量方法》相协调。

国际汽车电磁兼容标准体系：

国外对汽车的电磁兼容非常重视，很早就开始了电磁兼容性标准的制订工作，目前已经形成了较为完美的汽车电磁兼容性标准体系。表 B.1 给出了当前国际上主要的汽车电磁兼容性标准。

表 B.1　国际主要汽车电磁兼容性标准

ISO 7637	道路车辆由传导和耦合形成的电磁干扰
ISO 11451	道路车辆窄带辐射形成的电磁干扰（整车测试方法）
ISO 11452	道路车辆窄带辐射形成的电磁干扰（零部件测试方法）
ISO TR 10605	道路车辆——静电放电产生的电气干扰
CISPR 12	车辆、机动船和由火花点火发动机驱动的装置的无线电干扰特性的测量方法及限值
CISPR 25	用于保护车载接收机的无线电干扰特性的测量方法及限值
SAE J1113	车用电子部件电磁兼容性的测量规程及限值（60Hz～18GHz）
SAE J551	车辆和装置的电磁特性测量方法和特性水平（60Hz～18GHz）
95/54/EC	对于车内点火发动机产生的无线电干扰的抑制
ECE R10	有关车辆电磁兼容方面的统一条款
DIN 40839	汽车电磁兼容性——由电容和电感耦合的电磁干扰

附录C QC/T 413—2002《汽车电气设备基本技术条件》

(2002-12-31 发布,2003-03-01 实施)

前　言

QC/T 413—1999《汽车电气设备基本技术条件》在标准号转化前是专业标准 ZB T35001—1987。因此本次标准修订实际上是在 15 年后对该标准的重大修改。

以日本、德国及法国等国的相关标准为主要参考对象对标准进行了修改。

本标准代替 QC/T 413—1999《汽车电气设备基本技术条件》。

本标准与 QC/T 413—1999 相比主要变化如下:

——取消适用于湿热型产品的规定,相应取消 1999 年版的 3.25 及 3.26;

——取消长霉试验(1999 年版的 4.16);

——取消电机换向器上的火花等级(1999 年版的 3.17,4.10);

——取消互换性检验(1999 年版的 3.22,4.14);

——对产品的温度范围做了调整和修改,规定了上、下限工作温度和储存温度的范围(1999 年版的 3.3;本版的 3.1.3);

——修改了标称电压的规定,取消了 6V 电系,增加了工作电压范围的规定(1999 年版的 3.9;本版的 3.1.4);

——在对产品的基本性能参数的规定中,增加了对低压电线束和机械紧固件的技术要求(1999 年版的 3.10;本版的 3.2);

——对短时定额工作时限的推荐档次做了修改,取消 0.2min,增加 5s,15s(1999 年版的 3.8.2;本版的 3.1.7.3);

——对产品有关部位的温升限值做了部分修改(1999 年版的 3.18,4.11;本版的 3.3,4.3);

——增加了噪声试验方法的规定(见 4.4);

——对超速性能的规定做了补充修改(1999 年版的 3.16;本版的 3.5,4.5);

——对产品的防护性能规定做了部分修改(1999 年版的 3.7,4.8;本版的 3.6,4.6);

——增加了产品耐异常电源电压性能(见 3.7,4.7);

——对产品绝缘耐压性能规定中的编排和措辞进行部分变动(1999 年版的 3.15,4.9;本版的 3.8,4.8);

——对产品的防干扰性能规定做了较大修改,改为产品的电磁兼容性(1999 年版的 3.13;本版的 3.9,4.9);

——对低温试验的温度和时间规定做了修改(1999 年版的 4.2;本版的 3.10.1,4.10.1);

——对高温试验的温度和时间规定做了修改(1999 年版的 4.4;本版的 3.10.2,4.10.2);

——对温度变化试验做了部分修改,选用方法 Na 进行试验(1999 年版的 4.3;本版的 3.10.3,4.10.3);

——取消交变湿热试验(1999 年版的 3.4,4.5);

——增加了产品耐温度、湿度循环变化性能(见 3.11)及温度/湿度组合循环试验(见 4.11);

——对振动试验做了较大修改,取消定频振动,增加了扫频振动的严酷度(1999 年版的 3.6,4.7;本版的 3.12,4.12);

——增加了盐雾试验的严酷度(1999 年版的 3.5,4.6;本版的 3.13,4.13);

——增加了产品耐工业溶剂性能(见 3.14,4.14);

——对产品表面防护性能的内容和编排做了部分修改(1999 年版的 3.19,3.20,3.21,4.12,4.13;本版的 3.15,4.15);

——产品的储存期由 1 年改为 2 年(1999 年版的 3.23;本版的 6.3);

——对产品通用试验条件的内容和编排做了修改(1999 年版的 4.1;本版的 4.1);

——增加了性能参数检测的规定(本版的 4.2);

——提高了产品合格质量水平的规定(1999 年版的 5.4b;本版的 5.4);

——做型式试验的样品数量由 3 组 9 台改为 4 组 12 台,并对试验分组和项目顺序进行了修改(1999 年版的 5.6;本版的 5.5.2);

——对产品的标志(产品标志和包装标志)应包括的内容按 GB/T 1.1 和国家有关规定进行了补充和修改(1999 年版的 6.1,6.5;本版的 6.1);

——明确规定产品的储存和保管应符合 QC/T 238《汽车零部件的储存和保管》的有关规定(1999 年版的 6.7;本版的 6.3)。

对标准中有关内容的说明:

连续定额是制造厂对产品所规定的可以作长期运行的负载和条件,短时定额是制造厂对产品所规定的可以作短时运行的负载、时间和条件。

本标准由原国家机械工业局提出。

本标准由全国汽车标准化技术委员会归口。

本标准由中汽长电股份有限公司、长沙汽车电器研究所、上海实业交通电器有限公司、长春市灯泡电线有限公司、鹤壁天海集团、苏州汽车电器制造有限公司负责起草。

本标准主要起草人:曹治琬、焦树圭、闵跃进、李伟阳、方家銮、汤曼如、王来生、戴自飞。

本标准所代替标准的历次版本发布情况为:

——JB 2261—1979、ZB T35001—1987、QC/T 413—1999;

——JB 517—1977。

汽车电气设备基本技术条件

1　范围

本标准规定了汽车用电气设备的技术要求、试验方法、检验规则、标志、包装、储存和保管。

本标准适用于汽车用电气设备(电机、电器及电子产品,以下称产品)。

2　规范性引用文件

下列文件中的条款通过本标准的引用而成为本标准的条款。凡是注日期的引用文件,其随后所有的修改单(不包括勘误的内容)或修订版均不适用于本标准,然而,鼓励根据本标准达成协议的各方研究是否可使用这些文件的最新版本。凡是不注日期的引用文件,其最新版本适用于本标准。

GB 191 包装储运图示标志(eqv ISO 780)

GB/T 2423.1 电工电子产品基本环境试验规程 试验 A:低温试验方法(eqv IEC 68-2-1)

GB/T 2423.2 电工电子产品基本环境试验规程 试验 B:高温试验方法(eqc IEC 68-2-2)

GB/T 2423.10 电工电子产品环境试验 第二部分:试验方法试验 Fc 和导则:振动(正弦)(idt IEC 68-2-6)

GB/T 2423.17 电工电子产品基本环境试验规程 试验 Ka:盐雾试验方法(eqv IEC 68-2-11)

GB/T 2423.22 电工电子产品基本环境试验规程 试验 N:温度变化试验方法(eqv IEC 68-2-14)

GB/T 2423.34 电工电子产品基本环境试验规程 试验 Z/AD:温度/湿度组合循环试验方法(idt IEC 68-2-38)

GB/T 2828 逐批检查计数抽样程序及抽样表(适用于连续批的检查)

GB/T 4942.1 电机外壳防护分级(eqv IEC 34-5)

GB/T 4942.2 低压电器外壳防护等级(eqv IEC 947-1)

GB/T 10069.1 旋转电机噪声测定方法及限值噪声工程测定方法(neq ISO 1680.1)

GB/T 13306 标牌

GB/T 17619 机动车电子电器组件的电磁辐射抗扰性限值和测量方法(采用欧共体指令 95/54/ EC)

GB 18655 用于保护车载接收机的无线电干扰特性的限值和测量方法(idt CISPR 25)

QC/T 238 汽车零部件的储存和保管

QC/T 438 汽车点火系高压塑料件技术条件

QC/T 625 汽车用涂镀层和化学处理层

QC/T 29106 汽车用低压电线束技术条件

ISO 7637 道路车辆-传导和耦合的电气干扰

3　技术要求

3.1　产品的通用规定

3.1.1　产品的文件

产品应符合本标准及各分类产品标准的要求,并应按照经规定程序批准的图样及设计文件制造。

3.1.2　产品的常态工作环境条件

在下述大气环境条件下,产品应保证具有额定数值。

温度	相对湿度	气压
18～28℃	45%～75%	86～106kPa

3.1.3　产品的温度范围

按安装部位及使用条件划分,产品的工作温度及储存温度范围见表1。

℃

表1　产品的温度范围

产品安装部位	下限工作温度	下限储存温度	上限工作温度	上限储存温度
装在发动机上的产品	−40	−40[a] −30[b]	120,115,100	130,115,100
装在发动机罩下或受日光照射的产品	−30		85,70	95,80
装在其他部位的产品	−20		65,55	75,65

注:a 对应于−40及−30下限工作温度时的下限储存温度。

　　b 对应于−20下限工作温度时的下限储存温度。

3.1.4　产品的工作电压范围

产品的标称电压为:12V、24V,其工作电压范围见表2。

V

表2　产品的工作电压范围

标称电压 U_H	工作电压范围		适用范围
	U_{min}	U_{max}	
12	6.0	16	对于在发动机起动过程中应具有功能的产品
	9.0		对于在发动机停止工作期间应具有功能的产品
	10.8		对于在发动机运行期间应具有功能的产品
24	12	32	对于在发动机起动过程中应具有功能的产品
	18		对于在发动机停止工作期间应具有功能的产品
	21.6		对于在发动机运行期间应具有功能的产品

3.1.5　单、双线制及搭铁极性

产品可做成单线制或双线制。做成单线制时,应使其负极搭铁。

3.1.6　旋转方向

产品轴旋转方向一般宜采用顺时针方向,其旋转方向的判定方法:

a) 电机——从驱动端视;

b) 分电器——从分火头端视;

c) 两端带轴伸的电机和上述以外的其他产品由制造厂规定。

对旋转方向为逆时针的产品和两端带轴伸的电机,应在产品的驱动端或其他明显部位标出表示旋转方向的箭头。

3.1.7　连续定额及短时定额

根据产品的特性和运行的持续时间,产品分为连续定额和短时定额两类,短时定额的时限应在产品标准中注明,优先采用3s、5s、15s、30s、1min、3min、5min、10min。

3.2　产品的外形和基本性能参数

3.2.1　产品的外形、安装尺寸和标志应符合产品图纸的规定。

3.2.2　产品的电气性能参数应在产品标准中规定。

3.2.3　产品采用的低压电线束应符合 QC/T 29106 的规定。

3.2.4　产品上机械紧固件的拧紧力矩要求应在产品技术文件中规定。

3.3　产品有关部位的温升限值

3.3.1　对于时限不超过 3min 的短时定额产品不必规定温升限值。

3.3.2　产品内装有的半导体功率器件的温升限值应符合半导体器件相应标准的规定。

3.3.3　其他产品或上述产品其他部位的温升限值,应在产品标准中规定。

3.3.4　产品经温升试验恢复常温后,其性能应符合第 3.2.2 条规定。

3.4　产品噪声级

当对产品的噪声级有要求时,应在产品标准中规定。

3.5　旋转电气产品的超速性能

旋转电气产品应具有承受 1.2 倍最高工作转速(对于电动机类按空载转速)的超速能力,连续定额工作制的产品历时 2min,短时定额工作制的产品历时 20s,试验后产品应无损伤,性能应符合 3.2.2 及 3.2.4 条规定。

3.6　产品的防护性能

3.6.1　产品防护性能的一般规定

产品一般宜注明代表其防护性能的防护等级,防护等级应分别符合 GB/T 4942.1 和 GB/T 4942.2 的规定。当产品有特殊要求时,应在产品标准中规定。

3.6.2　产品防异物性能

产品的防异物性能宜在产品标准中规定,本标准推荐采用的防护等级为 IP2X、IP3X 和 IP5X。产品的安装细节及受试状态应在产品标准中规定,对产品防异物试验后的合格评定,宜按 GB/T 4942.1 和 GB/T 4942.2 的规定。

3.6.3　产品防水性能

3.6.3.1　对于装在发动机罩下或外露的产品宜采用的防护等级为 IPX4,进行防溅水试验。

3.6.3.2　对于安装在驾驶室和乘员室及行李舱内的产品宜采用的防护等级为 IPX3,进行防淋水试验。

3.6.3.3　产品的安装细节及受试状态应在产品标准中规定。对产品水试验后的合格评定,宜按 GB/T 4942.1 和 GB/T 4942.2 的规定。

3.7　产品耐异常电源电压性能

3.7.1　耐电源极性反接性能

对于除电源系(含线束、开关及继电器)以外的产品,应能承受 1min 的电源极性反接试验而不损坏,试验后产品的性能应符合 3.2.2 条规定。反接电压值:12V 电系为(14±0.2)V;24V 电系为(28±0.2)V。

3.7.2　耐电源过电压性能

产品应能承受一定值的电源过电压试验而不损坏,其过电压值、试验时间和合格判定应在产品技术标准中具体规定。

3.8　产品绝缘耐压性能

3.8.1　各互不连接的导电零部件之间及导电零部件对机壳之间应耐受 50Hz、550V(有效值)正弦波形电压历时 1min 的试验,绝缘不被击穿。在大批连续生产时,可用电压 660V,历时 1s 的试验代替。对于泄漏电流有要求的产品应在产品标准中规定。

3.8.2　点火电器高压塑料件的绝缘耐电压值,宜按 QC/T 438 的规定。

3.9　产品的电磁兼容性

3.9.1　电磁抗扰性

3.9.1.1　产品的电磁辐射抗扰性应符合 GB/T 17619 的有关规定。

3.9.1.2　产品的电瞬变传导的抗扰性应符合 ISO 7637 的有关规定,具体脉冲种类、严酷等级和试验合格判定应按标准中的有关规定或按与用户协商双方认可的规定。

3.9.1.3　对于不带电子器件(不含线束)的产品,其电磁抗扰性可以不做规定。

3.9.2　电磁干扰性

产品的电磁干扰性应符合 GB 18655 的有关规定。

3.9.3　其他

当用户有区别于上述内容的电磁兼容性要求时,宜由产品标准具体规定。

3.10　产品耐温度性能

3.10.1　耐低温性能

产品应按表 1 规定所选的下限储存温度进行 8h 的低温试验。产品恢复常温后,其性能应符合 3.2.2 规定。

3.10.2　耐高温性能

产品应按表 1 规定所选的上限储存温度进行 8h 的高温试验。产品恢复常温后,其性能应符合 3.2.2 规定。

3.10.3　耐温度变化性能

产品应按 GB/T 2423.22 中试验 Na 的规定进行温度变化试验。试验时的低温和高温值为选定的表 1 中的下限和上限工作温度值;在每一种温度中的暴露时间取决于试验样品的热容量(即以试验样品达到温度稳定为准),由产品标准规定,建议采用 1h 或 2h;温度转换时间为 20～30s;循环次数为 5 次;产品一般在不工作状态下经受试验。当产品标准要求时,试验产品可处于运行状态。试验结束后,产品仍应符合 3.2.2 条的规定。对产品的初始检测、恢复和最后检测项目应在产品标准中规定。

3.11　产品耐温度、湿度循环变化性能

产品应按 GB/T 2423.34 的规定在 －10～65℃ 之间进行 10 个循环的温度/湿度组合循环试验。每个循环为 24h,其每个循环周期中的温度和湿度的变化情况如图 1 所示。低温段不工作,高温段是否工作应在产品标准中做出规定。试验结束后,产品仍应符合 3.2.2 条的规定。对产品的恢复条件和除去表面潮气的措施有要求时,应在产品标准中规定。

3.12　产品耐振动性能

产品应能经受 X、Y、Z 三个方向的扫频振动试验。根据产品的安装部位,其扫频振动试验的严酷度等级应符合表 3 的规定。

产品通常在不工作及正常安装状态下经受试验,当需要在工作状态下试验时,应在产品标准中做出规定。产品经振动试验后,零部件应无损坏,紧固件应无松脱现象,性能应符合 3.2.2 条规定。振动试验的检测点一般定为试验夹具与试验台的结合处,当检测点有特别要求时应在产品标准中规定。

表3 扫频振动试验严酷度等级

产品安装部位	频率/Hz	振幅/mm	加速度/(m/s²)	扫频速率/(oct/min)	每一方向试验时间/h
发动机上	10~50	2.5		1	8
	50~200	0.16			
	200~500		250		
其他部位	10~25	1.2		1	8
	25~500		30		

注1：表中的振幅和加速度适用于Z方向，对于X和Y方向其振幅和加速度值可以除以2。

注2：振动试验时的Z方向规定为：安装在发动机上的产品为与发动机缸孔轴线方向平行的方向；安装在其他部位的产品则为与汽车的垂直方向平行的方向。

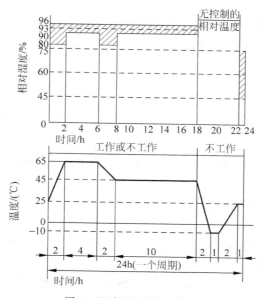

图1 温度/湿度组合循环

当对产品振动试验有特殊要求时，应在产品标准中规定。

3.13 产品耐盐雾性能

产品应进行盐雾试验。试验的持续时间宜为256h、144h、96h、8h；产品在不工作状态下试验。试验后，产品仍应符合3.2.2条的规定。产品的安装细节、试验后的恢复条件和其他判定要求应在产品标准中规定。

3.14 产品耐工业溶剂性能

产品宜进行工业溶剂试验。溶剂的种类、温度和浸渍持续时间应由产品标准规定。推荐采用制动液、防冻液、发动机油、发动机用燃油（柴油或汽油）、室内清洁剂和玻璃清洗剂等溶剂中的3种以上。产品在不工作状态下经受试验。试验后的恢复条件和判定要求应在产品标准中规定。

3.15 产品表面防护性能

3.15.1 涂镀层和化学处理层

产品金属零部件的涂镀层和化学处理层，应符合QC/T 625的规定。

3.15.2　油漆层

3.15.2.1　油漆层的外观：产品外部油漆层应均匀,无气泡、无空白、无堆积和流溢现象。

3.15.2.2　油漆层的附着力：产品油漆层应与被覆盖物的表面牢固结合,经栅格法试验后漆层应不脱落。

3.15.2.3　油漆层的耐温性：产品油漆层经受本标准3.10.2条规定的高温试验后,应无皱缩或起层现象。

3.15.2.4　油漆层的耐腐蚀性：产品油漆层在经受48h盐雾试验后,不允许产生锈蚀。

3.15.3　其他

产品配合部位、对导电导磁有影响的零部件结合部位、经磨制及摩擦的零件表面及触点铆钉处允许无覆盖层。

3.16　产品耐久性能

产品的耐久性应在产品标准中规定。

4　试验方法

4.1　通用试验条件

4.1.1　试验用文件

试验用文件应按3.1.1条规定,一般应有产品技术条件和产品外形图。

4.1.2　试验环境

除非特别规定,产品试验均应在3.1.2条规定的常态工作环境条件下进行。

4.1.3　温度偏差

试验方法中无温度偏差规定时,宜采用±2℃。

4.1.4　试验电压

试验电压未特别注明时,12V电系为(14±0.1)V；24V电系为(28±0.2)V。

4.1.5　试验用仪表

试验时所用电压表、电流表应不低于0.5级,转速表精度应不低于1%。

4.1.6　试验用设备

4.1.6.1　试验用直流电源用汽车蓄电池或波纹系数不大于0.1%的整流稳压电源,或上述两种电源并联工作。

4.1.6.2　对试验设备及工具有特殊要求时,应在产品标准中规定。

4.2　外形和性能参数检测

4.2.1　产品外形用通用或专用量具检测,外观和标志用肉眼观察法检查。

4.2.2　电气性能参数的检测方法应在产品标准中规定。

4.2.3　低压电线束的性能试验方法应符合QC/T 29106的规定。

4.2.4　机械紧固件的拧紧力矩宜采用扭力扳手测量。

4.3　温升试验

4.3.1　温度测量用的仪器和具体测量方法由产品标准规定。一般情况下宜采用温度计法或电阻法测量。

用温度计法测量时,温度计紧贴于被测部件表面,测量工作应在试验将结束时的20s内完成,从被测点到温度计的热传导应尽可能良好；为了减少温度计球部向冷却空气泄漏热量,测量点与温度计的球部宜用绝热材料覆盖好。

电阻法是测量绕组温升的基本方法。铜线绕组的温升 $\Delta\theta$ 按下式计算:

$$\Delta\theta = \theta_2 - \theta_a = \frac{R_2 - R_1}{R_1}(235 + \theta_1) + \theta_1 - \theta_a$$

式中: $\Delta\theta$——铜线绕组的温升,单位为摄氏度(℃);

θ_1——测量绕组(冷态)初始电阻时周围介质的温度值,单位为摄氏度(℃);

θ_2——热试验结束时绕组的温度值,单位为摄氏度(℃);

θ_a——热试验结束时周围介质的温度值,单位为摄氏度(℃);

R_1——温度为 θ_1(冷态)时的绕组电阻值,单位为欧姆(Ω);

R_2——热试验结束时的绕组电阻值,单位为欧姆(Ω);

对于其他金属,应采用相应的常数代替公式中的 235。

4.3.2 连续定额产品的温升测试在温升稳定后进行。如果在 30min 内温度上升值不大于 1℃,此种温升可认为是稳定温升。试验时,其负载、转速、连续运行时间及电压值,应在产品标准中规定。

4.3.3 对时限在 5min 及以上的短时定额产品,应在规定的定额时限内进行温升试验。

4.3.4 对有外部吹风或在较低环境温度下工作的产品,应按上述条件进行温升试验;试验时可进行人工通风或改变负载值,但应在产品标准中规定。

4.3.5 温度计可用半导体表面温度计、非埋置式的热电偶、电阻温度计等经国家计量认可的温度计。

4.4 噪声试验

按 GB/T 10069.1 噪声工程测定方法的有关规定测量产品的 A 计权声功率级。当试验方法有特殊规定时,应在产品标准中列出。

4.5 超速试验

在工作电压范围内,正常工作状态下进行,当有特别要求时应在产品标准中予以规定。

4.6 防护性能试验

4.6.1 防异物试验:电机及电器类产品分别按 GB/T 4942.1 和 GB/T 4942.2 中相应试验方法的规定。

4.6.2 水试验:电机及电器类产品分别按 GB/T 4942.1 和 GB/T 4942.2 中 IPX3 或 IPX4 的试验方法的相应规定。推荐采用摆动管法,但所用淋水和溅水试验设备的弯管半径应由 $R_{max}=1000mm$ 改为 $R_{max}=400mm$,且相邻两喷嘴的中心间距统一采用 50mm;对于防淋水试验,摆管在中心点两边各 60°角的弧段内布有喷嘴;对于防溅水试验,摆管在 180°的半圆内应布满喷嘴。

4.7 耐异常电压试验

4.7.1 电源极性反接试验

产品作为负载正常接线,在不工作状态下,输入电源电压为反接电压值时,将其电源极性反接 1min。

4.7.2 过电压试验

按产品标准的规定进行。

4.8 绝缘耐压试验

4.8.1 试验只对新装配完的各部件处于正常状态的产品进行。试验时，施加的电压应从不超过试验电压全值的一半开始，然后稳步地增加至全值，这段升压时间不少于 10s；全值电压维持 1min，然后均匀地将电压下降至零。

试验用变压器的容量不小于 $0.5 \mathrm{~kV \cdot A}$。

4.8.2 点火电器高压塑料件的绝缘耐压试验宜按 QC/T 438 的规定进行。

4.8.3 产品中装有半导体器件(二极管、三极管、集成电路块等)时，应将这些器件断开或者在装配器件前进行耐电压试验。

4.8.4 装机使用过与做过耐久性试验的产品，不应做绝缘耐压试验。

4.9 电磁兼容性试验

4.9.1 电磁抗扰性试验

4.9.1.1 产品的电磁辐射抗扰性试验宜按 GB/T 17619 的有关规定进行。

4.9.1.2 产品的电磁瞬变抗扰性试验宜按 ISO 7637 的有关规定或按与用户协商双方认可的方法进行。

4.9.2 电磁干扰性试验

产品的电磁干扰性试验按 GB 18655 的有关规定进行。

4.10 耐温度性能试验

4.10.1 耐低温性能试验

按 GB/T 2423.1 中试验 Ad 的相应试验方法的规定进行。当需要按试验 Aa 或试验 Ab 进行试验时，应在产品标准中做出规定。

4.10.2 耐高温性能试验

按 GB/T 2423.2 中试验 Bd 的相应试验方法的规定进行。当需要按试验 Ba、Bb 或试验 Bc 进行试验时，应在产品标准中做出规定。

4.10.3 温度变化试验

按 GB/T 2423.22 中试验 Na 的相应试验方法的规定进行。

4.11 温度/湿度组合循环试验

参照 GB/T 2423.34 中，试验 Z/AD：温度/湿度组合循环试验方法的有关规定进行。

4.12 振动试验

按 GB/T 2423.10 的规定进行。将产品固定在振动试验台上并处于正常安装位置，在不工作状态下进行试验；同时应将与产品连接的软管、插接器或其他附件安装并固定好。

4.13 盐雾试验

应按 GB/T 2423.17 中，试验 Ka：盐雾试验方法的规定进行。

4.14 工业溶剂试验

按产品标准的规定进行。

4.15 表面防护检验

4.15.1 涂镀层和化学处理层检验

金属涂镀层和化学处理层应按 QC/T 625 规定的方法进行检验。

4.15.2 油漆层的检验

4.15.2.1 油漆层的外观检验

漆层外观质量用肉眼观察法检查。

4.15.2.2 油漆层的附着力检验

可直接在经充分干燥的零部件或样板(10cm×15cm)表面漆层上,用栅格法分别在三件样品上进行检查,即用刀片纵横各划四道,每道间距为1mm,形成九个方格。在方格内的漆层无起层现象。

4.15.2.3 油漆层的耐温性试验

与4.10.2条高温试验同时进行。

4.15.2.4 油漆层的盐雾试验

与4.13条盐雾试验同时进行,在试验进行了48h后,观察产品油漆层有无腐蚀现象。

4.15.3 其他防护检验

用肉眼观察法检查。

4.16 耐久性试验

可直接装车、装机或在试验室台架上进行试验,其试验方法、试验参数应在产品标准中规定。耐久性试验期满时,产品的基本参数及性能应符合产品标准的要求。

台架试验时允许试验有中断,但对连续定额的产品,每次连续工作时间应不少于4h。试验时应按产品标准的规定进行维护、保养及调整。

5 检验规则

5.1 合格文件和标记

每台产品经检验合格后方能出厂,并应附有产品质量合格证或标记。

5.2 产品检验的类别

产品的检验分为出厂检验、验收检验和型式检验。

5.3 出厂检验

出厂检验项目包括产品的外形、安装尺寸、标志和电气性能参数,应在产品标准中规定。

5.4 验收检验

用户有权按GB/T 2828的规定进行验收。本标准推荐采用:

——一般检查水平:Ⅱ;

——合格质量水平:AQL0.40～AQL4.0;

——抽样方案:一次正常检查抽样方案。

具体的抽样方案、验收项目、缺陷分类、合格质量水平可按双方协商的内容进行,并在产品标准中规定。

5.5 型式检验

5.5.1 应进行型式检验的几种情况

有下列情况之一者,制造厂应进行型式检验:

——新产品或者产品易地生产的试制定型鉴定;

——正式生产后,如结构、材料、工艺有较大改变而可能影响产品性能时;

——成批或大量生产的产品每两年不少于一次;

——产品停产一年以上、恢复生产时;

——出厂检验结果与上次型式检验结果有较大差异时;

——国家监督机构提出进行型式检验的要求时。

5.5.2　抽样和分组

5.5.2.1　样品数量

做型式检验的产品应从出厂检验合格的同一批产品中抽取,数量不得少于 12 台。

5.5.2.2　样品分组

先按出厂检验项目进行复验,复验合格后将产品平均分成 4 组。宜按下列分组及项目顺序进行试验。

——第 1 组:噪声试验、温升试验、电磁兼容性试验、绝缘耐压试验、防异物试验、盐雾试验

——第 2 组:耐异常电压试验、水试验、温度试验、温度/湿度组合循环试验、工业溶剂试验

——第 3 组:扫频振动试验、超速试验、表面防护检验

——第 4 组:耐久性试验

5.5.3　合格判定

产品的型式检验应全部符合规定的要求。如有一个项目不合格时,可重新抽取加倍数量的产品就该不合格项目进行复查,如仍有不合格时,则该批产品判为不合格,但对耐久性试验不合格时不应重新抽取,直接判为不合格。

5.6　其他规定

当产品标准对测试环境温度、抽样数量、试验项目和顺序另有规定时,则可按产品标准的规定。

6　标志、包装、储存和保管

6.1　标志

6.1.1　产品标志

6.1.1.1　每台产品应在其明显的部位固定产品铭牌,其基本内容包括:

a) 产品名称及商标;

b) 产品型号;

c) 生产日期(或编号)或生产批号;

d) 产品的主要技术参数及适用车型或机型;

e) 生产企业名称。

按具体情况可增列项目,如执行的产品标准编号、质量等级标志、使用警示标志或中文警示说明、商品条码等,也可按用户的要求增列项目。小体积产品允许只标出本条的 a)、b)、c);特小部件允许只标出商标,但在其包装或使用说明书上应注明生产企业名称和地址。

6.1.1.2　产品的铭牌应符合 GB/T 13306 的规定(特殊情况除外)。

6.1.2　包装标志

包装标志的基本内容包括:

a) 与发货有关的产品标志内容:产品名称及商标、产品型号、规格、适用车型或机型;

b) 生产企业名称、详细地址、邮政编码及电话号码;

c) 生产日期(或编号)或生产批号;

d) 执行的产品标准(国家标准、行业标准、地方标准或者经备案的企业标准)编号;

　　e）包装储运图示标志（符合 GB 191 的有关规定）；

　　f）运输作业的文字：包装箱的体积（长×宽×高）尺寸；每箱内装产品数量；每箱产品总质量；

　　g）质量等级标志；

　　h）其他标志，如：安全认证合格标志、电磁兼容认证合格标志、质量认证合格标志等。以上各项中 g）、h）两项根据产品的具体情况可不标注，其余各项应标注。

　　6.2　包装

　　6.2.1　产品包装应考虑事项：

　　——防潮、防振、防尘要求；

　　——适应运输及装卸的有关要求；

　　——包装前产品的黑色金属零件无防护层的配合部位，应有临时性的防锈保护措施。

　　6.2.2　包装箱

　　6.2.2.1　包装箱应牢固，产品在箱内不应窜动，以免运输途中损伤。

　　6.2.2.2　包装箱中随同产品供应的技术文件应包括：

　　——装箱单；

　　——产品出厂合格证；

　　——产品使用说明书。

　　6.3　储存和保管

　　产品的储存和保管应符合 QC/T 238 的有关规定。产品的储存期通常为 2 年（从制造厂入库日期算起），在储存期满 2 年时，产品仍应符合有关标准的规定。

附录D 车用电子警报器性能要求及试验方法(GB 8108—1999)

前言

本标准是根据 GB/T 1.1—1993《标准化工作导则　第 1 单元：标准的起草与表述规则　第 1 部分：标准编写的基本规定》和 GB/T 1.3—1997《标准化工作导则　第 1 单元：标准的起草与表述规则　第 3 部分：产品标准编写规定》的规定对 GB 8108—1987 进行修订的。

本标准与 GB 8108—1987 相比修订内容如下：

标准的结构、技术要素及表述规则按 GB/T 1.1—1993、GB/T 1.3—1997 进行修改。

增加了引用标准、定义、分类、检验规则、标志、包装、运输、储存等章条。

在警报器实际使用中，有几种新音调已被广泛使用，本标准规定了这些音调的频率、变调周期及适用范围。

增加了对送话器、扬声器的技术要求。并制定了试验的方法。

根据产品实际使用的需要，本标准还对警报器声压级的要求及环境试验的条件做了一些改动。

自本标准实施之日六个月起，所有生产的车用电子报警器必须符合本标准的要求。

本标准从实施之日起，同时代替 GB 8108—1987。

本标准由中华人民共和国公安部提出。

本标准由公安部交通管理局归口。

本标准由公安部交通管理科学研究所负责起草。

本标准主要起草人：魏光松、包勇强、虞烈英。

本标准于 1987 年 7 月首次发布，1999 年 8 月第一次修订。

中华人民共和国国家标准

GB 8108—1999

车用电子警报器

代替 GB 8108—1987

Vehicle-used electronic siren

1　范围

本标准规定了在特种车辆(警车、消防车、救护车、工程抢险车等)上安装使用电子警报器(以下简称警报器)的分类、要求、试验方法、检验规则、标志、包装、运输、储存。

本标准适用于在特种车辆上安装使用的电子警报器。

2 引用标准

下列标准所包含的条文,通过在本标准中引用而构成为本标准条文。本标准出版时,所示版本均为有效。所有标准都会被修订,使用本标准的各方应探讨使用下列标准最新版本的可能性。

GB 2423.1—1989   电工电子产品基本环境试验规程   试验 A:低温试验方法

GB 2423.2—1989   电工电子产品基本环境试验规程   试验 B:高温试验方法

GB 2423.3—1993   电工电子产品基本环境试验规程   试验 Ca:恒定湿热试验方法

GB 2423.6—1995   电工电子产品环境试验   第 2 部分:试验方法   试验 Eb 和导则:碰撞

GB 2423.10—1995   电工电子产品环境试验   第 2 部分:试验方法   试验 Fc 和导则:振动(正弦)

GB/T 2423.37—1989   电工电子产品基本环境试验规程   试验 L:砂尘试验方法

GB/T 2423.38—1990   电工电子产品基本环境试验规程   试验 R:水试验方法

GB/T 3767—1996   声学   声压法测定噪声源、声功率级   反射面上方近似自由场的工程法

GB 3785—1983   声级计的电、声性能及测试方法

GB/T 15500—1995   利用电子随机数抽样器进行随机抽样的方法

3 定义

本标准采用下列定义:

3.1 参考面(reference plane)

参考面通常是指扬声器的前端面。

3.2 参考轴(reference axis)

参考轴是一条通过参考点并垂直于参考面的直线。

3.3 参考点(reference point)

参考点是参考轴与参考面相交的点,对于号筒式扬声器,参考点应是号筒口端面的几何中心。

3.4 标称功率(rated power)

在本标准规定的频率范围内,警报器所能承受的、不产生热、机械及电性能损坏的最大功率值。

4 分类与命名

4.1 警报器的额定电压为 12V(DC)或 24V(DC)。

4.2 警报器的产品型号应按下述结构和要求命名。

4.3 警报器按功能分为两部分：一是控制器和送话器，一是扬声器。

5 要求

5.1 如在有关条款中没有说明，各项试验均应在下述大气条件下进行。

环境温度：10～30℃

相对湿度：≤95%

大气压力：86～106kPa

5.2 如在有关条款中没有说明，则允许的容差为-5%～5%。

5.3 外观、结构及功能要求：

5.3.1 表面无锈蚀，涂覆层没有剥落或气泡等现象；表面没有明显划伤、龟裂、破损等机械损伤，紧固部位无松动。

5.3.2 文字符号和标志清晰、规范。

5.3.3 功能检查

a) 警报器各控制键、旋钮等机构应工作正常。

b) 送话器送话内容应清晰可辨，无杂音及电啸声。

5.4 扬声器纯音检听不应出现碰圈声、机械声及其他严重异常声。

5.5 警报器各声调的声压级应在110～120dB(A 计权)范围内。

5.6 警报器各声调的音响频率和重复变调周期应符合表1的要求。

5.7 警报器的工作电压在额定电压降低10%和升高15%的条件下应能可靠地工作。

5.8 警报器应能承受表2中规定的气候环境试验，试验后，其性能应符合第6章有关试验的要求。

5.9 警报器应能承受表3中规定的机械环境试验，试验后，其性能应符合5.11及5.12的要求。

5.10 警报器应能连续可靠地工作8h，其性能应符合5.11及5.12的要求。

5.11 与声压级试验时所测参数相比，有关各项试验结果要求：声压级变化不大于±3 dB(电压波动试验时为±6dB)。

5.12 和音频分析试验时所测参数相比，有关各试验结果要求：

a) 音响频率变化不大于±50Hz(电压波动试验时为±100Hz)；

b) 重复变调周期变化在-10%～+10%之间。

5.13 警报器控制器和送话器在1000Hz的总谐波失真度应小于10%。

表1 音响频率和重复变调周期

音 调 名 称	音响频率/Hz	重复变调周期/s	适 用 车 型
紧急调频调	$600_{-50}^{0}\sim1500_{0}^{+50}$	0.333～0.385	警车
双音转换调	f_1：800±50 f_2：1000±50	0.455～0.566	警车
连续调频调	$600_{-50}^{0}\sim1500_{0}^{+50}$	3.00～5.00	消防车
慢速双音转换调	f_1：800±50 f_2：1000±50	1.67～2.5	救护车
单音断鸣调	f：800±50	0.455～0.566	工程抢险车
空气号(汽笛调)	$500_{-50}^{0}\sim1500_{0}^{+50}$	—	警车
国宾开道	$1500_{-50}^{0}\sim600_{0}^{+50}$	0.400～0.800	警车
手控调频	$400_{-50}^{0}\sim1350_{0}^{+50}$	3.00～10.00	警车

表2 气候环境试验

试 验 名 称	试 验 参 数	试 验 条 件	工 作 状 态
高温试验	温度 持续时间	55℃±2℃ 2h	通电工作
低温试验	温度 持续时间	−40℃±3℃ 2h	通电工作
恒温恒湿试验	相对湿度 温度 持续时间	90%～95% 40℃±2℃ 48h	24h 不通电 24h 通电
雨淋试验	降雨强度 持续时间 倾斜角度	100min/h±20min/h 30min 60°	不通电
粉尘试验	粉尘搅动时间 持续时间	每 15min 搅动 2s 2h	不通电

注：雨淋试验、粉尘试验仅适用于车体外安装的警报器及其扬声器。

表3 机械环境试验

试 验 名 称	试 验 参 数	试 验 条 件	工 作 状 态
振动试验	频率范围 扫频速度 扫频循环次数 加速度幅值 方向	10Hz～150Hz～10Hz 1 倍频程/min 10 20m/s² 三互垂直方向	通电工作
碰撞试验	碰撞次数 峰值加速度 脉冲持续时间 试验方向	1000 100m/s² 16ms 正常安装方位	通电工作

6 试验方法

6.1 外观、结构及功能检查

目测警报器外观,手感结构部件,通电检查各控制键及旋钮,并检听送话器送话质量,应符合本标准 5.3 要求。

6.2 扬声器纯音检听试验

6.2.1 试验用声环境

试验用声学环境应符合 GB/T 3767—1996 中 4.1 条和 4.3 条的要求。

6.2.2 试验方法

给扬声器馈以相当于 1/2 标称功率的正弦电压,在 500Hz、1000Hz、1500Hz 三个频率点上检听,检听距离为 2m。检听结果应符合 5.4 的要求。

6.3 声压级试验及音频分析试验

6.3.1 试验装置

声级计:测量用声级计应满足 GB 3785 的要求,其精度等级 I 级。

音频分析设备:频谱分析仪或其他频率分析设备。

6.3.2　试验用声学环境同 6.2.1。

6.3.3　声压级测试

将警报器按正常工作位置安放，警报器扬声器参考面面对声级计，单只扬声器在其参考轴线上距参考点 2m 处测量。两只以上扬声器在其指向性一致时，在对称中心轴线上距参考点 2m 处测量。接通警报器电源（电源电压为额定工作电压的 99％～101％），将警报器音量调节旋钮调至最大，每 5s 测量一次声压级，共测量 3 次，取平均声压值。测量警报器各音调的声压级应符合本标准 5.5 的要求。

6.3.4　音频分析试验

将警报器与替代其扬声器的等效电阻按正常工作方式连接，接通电源（电源电压为额定工作电压的 99％～101％），将警报器音量调节旋钮调至最大，采集警报器输出信号进行频谱分析，分别测量并记录警报器各音调的音响频率、重复变调周期，应符合本标准 5.6 的要求。

6.4　电压波动试验

按 6.3.3 的要求，在警报器额定电压降低 10％及上升 15％的条件下分别测量并记录警报器各音调的声压级，应符合本标准 5.11 的要求。

6.5　高温试验

6.5.1　试验装置

试验装置应符合 GB/T 2423.2 的要求。

6.5.2　预处理

将警报器控制器、送话器与代替扬声器的等效负载按正常工作方式连接。

6.5.3　试验方法

将连接完毕的警报器及未连接的扬声器一起放入高温试验箱，接通警报器电源，任选一种音调工作并将警报器音量调节旋钮调至最大，并按下列步骤调节试验箱：

a) 在 25℃±2℃保持 30min；

b) 升温至 55℃±2℃，保持 2h；

c) 断开警报器电源，降温至 25℃±2℃后，取出警报器和扬声器。

将警报器和扬声器在 5.1 规定的大气条件下恢复 2h，进行外观、结构及功能检查，应符合 5.3 的要求；按 6.3 进行声压级试验和音频分析试验，应分别符合本标准 5.11 及 5.12 的要求。

6.6　低温试验

6.6.1　试验装置

试验装置应符合 GB/T 2423.1 的要求。

6.6.2　预处理

将警报器控制器、送话器和扬声器连成完整系统。

6.6.3　试验方法

将连接完毕并处于不通电状态的警报器放入低温试验箱，并按下列步骤调节试验箱：

a) 在 25℃±2℃保持 30min；

b) 降温至 －40℃±3℃，保持 2h 后，接通警报器电源，检查警报器能否发出清晰可辨的警报音响；

c）断开警报器电源，升温至 25℃±2℃后，取出警报器。

警报器在 5.1 规定的大气条件下恢复 2h，进行外观、结构及功能检查，应符合 5.3 的要求；按 6.3 进行声压级试验和音频分析试验，应分别符合本标准 5.11 及 5.12 的要求。

6.7　恒定湿热试验

6.7.1　试验装置

试验装置应符合 GB/T 2423.3 的要求。

6.7.2　预处理

同 6.5.2。

6.7.3　试验方法

将连接完毕并处于不通电状态的警报器及未连接的扬声器一起放入试验箱。警报器在干球温度为 40℃±2℃，相对湿度为 90％～95％环境中保持 24h 后，接通警报器电源，任选一种音调工作并将警报器音量旋钮调至最大，再保持 24h 后断开警报器电源，取出警报器在 5.1 规定的大气条件下恢复 2h，进行外观、结构及功能检查，应符合 5.3 的要求；按 6.3 进行声压级试验和音频分析试验，应分别符合本标准 5.11 及 5.12 的要求。

6.8　雨淋试验

6.8.1　试验装置

试验装置应符合 GB/T 2423.38 的要求。

6.8.2　预处理

同 6.6.2。

6.8.3　试验方法

将警报器及扬声器按正常工作位置放置，进行雨淋试验 30min。雨淋试验降雨强度为 100mm/h±20mm/h，倾斜角度为 60°。试验后扬声器在 5.1 规定的大气压条件下恢复 1h 后，进行外观、结构及功能检查，应符合 5.3 的要求；按 6.3.3 进行声压级试验，应符合本标准 5.11 的要求。

6.9　粉尘试验

6.9.1　试验装置

试验装置应符合 GB/T 2423.37 的要求。

6.9.2　预处理

同 6.6.2。

6.9.3　试验方法

将未通电的警报器及其扬声器按正常工作位置放入粉尘试验箱，试验箱温度应保持在 10～35℃，相对湿度为 45％～75％，试验箱中保持 5kg 水泥（525 号）或滑石粉，每 15min 扬尘 2s，持续 2h 后取出。在 5.1 规定的大气条件恢复 1h 后，进行外观、结构及功能检查，应符合 5.3 的要求；按 6.3.3 进行声压级试验，应符合 5.11 的要求。

6.10　振动试验

6.10.1　试验装置

试验装置应符合 GB/T 2423.10 的要求。

6.10.2　预处理

同 6.5.2。

6.10.3　试验程序

将连接完毕并处于通电工作状态的警报器与未连接的扬声器一起按正常工作位置安装在振动试验台上。在警报器的三个互相垂直的轴线上依次进行 10 次扫频耐久试验,频率范围为 10Hz～150Hz～10Hz,频率容差为 ±2%,振动加速度幅值为 20m/s²,扫频速率为每分钟 1 倍频程,容差为 ±10%。观察并记录所发现的危险频率和结构变化情况。如发现危险频率,则在其危险频率上进行 10min 的定频试验。试验后进行外观、结构及功能检查,应符合 5.3 的要求。按 6.3 进行声压级试验和音频分析试验,应分别符合本标准 5.11 及 5.12 的要求。

6.11　碰撞试验

6.11.1　试验设备

试验装置应符合 GB/T 2423.6 的要求。

6.11.2　预处理

同 6.5.2。

6.11.3　试验方法

将连接完毕并处于工作状态的警报器与未连接的扬声器一起紧固在碰撞试验台上。启动碰撞试验台,以峰值加速度 100m/s²,脉冲持续时间为 16ms 的半正弦波脉冲对警报器连续碰撞 1000 次±10 次,相应的速度变化量为 1.0m/s。试验后进行外观、结构及功能检查,应符合 5.3 的要求。按 6.3 进行声压级试验和音频分析试验,应分别符合本标准 5.11 及 5.12 的要求。

6.12　连续运行试验

接通警报器电源,任选一种音调并将警报器调节旋钮调至最大,连续工作 8h 后,按 6.3 进行声压级试验和音频分析试验,应分别符合本标准 5.11 及 5.12 的要求。

6.13　失真度测试

6.13.1　试验用声学环境同 6.2.1。

6.13.2　试验方法

将警报器送话器按正常使用状态安装在测试支架上,送话器的入声孔应在仿真口的轴线上,并与仿真口唇圈相距 40mm。接通警报器电源,将音量调节旋钮调至最大,送话器激励声压级为 94dB,测量频率为 1000Hz,测量并记录警报器控制器和送话器在 1000Hz 时的总谐波失真度,应符合 5.13 的要求。

7　检验规则

7.1　检验分类

两类检验:型式检验和质量一致性检验。

7.2　型式检验

7.2.1　由产品申请型式检验者提供 3 个型号一致的警报器样品。

7.2.2　判定原则

按表 4 中规定的试验顺序进行型式检验,如果有一项试验不符合要求则判定为型式检验不合格。

7.2.3　有下列情况之一必须进行型式检验;

a) 新产品投产和老产品转产;

b) 转厂；

c) 停产后复产；

d) 结构、工艺或材料有重大改变；

e) 合同规定。

表 4　试验顺序

序号	试验项目	试验方法	试样编号		
			1	2	3
1	外观结构及功能检查	6.1	√	√	√
2	纯音检听试验	6.2	√	√	√
3	声压级试验	6.3.3	√	√	√
4	音频分析试验	6.3.4	√	√	√
5	电压波动试验	6.4	√		
6	高温试验	6.5		√	
7	低温试验	6.6			√
8	恒定湿热试验	6.7	√		
9	雨淋试验	6.8		√	
10	粉尘试验	6.9			√
11	振动试验	6.10	√		
12	碰撞试验	6.11		√	
13	连续运行试验	6.12			√
14	失真度试验	6.13	√	√	√

7.3　质量一致性检验

7.3.1　对已经型式检验合格的产品,应从批量产品随机抽取的样品,来判定产品质量的一致性。

7.3.2　一个检验批可由一个生产批构成,或符合下述条件的几个生产批构成：

a) 这些生产批是在基本相同的材料、工艺、设备等条件下制造出来的；

b) 若干个生产批构成一个检验批的时间通常不超过一周,除非有关详细规范允许,但也不得超过一个月。

7.3.3　从一个检验批抽取样品数量由双方协商决定,但不得少于 3 台,并按 GB/T 15500 进行随机抽样,按表 4 规定的顺序进行试验。

7.3.4　若检验结果有一项不符合要求,则应从同一批产品中加倍抽取试样,进行该不合格项的复检。若复检合格,则该批产品判定为合格。否则,该批产品质量一致性检验判定为不合格。

8　标志、标签

8.1　警报器必须有清晰持久的标志、标签。

8.2　标志、标签应标明如下内容：

a) 产品名称、产品标准编号、商标；

b) 生产企业名称、详细地址、产品产地；

c) 产品的种类、规格、型号、等级、主要技术参数。

8.3　警报器必须有经国家认可的检测机构所颁发的产品检测标志。

9　包装、运输、储存

9.1　包装箱应符合防潮、防尘、防震的要求。

9.2　单个包装箱内应有使用说明书、保修卡、产品检验合格证或检验标志及其他附件。

9.3　包装好的产品均应能承受汽车、火车、轮船和飞机等的运输。

9.4　存放产品的仓库环境温度为 $-10\sim40℃$，相对湿度不大于 80%。

参 考 文 献

[1] 中国赛宝（总部）实验室.电子产品的安全要求、试验与设计.北京：中国标准出版社,2004
[2] 赵顺珍.电子技术基础实验.北京：科学出版社,2010
[3] 张永瑞.电子测量技术基础.西安：西安电子科技大学出版社,2009
[4] 张咏梅,陈凌霄.电子测量与电子电路实验.北京：北京邮电大学出版社,2000
[5] 陈凌峰.电气产品安全原理与认证.北京：人民邮电出版社,2008
[6] 唐宪明,罗绮心.电子产品的可靠性与安全性.武汉：华中科技大学出版社,2002
[7] 孔学东,恩云飞.电子元器件失效分析与典型案例.北京：国防工业出版社,2006
[8] 邱有成.可靠性试验技术.北京：国防工业出版社,2003
[9] 秦英孝.可靠性、维修性、保障性概论.北京：国防工业出版社,2003
[10] 邹澎,周晓萍.电磁兼容原理、技术和应用.北京：清华大学出版社,2007
[11] 郭银景,吕文红,唐富华.电磁兼容原理及应用.北京：清华大学出版社,2004
[12] 张戟,孙泽昌.现代汽车电磁兼容理论与设计基础.北京：清华大学出版社,2009